Santiago de Compostela
Triacastela
Galicia
Cebrero
Oviedo
Asturias
Ponferrada
Salamanca
Santo Domingo de la Calzada
Logroño
La Rioja
Ponte Maceira
Pontevedra
VILA DE PONTE DE LIMA
Ponte de Lima
SANTIAGO DE COMPOSTELA
M A R C A N T Á B R I C
Gijón
Santander
Oviedo
Covadonga
Cabo Finisterre
Ría de Noya
Lugo
Astorga
León
Ponferrada
Sahagún
Burgos
Río Miño
Tuy
Puebla de Sanabria
Palencia
Granja
Braganza
Tordesillas
Braga
Zamora
Valladolid
Aranda de Duero
Vila Real
Río Duero
Olmedo
Oporto
Segovia
Salamanca
Viseu
Ciudad Rodrigo
Ávila
Guadalajara
MADRID
Alcalá de Henares
Coimbra
P O R T U G A L
Coria
Plasencia
Talavera de la Reina
Aranjuez
Alcántara
Río Tajo
Toledo
Guadalupe
Cáceres
Santarén
Medellín
LISBOA
Elvas
Mérida
Badajoz
Ciudad Real
Setúbal
Évora
Río Guadiana
Beja
Úbeda
Aljustrel
Córdoba
Jaén
Cazorla
Río Guadalquivir
Écija
Niebla
Sevilla
Priego
Guadix
Huelva
C. de San Vicente
Lagos
Faro
Sagres
Morón de la Frontera
Loja
Antequera
Granada
Málaga
Motril
Jerez de la Frontera
Ronda
Cádiz
O C É A N O A T L Á N T I C O
Algeciras

Via Turolensis
Via Lemovicensis
Via Podiensis
Le Puy
Burdeos
Bergerac
Langogne
Río Ródano
Figueac
Cahors
Firmi
Espalion
Le Muret
Bazas
V. de Rouergue
Roncesvalles
F R A N C I A
Alès
Aviñón
Sisterón
Lesperon
Montréal
Miradoux
Gaillac
Nimes
Via Tolosana
Lodève
Aire
Auch
Castres
Arlés
Aix
Bayona
Toulouse
Montpellier
San Juan
Marsella
Oloron-Sainte-Marie
Béziers
Carcasona
Narbona
Roncesvalles
Lourdes
St. Bertrand
Somport
Golfo de León
Perpiñán
Pamplona
Jaca
Huesca
Monteagudo
Tudela
Barbastro
Gerona
Cervera
Zaragoza
Lérida
Barcelona
Calatayud
Caspe
Tarragona
Daroca
Tortosa
MAR MEDITERRÁNEO
Morella
Teruel
Peñíscola
Menorca
Castellón de la Plana
Mallorca
Valencia
Islas Baleares
Río Turia
Ibiza
Gandía
Albacete
Formentera
Alcoy
Alicante
Orihuela
Murcia
Lorca
Cabo de Palos
Cartagena
CAMINOS DE SANTIAGO

Hanna Stefaniak

CAMINOS DE SANTIAGO

Historia, leyendas y mitos

edaf

www.edaf.net

MADRID - MÉXICO - BUENOS AIRES - SANTIAGO

2021

Título original: *Camino de Santiago. Między historią, legendą i mitem*

Diseño de la cubierta: Gerardo Domínguez
Maquetación y diseño de interior: Diseño y Control Gráfico, S.L.
Ilustraciones de interior y mapas: © Ricardo Sánchez

Editorial Edaf, S.L.U.
Jorge Juan, 68,
28009 Madrid, España
Teléf.: (34) 91 435 82 60
www.edaf.net
edaf@edaf.net

Ediciones Algaba, S.A. de C.V.
Calle 21, Poniente 3323 - Entre la 33 sur y la 35 sur
Colonia Belisario Domínguez
Puebla 72180 México
Telf.: 52 22 22 11 13 87
jaime.breton@edaf.com.mx

Edaf del Plata, S.A.
Chile, 2222
1227 Buenos Aires (Argentina)
edaf4@speedy.com.ar

Edaf Chile, S.A.
Coyancura, 2270, oficina 914, Providencia
Santiago - Chile
comercialedafchile@edafchile.cl

Junio de 2021

ISBN: 978-84-414-4088-3
Depósito legal: M-8170-2021

PRINTED IN SPAIN IMPRESO EN ESPAÑA

COFÁS

A los peregrinos de todos los tiempos, conocidos y anónimos,
así como a los que contribuyeron a este libro.

«Europa: vuelve a encontrarte. Sé tú misma.
Descubre tus orígenes. Aviva tus raíces».

San Juan Pablo II, Santiago de Compostela, 1982

Agradecimientos

Deseo expresar mi gratitud a D. Antonio Crespo Páramo y D. J. Andrés Coca-Stefaniak por facilitar las fotos para esta publicación y a D. José Coca Prados por su valiosa colaboración.

Índice

Segunda Parte

LEYENDAS DEL CAMINO

Tercera Parte
MITOLOGÍA

Cuarta Parte
EL CAMINO ACTUAL. GUÍA PRÁCTICA PARA EL PEREGRINO

Invitación: ¡Ultreia et suseia!

Santiago de Compostela, junto con Roma y Jerusalén, es uno de los tres lugares santos más importantes y antiguos de la cristiandad.

Según la tradición, el destino impulsó a Santiago el Mayor, uno de los apóstoles más cercanos a Jesucristo, a ejercer su misión evangelizadora hasta los confines del Imperio romano, a Hispania. A pesar de los resultados modestos de su misión en vida del apóstol, su labor fue premiada con uno de los mayores y trascendentales movimientos humanos como expresión de fe. En este fenómeno participó toda Europa, consolidando así su identidad. Lo expresa la célebre frase atribuida a Goethe: «Europa se hizo peregrinando a Compostela». Desde el hallazgo del sepulcro del Apóstol, en la parte noroccidental de la península ibérica, en la Galicia de los albores del siglo IX, el movimiento de peregrinación ha continuado hasta nuestros días. El Camino llegó a unificar el continente y a ser la herencia espiritual de Europa.

La Unesco lo reconoció como patrimonio cultural inmaterial de la humanidad, ya que en el transcurso de los siglos se dieron cita en él multitud de elementos culturales, religiosos, sociales, intelectuales, artísticos, económicos, sanitarios e incluso diplomáticos.

El fenómeno del Camino se basa en su capacidad de potenciación de valores universales tales como el entendimiento y ayuda mutua, solidaridad, hospitalidad y armonía con la naturaleza. A esto se une la posibilidad de una reflexión introspectiva sobre la propia vida. En este sentido es un camino iniciático, es decir, de perfeccionamiento espiritual, consciente o inconsciente, como el que se alcanza a lo largo de la vida, pero concentrado en menos tiempo. Es asimismo una fuente de salud y esperanza: ayuda a descubrir la belleza interior, a controlar los estados emocionales y debilidades, así como a alcanzar el equilibrio y la paz de espíritu. Está impregnado de sentimientos y de pensamiento; sirve para unir y no para confrontar, y su resultado es el renacimiento personal.

Aymeric Picaud escribió en el siglo xii: «Quien entre en el Camino triste pronto sentirá una fuerza de alegría que emana de su interior».

Son famosas las palabras del poeta español Antonio Machado (1875-1939) que expresan el sentido de emprender cualquier camino: «Caminante, no hay camino, se hace camino al andar». El escritor Javier Reverte añade: «Tú no creas el camino. El camino te crea a ti».

Antes de iniciar el Camino de Santiago, conviene acercarse a su historia, a las leyendas y vivencias de los que pasaron por él, desde hace cientos de años. La riqueza del bagaje cultural proporciona la alegría de saber que pasamos por lugares que son parte de la historia de Europa. De nuestra Historia. Y con toda seguridad, el Camino pasará a formar parte de la historia personal del caminante.

Así que «¡Ultreia!», como se saludaban los peregrinos medievales a Santiago, que significa '¡Más allá!', '¡Adelante!'. A lo que se respondía «¡Et suseia!», '¡Y más arriba!', '¡Y arriba!'. Lo que se puede resumir recordando la fórmula que guio a la humanidad: *«Per aspera ad astra»*, '¡A través de las dificultades, hacia las estrellas!'.

PRIMERA PARTE

HISTORIA DEL CAMINO DE SANTIAGO

I

Recorrido por la historia de la península ibérica y de su religión

La historia es el recuerdo de la existencia humana y sus acontecimientos. Así, la historia de la península ibérica es muy rica y turbulenta, y su influencia sobre el trazado y desarrollo del Camino de Santiago tan importante, que llegó a ser parte de la historia misma del Camino. Recíprocamente, al establecerse un vínculo con la Europa contemporánea, el Camino influyó en el proceso de unificación del país.

Con el fin de entender mejor la evolución del Camino de Santiago, se comentarán aquí principalmente los acontecimientos históricos relacionados con el Camino en la época medieval, la «edad de oro» de la peregrinación.

Antes de que surgiera el Estado español, en la Península se mezclaron diferentes pueblos, razas y religiones: desde los celtíberos, griegos y fenicios hasta los romanos, godos, judíos, árabes, etc. La península fue la etapa final de las grandes migraciones de los pueblos y heredera a su vez de todas ellas, con sus culturas y religiones. La convivencia entre gentes de tan diversa procedencia produjo períodos de paz, pero en otros momentos prevaleció la lucha por la supremacía religiosa, política o territorial. España, como reino cristiano, unido y con las fronteras actuales, no existió hasta el año 1492.

Prehistoria

Muchos caminos cruzan la península ibérica y conducen a Compostela. Son como afluentes que desembocan en los ríos principales. Siguen el trazado

Dolmen en Vía de la Plata, una de las rutas del Camino.

de las rutas previas a la romanización de la Península, jalonadas por tumbas prehistóricas, megalitos, castros, etc. Dependiendo de la ruta elegida, se pueden encontrar diferentes hallazgos arqueológicos, procedentes de diversas culturas.

La península ibérica ya estaba poblada en los tiempos prehistóricos, como demuestran los descubrimientos arqueológicos de la sierra de Atapuerca (Burgos), en el Camino Francés. Se han encontrado restos que evidencian la presencia en dicho lugar de cinco especies diferentes de homínidos: *Homo sp.* (aún por determinar), hace 1 300 000 años; *Homo antecessor*, hace 850 000 años —la especie más antigua en Europa occidental—; preneandertal, hace 500 000 años; *Homo neanderthalensis*, hace 50 000 años, y *Homo sapiens*. Un verdadero «árbol familiar» de la evolución humana, declarado patrimonio de la humanidad por la Unesco en el año 2000 y expuesto didácticamente en el Museo de la Evolución Humana, en Burgos.

En las cuevas de la costa norte peninsular se han hallado tesoros artísticos del hombre que las habitó hace entre 35 000 y 10 000 años. A lo largo de la costa cantábrica hay numerosos conjuntos de dólmenes pertenecientes a la cultura megalítica del Neolítico, de entre el 6000 y el 2000 a. C., algunos de ellos a lo largo del Camino de la Costa y de la ruta a Finisterre y Mugía.

El rey Salomón, amante del lujo, importaba hermosos objetos de oro y plata de Tarsis, según se cuenta en el Antiguo Testamento (Libro de los Reyes, Segundo Libro de Crónicas, así como en los libros de Jonás, Isaías, Jeremías y Ezequiel). La legendaria Tarsis, o *Tartessos* para los griegos, existió entre los años 1000 y 580 a. C. en los territorios suroccidentales de la península, en la comarca del río *Bætis* (Guadalquivir), en las actuales provincias de Cádiz, Huelva y Sevilla, el sur de Extremadura y parte de Portugal. Los hallazgos arqueológicos avalan su elevado desarrollo cultural.

Griegos, celtas y romanos

Ya desde el siglo viii a. C. había ciudades fenicias en las islas y en las costas del sur de la península. Los griegos establecieron sus colonias comerciales desde el siglo vii a. C. El término *Iberia* aparece en los textos griegos en el siglo v a. C., relacionado con uno de los ríos más grandes de la península, el Ebro (*Iber*). *Hispania* fue su equivalente latino, documentado por primera vez alrededor del año 200 a. C. Tanto griegos como romanos mantenían sus dominios en torno al *Mare Nostrum* (mar Mediterráneo), hasta las míticas Columnas de Hércules (en el actual estrecho de Gibraltar). Más allá empezaba un mundo desconocido, el *Mare Tenebrosum*.

La península ibérica fue el granero de Fenicia, Grecia y, más tarde, Roma y Bizancio; el trigo y la cebada procedentes del sur fueron los cereales más apreciados en el mundo antiguo. En todo el territorio abundaban los bosques —especialmente robledales—, la fauna y preciados minerales en el subsuelo: oro, plata, cobre, níquel, estaño, volframio, manganeso, hierro y mercurio, entre otros. Sus riquezas naturales despertaron primero el interés de los fenicios, que colonizaron Iberia, y más adelante del Imperio romano. El apoyo que prestaron los habitantes de Iberia a las tropas de Aníbal durante las guerras púnicas fue el pretexto para la invasión de la Península por Roma alrededor del año 218 a. C. La explotación intensiva de minerales se inició de inmediato. La eficacia de la ingeniería romana sigue causando asombro, admiración y espanto, y se puede apreciar en el tramo del Camino de Invierno a Santiago (rama del Camino Francés) que pasa por Las Médulas (El Bierzo, León).

El proceso de romanización de la Península duró casi doscientos años. De Hispania procedían algunos emperadores romanos, como Trajano (53-117 d. C.) y Adriano (76-138 d. C.), ambos nacidos en *Italica* (Santiponce, Sevilla), y Flavio Teodosio (345-395), el primer emperador católico, que nació en *Cauca* (Coca, Segovia).

El mayor obstáculo para la conquista romana fueron los pueblos íberos, celtas, astures y cántabros, que habían llegado a la Península entre los siglos ix y vi a. C., mucho antes que fenicios y griegos. Las tierras al este del río Ebro estaban habitadas por los vascones, nación preindoeuropea y por tanto precéltica. En varias ocasiones, las tribus celtíberas intentaron conquistar esas tierras, con choques constantes que propiciaron que los vascones acabaran aliándose con los romanos, y más tarde con los musulmanes en sus campañas por la conquista de la península ibérica.

Las guerras celtíberas contra el Imperio romano transcurrieron entre los años 143 y 133 a. C. Las ciudades que se rindieron voluntariamente a los invasores mantuvieron su autonomía, recibiendo sus habitantes la ciudadanía romana con todos sus derechos e incluso quedando, a veces, exentos de impuestos. A pesar de ello, muchas ciudades-Estado íberas pasaron a la historia por su heroicidad en defensa de su independencia. Con la victoria sobre Numancia, última ciudad de los íberos, no finalizó la conquista de la Península. Los celtas firmaron un acuerdo de colaboración con el Imperio romano, a cambio de protección, cuyo documento se encuentra en el Museo de San Antón en La Coruña (Galicia). Pero astures y cántabros siguieron defendiendo heroicamente sus tierras, que nunca fueron conquistadas definitivamente, a lo que contribuyó la escarpada orografía de sus territorios.

«Era hispánica»/«era del César»

La conquista definitiva y la pacificación de la península ibérica las llevó a cabo Octavio César Augusto, cuyo gobierno fue el más largo (27 a. C.-14 d. C.) de todo el Imperio romano. Llegó a incluir en sus fronteras las regiones rebeldes del norte de la Península, para que su independencia no siguiese ofendiendo la dignidad romana. Diez años de dura campaña militar fueron el precio de la conquista, y hasta ocho legiones romanas participaron en las guerras cántabras. En su fase final, participó el propio César Augusto, a fin de levantar la moral de los soldados. Decidió conmemorar tan costosa victoria introduciendo en el calendario una nueva era, que comenzaría el 1 de enero del año 38 a. C., y que llamó «era hispánica» o «era de César Augusto».

Este sistema de datación fue empleado en inscripciones, documentos y crónicas durante más de 1400 años en toda la península ibérica y el sur de Francia. Los documentos visigodos, así como casi todos los escritos de los tiempos de la Reconquista, fueron fechados según los años contados a partir del 38 a. C. Podría servir de ejemplo la fecha fundacional grabada en piedra en el muro del convento San Salvador de Valdediós (Asturias): «Sub Era DCCCCXXX», año 930 de la era de Augusto, y que corresponde al año 892 de la era cristiana.

Este sistema perduró de manera desigual en varios reinos de la Península. En el reino de Navarra se mantuvo hasta finales del siglo xv.

¿Que quedó en la península ibérica después del dominio romano?

Setecientos años de dominación romana de la península ibérica dejaron un legado no solo en obras de ingeniería y arquitectura, sino también en la estructura administrativa y la lengua.

Teatro romano de Mérida, una de las ciudades fundadas por los romanos.

Muchas de las ciudades más prósperas de la península ibérica fueron fundadas por los romanos, entre ellas Barcelona (*Barcino*), Zaragoza (*Cæsaraugusta*), Lugo (*Lucus Augusti*), Astorga (*Asturica Augusta*), Gijón (*Gigia*), Tarragona (*Tarraco*), Pamplona (*Pompælo*), Braga (*Bracara Augusta*) y otras. En la zona de clima más saludable, servida también por una importante ruta de comunicación, la Vía de la Plata, se construyó una ciudad para los militares jubilados (*emeriti*) de rango superior que participaron en las guerras cántabras: *Emerita Augusta*, la actual Mérida, equipada con acueducto, termas, circo, anfiteatro, etc. Todo ello se puede visitar hoy en día, y los restos de las villas romanas se exhiben en el Museo Romano de Mérida.

De muchas ciudades solo quedan restos arqueológicos, que dan idea del concepto urbanístico romano. Han sobrevivido diez acueductos (los más famosos son los de Segovia, Tarragona y Mérida, así como también uno muy interesante en Albarracín, provincia de Teruel), el estadio de Tarragona, los teatros (en Cartagena, Mérida y *Clunia Sulpicia*, al sur de Burgos), las murallas de algunas ciudades (Astorga y Lugo), las excavaciones de las minas de oro, de las cuales las más impresionantes se encuentran en Las Médulas (El Bierzo, León), en el Camino de Invierno, pero también las de Montefurado en Pola de Allande (el *monte furado* es el 'monte horadado'), en el Camino Primitivo, y Montefurado en Quiroga (Lugo), donde hay un túnel construido en tiempos de Trajano y destinado al desvío del río Sil.

También han quedado muchos puentes y calzadas en uso a lo largo del Camino de Santiago, que merecen comentario aparte.

Hispania, o *Spania* para los visigodos, había heredado del Imperio romano toda la estructura administrativa, económica, social y militar. Mientras en Italia, Galia y Britania reinaban el caos y la destrucción, en la Península todo

Paisaje de las Médulas, en la comarca del Bierzo.

siguió funcionando, conservándose instituciones e infraestructuras romanas bajo el reino visigodo. Desde el siglo v d. C. hasta inicios del siglo viii, es decir, desde la caída del Imperio romano hasta la invasión árabe, el *Regnum Spanorum* fue el reino más desarrollado y el primer estado de Europa occidental. En ese tiempo se amplió la red de caminos, el comercio interior y ultramarino, se construyeron nuevos puertos y se desarrollaron la agricultura y la ganadería.

Se continuó también acuñando moneda según el modelo romano. En Hispania se creó la primera caja de ahorros en la historia de Europa, que otorgaba préstamos sin interés. Fue inspirada por el obispo Fidel (560-571), de *Emerita Augusta*, y puesta en práctica por su sucesor, el obispo Masona (571-605).

Una curiosidad es la farmacopea de Pedanio Dioscórides (40-90 d. C.), médico y farmacólogo de origen griego. Fue además cirujano militar en las legiones romanas de tiempos de Nerón. Su recetario farmacológico, basado en el herbolario, se utilizó en las boticas de conventos y hospitales a lo largo del Camino para el tratamiento de los peregrinos enfermos que se dirigían a Santiago.

El dominio romano legó a la Península su lengua latina, como base del idioma español, el Derecho romano, como base de la legislación, así como la religión oficial del imperio tardío: el cristianismo.

Las calzadas romanas en España

Los romanos desarrollaron una red de caminos que servía para unir las provincias de Hispania: *Tarraconensis, Carthaginiensis, Bætica, Gallæcia* y *Lusitania* (hoy, Portugal). «Todos los caminos conducían a Roma» para el transporte de materias primas, desplazamientos militares y para un mejor control del país.

En el siglo iii d. C. había en Hispania treinta y cuatro calzadas, con una longitud total de 6953 millas romanas (unos 11 000 km). Estaban marcadas por columnas llamadas miliarias (*milliaria*), que indicaban las distancias entre ciudades. Una milla romana (aprox. 1481 m) correspondía a mil pasos (*mille passuum*), contados como doble paso, comenzando siempre con el mismo pie.

Millaria romana en la Vía de la Plata, en Cáparra.

Las principales calzadas que cruzaban Hispania fueron la Vía de la Plata, la Vía Augusta, la Vía Atlántica y la Vía de Aquitania y estaban enlazadas entre sí por toda una red de caminos.

La Vía de la Plata es la más antigua. Sus orígenes se pierden en la protohistoria[1] y están relacionados con las culturas tartesia y fenicia. Cruzaba la Península en dirección surnorte, enlazando *Hispalis* (Sevilla), a través de *Emerita Augusta* (Mérida), con *Asturica Augusta* (Astorga), siendo prolongada hasta *Gigia* (Gijón) en el siglo II d. C. por los emperadores hispanos Adriano y Trajano. Durante la dominación romana se utilizó para el transporte de recursos minerales, por lo cual se le dio también el nombre de Vía del Estaño. Asimismo, sirvió para el traslado de tropas romanas del sur al norte de la Península durante la primera expedición para la conquista de *Gallæcia*, en el año 137 a. C., y de ahí su otro nombre de Vía Militar. Una vez descubierto el sepulcro de Santiago, fue utilizada por los peregrinos mozárabes, es decir, cristianos que habitaban en los territorios ocupados por los árabes. Los caminos de Santiago procedentes de varias ciudades andaluzas se unían a la Vía de la Plata en las proximidades de Mérida, formando un solo camino conocido como Camino Mozárabe.

La Vía Augusta fue la calzada más larga en territorio ibérico, ya que tenía unos 1500 km. Se la conoció también como Vía Hercúlea o Heraclea, Cami-

[1] Se denomina protohistoria el período comprendido entre el final de la prehistoria y el inicio de la historia antigua. Abarca diferentes lapsos de tiempo según el área geográfica. No se conocen fuentes escritas pertenecientes a culturas protohistóricas, pero hay constancia de su existencia a través del testimonio de pueblos vecinos, ya incorporados a la historia antigua. Por ejemplo, sobre la cultura de Tarsis (en griego, *Tartessos*) escribió Hesíodo, 600 años a. C.

no de Aníbal y, más tarde, como Camino de San Vicente Mártir; partía de *Gades* (Cádiz) y llegaba, a lo largo de la costa mediterránea, hasta los Pirineos. Fue nombrada en honor a César Augusto, para conmemorar la reparación de la calzada realizada bajo su mandato, entre los años 8 y 2 a. C.

La Vía Atlántica bordeaba la costa de Portugal desde *Lucus Augusti* (Lugo) hasta *Onuba* (Huelva). La Vía de Aquitania unía Astorga (*Asturica Augusta*) con Burdeos. En su recorrido se encuentran Burgos y Carrión de los Condes, en el Camino Francés[2]. La Vía Norte unía *Tarraco* (Tarragona) con la Vía de la Plata, pasando por *Cæsaraugusta* (Zaragoza), *Numantia* (provincia de Soria) y *Clunia* (provincia de Burgos). La Vía de la Meseta enlazaba *Asturica Augusta* con *Tarraco*, pasando por *Segisma* (actual Sasamón, provincia de Burgos), *Virovesca* (actual Briviesca, provincia de Burgos) y *Cæsaraugusta*.

Es probable que estas calzadas pudiesen servir a Santiago el Mayor en sus desplazamientos apostólicos por Hispania. Su construcción fue tan sólida que perduraron dos mil años, y en tiempos modernos sirvieron como base para construir la red de carreteras. Por algunas secciones de las calzadas romanas, en vez de las legiones, pasan ahora los peregrinos del Camino de Santiago.

¿Qué quedó de los celtíberos?

Entre los restos más famosos de la cultura íbera están el busto de la figura funeraria llamada la «Dama de Elche» (siglo v-iv a. C.). Entre los antiguos restos de la cultura celta están las figuras zoomórficas de granito que recuerdan a los toros o verracos (siglo iv-iii a. C.) atribuidas a los vettones. Algunas de ellas, como los «Toros de Guisando», se encuentran en el Camino de Levante, que va desde Valencia a Compostela, a su paso por Ávila, en el monte Guisando. Posiblemente tenían un significado mágico-religioso de protección

Figura zoomórfica (de origen celta) en el puente romano, en Salamanca.

2 En la etapa entre Sahagún y Mansilla de las Mulas (León) existe una variante de la ruta que sigue la calzada romana, pasando por Calzada de Coto. Esta variante se denomina Vía Trajana para honrar al emperador Trajano, nacido en Hispania.

y para fomentar la fecundidad. Se encuentran también en otros lugares de la meseta castellana.

Las figuras de los Toros de Guisando fueron agrupadas durante la construcción de la vía romana, lo que se confirma por la inscripción latina en una de ellas. Se colocaron en fila mirando en dirección noroeste, que por azar coincidió más tarde con la dirección del Camino a Santiago de Compostela.

Los celtas pasaron por toda Europa y trajeron a la Península su cultura y sus creencias, así como su carácter y su aspecto. En el norte, especialmente en Galicia, la población es mayormente rubia, de piel clara y ojos claros. Los romanos les llamaron *Gallæci*, ya que se parecían físicamente a los celtas que habitaban en la Galia (actual Francia). En estas regiones se han mantenido varias costumbres ancestrales: se cuelga el muérdago para que proporcione salud y suerte, y con finalidad parecida sigue usándose la *figa,* también llamada *cigüa*; la noche anterior a la de los difuntos se celebra la fiesta de *Samhain*, ahora llamada Halloween o noche de los muertos vivientes; perduran bailes e instrumentos musicales como la gaita y la ocarina, la fonética de la elle y algunos nombres geográficos. Las costumbres carnavalescas previas a la Cuaresma, que se celebran en Galicia y en especial en la provincia de Orense, se cuentan entre las más antiguas del mundo.

En el Museo de San Antón de La Coruña se expone un hallazgo arqueológico de una deidad celta de cuatro caras que miran en las cuatro direcciones cardinales, llamada «Cuadrifaz».

Existen también vestigios de aldeas celtas de carácter estratégico militar, llamadas *castros* ('nidos'), que agrupan chozas de piedra redondas, cubiertas con techos de paja o retama, y que por ello se llaman *pallozas*. Hay castros bien conservados en su estado original, que pueden visitarse (por ejemplo, en Coaña, Asturias). El castro en la falda del monte *Santa Trega* (Santa Tecla), cerca de La Guardia (Pontevedra), en el Camino Portugués, ha sido parcialmente reconstruido. En la cumbre del monte hay un museo arqueológico sobre la cultura celta.

La palabra *briga* en lengua celta significa 'ciudad, fortaleza, ciudadela'. Añadida al final del nombre de una ciudad indicaba su origen celta, por ejemplo, *Mirobriga* (actual Ciudad Rodrigo, lo que explica el gentilicio «mirobrigenses»), o *Flaviobriga* (actual Castro Urdiales, en el Camino de la Costa).

En el tramo cántabro-astur-galaico del Camino se puede observar el renacimiento del arte, simbolismo y costumbres celtas, el llamado «celtismo» o vuelta a las raíces.

Historia del cristianismo en la península ibérica

Hispania, como provincia romana, fue una de las primeras en la parte occidental del imperio que abrazó el cristianismo. Sin embargo, las migraciones germánicas de los siglos v-vi d. C., la llegada de los suevos y más tarde de los visigodos, complicaron el proceso de cristianización de Iberia.

Influencia de la liturgia judaica

Ya desde los tiempos de colonización fenicia existían en la península ibérica unas prósperas comunidades judías. Como resultado de los acontecimientos históricos posteriores, dichas comunidades crecieron y se expandieron gradualmente. En los primeros siglos de nuestra era, estaban organizadas en torno a las sinagogas, fieles a su religión y tradiciones. Tras la destrucción de Jerusalén en el año 70 d. C., parte de los judíos que llegaron a Hispania ya profesaban el cristianismo, que por entonces era una rama del judaísmo. A raíz del concilio de Jerusalén, la nueva religión empezó a acoger a fieles gentiles —aquellos de origen no judío—, otorgándoles paridad de derechos religiosos. Esto hizo que los cristianos comenzaran a distanciarse de las sinagogas y a crear su propia liturgia, basada en la santificación del domingo, en vez del sábado, la celebración de la Eucaristía y la lectura de la Biblia, con especial atención al Nuevo Testamento.

A principios del siglo iv, ambas religiones no estaban todavía separadas definitivamente en la Península. Sus seguidores mantenían relaciones cercanas y a menudo compartían prácticas religiosas. Un vestigio del culto judaico en la liturgia cristiana es la lectura de los salmos y la Biblia. Finalmente, la persecución de los cristianos condujo a la separación de ambas comunidades religiosas. Así lo confirman los archivos del sínodo que tuvo lugar en Elvira (*Iliberis*), cerca de Granada, alrededor del año 300.

Romanos y visigodos. Del arrianismo al catolicismo

En el año 392 d. C. Flavio Teodosio, nacido en Hispania, más tarde llamado «el Grande», proclamó el catolicismo como religión oficial del Imperio. Prohibió la propagación de la herejía arriana y la práctica de cultos paganos.

Los pueblos germánicos cruzaron la Galia y en 406 llegaron a la península ibérica. Los suevos dominaron la parte norte, principalmente Asturias y Galicia, mientras que los vándalos y los alanos se asentaron mayoritariamente en Andalucía. En 476, a la caída del Imperio romano de Occidente, invadieron la península los visigodos o godos del oeste. En 540, la capital del reino visigodo se trasladó de Toulouse (Francia) a Toledo.

Los habitantes de la península ibérica, como antiguos ciudadanos del Imperio romano, profesaban la religión católica. La costa sur de la Península, aproximadamente desde la actual Huelva hasta Valencia, siguió perteneciendo al Imperio bizantino hasta mediados del siglo VI.

La invasión de los pueblos germánicos trajo consigo el arrianismo, a pesar de haber sido condenado como herejía en los concilios de Nicea (año 325) y de Constantinopla (381). El obispo Martín de Braga, llamado «apóstol de los suevos», los convirtió al catolicismo en 550. Pero con la conquista de las tierras gallegas por el rey visigodo Leovigildo en 585, se volvió al arrianismo. Sin embargo, se permitió la coexistencia de obispos católicos y arrianos. Finalmente, el rey visigodo Recaredo abrazó la fe católica, renunció al arrianismo en el concilio de Toledo de 589 y estableció el catolicismo como religión oficial del reino unificado. A raíz de este concilio, el arzobispo de Toledo recibiría el título de primado de España, que sigue vigente hasta la actualidad.

En los siglos VI-VII, los misioneros procedentes del norte de África contribuyeron a la propagación del catolicismo en la Península. Como recuerdo de su actividad misionera quedaron las iglesias paleocristianas, ocultas en su mayor parte en grutas de montaña entre las provincias de Cantabria y Burgos, en la región de Campoo, por donde pasa el Camino Olvidado. Algunas siguen abiertas al culto.

Toledo: ¿concilios o parlamentos? Éxito de San Isidoro de Sevilla

En Toledo, *urbs regia Visigothorum*, se celebraron dieciocho concilios entre los años 397 y 702. Tenían un carácter religioso y político único en Europa. Participaban en ellos no solo los representantes de la jerarquía eclesiástica, sino también el rey y la aristocracia visigoda. La falta de asistencia al concilio era castigada con excomunión durante un año. En los concilios se trataban tanto los dogmas de fe, como los asuntos organizativos de la Iglesia, así como las peticiones que presentaba el rey relacionadas con el gobierno. Las decisiones se tomaban en votación, por mayoría.

Dos de los concilios de Toledo (en 633 y 636) fueron presididos por un gran erudito y organizador, el arzobispo de Sevilla San Isidoro[3] (556-636). En cuanto a sus orígenes, su padre fue funcionario de alto rango del Imperio romano en Constantinopla y su madre pertenecía a la aristocracia visigoda. La mediación, diplomática pero firme, del arzobispo en pro de la conversión condujo a atenuar los conflictos religiosos y a que el rey Recaredo y su corte aceptasen el catolicismo.

En tiempos de conflictos violentos y de retroceso de la cultura clásica, así como de insuficiente educación en las esferas gobernantes, San Isidoro tuvo gran influencia en recuperar el equilibrio tanto religioso como político del país. Proclamaba la necesidad de aprender lenguas extranjeras, leyes y medicina. Gracias a él, se preservaron los logros de la cultura romana, que fueron asimilados por los visigodos. Organizó una biblioteca de autores antiguos y un *scriptorium* de copistas en la escuela de Sevilla, fundada por su hermano y predecesor en el sillón arzobispal, San Leandro. Fue autor de muchos trabajos de historia: *Chronicon,* sobre la historia universal; *Liber de viris illustribus,* sobre los personajes ilustres de su tiempo; *Historia de los godos, vándalos y suevos* y sus célebres *Etimologías,* compendio en que aspiró a condensar el conocimiento de su época. Autor también de la *Regula monachorum,* sobre la organización monástica, fue el precursor de la unificación litúrgica de la España visigoda según el rito mozárabe. Además, de su pluma proceden bellos e inspirados poemas místicos, que se adelantaron novecientos años a los grandes místicos españoles del siglo xvi.

En el año 1598 San Isidoro fue canonizado, y más de mil años después de su muerte, en 1722, el papa Inocencio XIII le proclamó Doctor de la Iglesia.

Las principales reliquias de San Isidoro se encuentran en el Camino Francés, en la Basílica Real de San Isidoro, en León. La leyenda narra el modo en que llegaron al lugar, en el episodio correspondiente a la ciudad de León. El *Codex Calixtinus* recomienda especialmente la visita de las reliquias de este gran santo erudito.

¿Qué es el rito litúrgico mozárabe o hispánico?

La liturgia del rito mozárabe, o hispánico, fue el resultado de la evolución del catolicismo en la Península, así como del aislamiento geográfico del país.

[3] En España se conocen dos santos con nombres similares: San Isidoro de Sevilla y San Isidro Labrador, patrono de la agricultura y de la ciudad de Madrid.

Este rito estuvo en uso en la península ibérica entre los siglos vi y xi, organizado según los cánones del concilio y escrito por San Isidoro de Sevilla. Incluía cánticos litúrgicos, según el sistema musical grecorromano.

A pesar de la invasión árabe en 711, la vital y original liturgia hispana sobrevivió no solo en el reino cristiano del norte del país, sino también en las comunidades cristianas bajo dominio musulmán, llamadas mozárabes. De aquí su otro nombre de rito mozárabe.

En el siglo ix, las regiones pirenaicas de la Península fueron atravesadas por el ejército de Carlomagno, futuro emperador del Sacro Imperio Romano Germánico, lo que influyó en que en estas regiones se abandonase el rito mozárabe y se adoptase la liturgia romana. Solamente el reino de Navarra y el reino de Asturias y León permanecieron fieles al tradicional rito hispano, confirmando así su herencia visigoda. La continua afluencia de mozárabes procedentes de los territorios islámicos de la Península contribuyó también a la permanencia de la liturgia hispana.

En 1085, tras la conquista de Toledo por el rey Alfonso VI (1047-1109), la población local se resistió a los cambios litúrgicos. El rey adoptó una decisión de compromiso: se dejaron seis parroquias para el culto mozárabe, mientras que el arzobispo de Toledo fue nombrado de entre la congregación benedictina de Cluny, promotora del cambio al rito gregoriano. Asimismo, se incluyó una cláusula según la cual en los nuevos territorios reconquistados se obligaría al clero y a la población mozárabe a rechazar el rito hispánico.

De las crónicas medievales: torneo entre dos liturgias o el poder de la tradición y el «juicio de Dios»

El cambio del rito mozárabe al gregoriano encontró una fuerte resistencia por parte del clero local y los fieles. A esta oposición se unió también la parte femenina de la familia real. ¡El rey Alfonso VI el Bravo no tuvo más remedio que hacer una excepción! Permitió la celebración de la santa misa según el rito hispánico en la Basílica Real de San Isidoro en León, ya que esta localidad fue sede de la familia real hasta el siglo xii.

Las crónicas medievales indican que, para calmar la disputa o, más bien, para romper la resistencia, el rey convocó en 1080 un sínodo general en Burgos, en el que declaró oficialmente la abolición del rito hispánico y proclamó la liturgia romana como único rito oficial.

Para convencer a la población, el rey organizó dos eventos: un torneo de caballeros y el «juicio de Dios». En el torneo, combatieron un caballero representante de la liturgia romana contra otro de la liturgia mozárabe. Inesperadamente, la victoria fue para el defensor del rito hispánico. Según las crónicas, el rey ordenó entonces un «juicio de Dios» sobre los libros litúrgicos. Al ver que las llamas se resistían a alcanzar los libros del rito hispánico, el rey en persona empujó con la bota los volúmenes al fuego, proclamándose así la liturgia romana como vencedora.

La reforma del cardenal Cisneros

Concluida la Reconquista, el cardenal Cisneros (1436-1517) ponderó la riqueza del rito mozárabe. Para poder continuar dicho culto según la liturgia elaborada por San Isidoro, consagró en el año 1495 la capilla del *Corpus Christi* en la catedral de Toledo. También ordenó recoger, ordenar y unificar esta liturgia en base a los textos reconstruidos. La edición impresa de un nuevo misal y un breviario, en la que se incluyó la música litúrgica transcrita a la notación cuadrada, coronó la obra.

Siglo XX

Tras el Concilio Vaticano II (1962-1965), se realizó una revisión de la liturgia española con el fin de adaptarla a los nuevos requisitos y recuperar la pureza original de los textos. Finalmente, en 1992 se presentó el nuevo misal hispano-mozárabe a Juan Pablo II, que fue el primer papa en celebrar la misa según el rito mozárabe, el día 28 de mayo de 1992 en Roma, durante la fiesta de la Ascensión.

El santo papa Juan Pablo II permitió la celebración de esta histórica liturgia en cualquier lugar de España, allí donde los fieles mostrasen interés por recuperarla.

El Islam y la Reconquista

Los malentendidos y las luchas internas de la nobleza visigoda abocaron a una situación crítica, en que una de las partes en conflicto invitó a los musulmanes a apoyar su causa. Tropas bereberes y árabes, con una fuerza de unos pocos miles de jinetes, invadieron la península ibérica en el año 711. En el transcurso de tres años dominaron casi todo el territorio, reduciéndose el control visigodo a la parte norte del país, entre las montañas, que sirvieron de fortaleza natural, donde sobrevivió el reino cristiano de Asturias.

A medida que avanzaba la invasión musulmana, las valiosas reliquias traídas de Constantinopla a Toledo se fueron trasladando cada vez más al norte, hasta que finalmente llegaron a la costa del mar Cantábrico, en las actuales Asturias y Cantabria.

Mientras tanto, los cristianos que siguieron habitando en territorios dominados por musulmanes tuvieron prohibido renovar o construir nuevas iglesias y monasterios, así como celebrar procesiones, tocar las campanas, etc. En ocasiones la represión fue sangrienta. El privilegio de conservar la religión cristiana fue posible solo si se había jurado lealtad a los nuevos gobernantes, sometiéndose el propio arzobispado de Toledo a estas exigencias.

Ante la nueva situación, muchos campesinos aceptaron la religión islámica para librarse de sus antiguos señores, mientras que los cristianos procedentes mayormente de la nobleza empezaron a buscar refugio en el norte de la Península. Otros se dieron a una vida ermitaña, dando así lugar a un gran auge del eremitismo.

La situación en la península ibérica en el siglo VIII queda reflejada en la vida y obra del Beato de Liébana.

El Beato de Liébana

En el siglo VIII un monje mozárabe, conocido más tarde como Beato de Liébana, llegó al monasterio situado en las laderas del valle de Liébana, en la cordillera Cantábrica.

El monje venía probablemente de Toledo o Andalucía, territorios ocupados por el invasor islámico. Al ser un representante reconocido de la cultura cristiana, pronto fue requerido como confesor de la nieta del rey asturiano Don Pelayo, conocida por la historiografía con el nombre de Adosinda. El Beato de Liébana fue un defensor comprometido del catolicismo. En sus escritos se opuso fuertemente a la colaboración con el invasor, y criticó al arzobispo de Toledo, Elipando[4], al que acusó de herejía. Elipando había

[4] Elipando defendía el adopcionismo, doctrina compatible con la prohibición de las peregrinaciones, del culto y la representación en imágenes de Jesucristo o de cualquier santo. Se trata de un debate que se había originado en el marco de la Iglesia de Oriente, en Constantinopla, entre los años 730 y 737. Fue entonces cuando el emperador León prohibió el culto de las imágenes, lo que originó iconoclastia, es decir, una gran oleada de destrucción de imágenes.

sido nombrado arzobispo a cambio de negar la naturaleza divina de Cristo y proclamar el adopcionismo.

La obra más famosa del Beato de Liébana son sus *Comentarios al Apocalipsis de San Juan*. Ya en el IV Concilio de Toledo, en 633, se recomendaba la lectura diaria del Apocalipsis durante el período de Pascua a Pentecostés. En los *Comentarios*, se presenta al apóstol Santiago como evangelizador de la península ibérica. Los treinta manuscritos de la obra, de un gran valor artístico, contienen bellas ilustraciones realizadas en estilo mozárabe.

De las crónicas medievales: la batalla de Covadonga

Escena de la Reconquista en el capitel de una columna, del claustro de la catedral de Oviedo.

Los árabes inicialmente no dieron importancia al éxodo de población cristiana hacia el norte de la Península. Sin embargo, se estuvieron organizando allí bajo el mando de un líder carismático, Don Pelayo, convirtiéndose en una fuerza considerable.

Corría el año 722, cuando los musulmanes enviaron tropas de reconocimiento a Asturias y Cantabria. Don Pelayo, fingiendo una retirada, tendió una trampa a las tropas bereberes y árabes, atrayéndolas hacia las gargantas de montaña cercanas a la gruta de Covadonga (Picos de Europa, en la cordillera Cantábrica). Allí, logró dividir las tropas enemigas, haciendo rodar rocas desde las cumbres, y atacó, derrotando finalmente a los restos de la expedición. La victoria de astures y cántabros sobre unas fuerzas enemigas más numerosas se atribuyó a la intercesión de la Virgen de Covadonga, que desde entonces se venera como patrona de Asturias. Don Pelayo fue proclamado rey y fijó su capital en Cangas de Onís (Asturias).

A la cruz de madera de roble, que por mano de Don Pelayo guio a los guerreros cristianos, se le dio el nombre de «Cruz de la Victoria». Fue colocada en la iglesia de Santa Cruz (siglo VIII), construida en Cangas de Onís por el hijo de Don Pelayo, el rey Favila. Actualmente, forma parte del tesoro de la Cámara Santa de la Catedral de Oviedo, y su emblema luce en la bandera de Asturias.

Con la batalla de Covadonga se inició el lento proceso de Reconquista de los territorios arrebatados a los cristianos. Según palabras del historiador Claudio Sánchez Albornoz (1893-1984), Asturias se convirtió en la «cuna de España», en tanto que país católico. Desde 1388 se otorga el título de Príncipe de Asturias al heredero de la Corona de Castilla.

Los acontecimientos relacionados con el inicio de la Reconquista fueron recogidos por los cronistas del siglo VIII, en especial los árabes.

Los reyes de Asturias fueron ampliando sus territorios mediante la conquista militar, beneficiándose en ocasiones de las rebeliones de los bereberes, así como de los años de sequía y hambre, situaciones que contribuían a que los árabes regresasen temporalmente a las costas de África. En 757, el reino de Asturias ya incluía el territorio desde Oporto (norte de Portugal) hasta los Pirineos. Por el sur, el río Duero se convirtió en la frontera. La parte norte de la meseta castellana era, por razones estratégicas, un terreno casi desértico y deshabitado. La división histórica en Castilla la Vieja y la Nueva estuvo condicionada por la cronología en la recuperación de las tierras de la dominación árabe.

A los conflictos militares con los árabes se unieron los conflictos con los vascones, quienes, a pesar de las alianzas familiares con la monarquía asturiana, no siempre la apoyaban. Un problema adicional del siglo IX fueron las incursiones normandas y vikingas, especialmente en Galicia.

De vez en cuando retomaba fuerza la idea de la «guerra santa». Al cabo de más de siete siglos, la reconquista fue coronada con la toma de Granada, en 1492. Lo consiguió el matrimonio real de Isabel de Castilla (1451-1504) y Fernando de Aragón (1452-1516). Por sus servicios al cristianismo, el papa Alejandro VI les concedió el título de Reyes Católicos, además del de Reyes de Jerusalén, que ya ostentaba Fernando de Aragón. Consumaron juntos la unificación definitiva de la Península, y ambos descansan en la Capilla Real

Medallón de los Reyes Católicos en la fachada de la Universidad de Salamanca.

de la Catedral de Granada. Con ello, España se convirtió en el baluarte occidental del cristianismo.

La capital del reino unificado era hasta entonces itinerante, estando allí donde se asentaba el rey durante algún tiempo. Finalmente, el rey Felipe II trasladó su corte de Toledo a Madrid, y aquí la fijó en 1561, haciendo de ella capital del imperio «donde no se ponía el sol». Con la incorporación a la Corona de las tierras conquistadas en Hispanoamérica, España se convirtió en el mayor imperio organizado desde los tiempos de Roma.

La «torre de Babel» española

Dependiendo del origen, la religión profesada y el territorio habitado, la población de España se dividió en los grupos siguientes: mozárabes, moriscos, muladíes, mudéjares, judíos y cristianos «viejos» y «nuevos».

Mozárabes

Se llamó mozárabes a los cristianos que habitaban en el territorio islámico de la Península desde el año 711, es decir, desde la invasión árabe, hasta finales del siglo XI. En la práctica, toda la población no árabe pertenecía a este grupo, excepto la población judía. Los mozárabes conservaban su religión, así como cierta autonomía eclesiástica y jurídica. Las prácticas religiosas se celebraban en las iglesias visigodas, existentes desde tiempos anteriores a la ocupación islámica. La animosidad de los musulmanes hacia los cristianos ocasionaba que estos se rebelasen, lo que se solía reprimir con derramamiento de sangre. A partir del año 850, aumentó el desplazamiento de los mozárabes hacia el norte de la península, lo que contribuyó a la promoción de la política de repoblación de territorios y ciudades pertenecientes a los reinos de Asturias, León y Galicia.

Estilo mozárabe: la infiltración de elementos de la cultura islámica en la cultura posvisigoda, especialmente en los territorios ocupados, condujo al desarrollo de un estilo nuevo y original, que prevaleció hasta el siglo xi: el estilo mozárabe. Se pueden encontrar sus raíces en el arte visigótico, carolingio, árabe, copto e incluso en el arte mesopotámico, alcanzando su mayor importancia en arquitectura y pintura. Las miniaturas de pintura mozárabe ilustraron los textos de temas religiosos. Las más famosas son las ilustraciones de los *Comentarios al Apocalipsis* del Beato de Liébana (siglo viii), que fueron fuente de inspiración para pintores de tiempos posteriores, desde Gauguin hasta Picasso.

Muladíes

Los muladíes eran cristianos que adoptaron el Islam. Uno de sus representantes fue el descendiente del conde Casio, de la aristocracia visigoda, llamado Muza Beni Casi o Muza Banu Qasi. Al independizarse del emirato de Córdoba en 842, se proclamó «tercer rey de España», gobernando el territorio fronterizo entre el reino cristiano de Asturias y el emirato de Córdoba. Apoyó alternativamente a unos y a otros.

Mudéjares

Los mudéjares eran musulmanes a los que se permitió vivir con los cristianos en los territorios reconquistados, sin renunciar a su religión. El nombre procede del árabe y significa 'domesticado'. Podían mantener sus leyes, jueces y costumbres a cambio de pagar impuestos, pero se les expropiaba las tierras, si se necesitaban para los nuevos colonos cristianos.

Los mudéjares se solían dedicar a la agricultura y a la artesanía. Eran carpinteros, tejedores y en especial maestros del ladrillo, hasta tal punto que establecieron su propio estilo decorativo, el estilo mudéjar.

Los mudéjares que permanecieron fieles a su religión fueron expulsados de España en 1609. Eso llevó al abandono de sus tierras y la producción agrícola del país, considerada hasta entonces la mejor de Europa, empezó a decaer.

Estilo mudéjar: fue el resultado de la penetración y mezcla de diversas corrientes artísticas y expresión de cohabitación pacífica entre gentes de diferentes religiones. Puede decirse que es arte cristiano con ciertos elementos islámicos. Este estilo único, realizado en ladrillo, escayola, madera y cerámica esmaltada, se encuentra únicamente en España y abarca el período comprendido entre los siglos xii y xvi.

Moriscos

Se conoce como moriscos a los musulmanes de Al-Ándalus que, a raíz del decreto de los Reyes Católicos del año 1502, adoptaron la religión católica, oficial y obligatoria. Sin embargo, debido a la desconfianza hacia estos cristianos «nuevos», el trato hacia ellos no mejoró.

Judíos

Los judíos habían sido expulsados de Inglaterra en 1290, y de Francia incluso dos veces: en 1306 y 1393. A pesar de que la reina de España, Isabel la Católica, se declaró su defensora, en el año 1492 los judíos se vieron obligados a elegir entre el bautismo o el exilio.

Entre los miembros de las familias que decidieron abrazar el cristianismo hubo muchos santos. La más famosa es Santa Teresa de Ávila, reformadora de la Regla carmelita y doctora de la Iglesia católica. De origen judío y también de Ávila fue Tomás de Torquemada, el primer Gran Inquisidor de España, perseguidor de herejes y de cultos que no fueran el católico.

En el territorio peninsular hubo períodos de convivencia pacífica entre cristianos, musulmanes y judíos. El siglo x fue la época dorada de coexistencia de culturas tan diferentes. Toledo se convirtió, durante algún tiempo, en un ejemplo de respeto mutuo y cooperación entre los tres grupos étnicos y las tres religiones monoteístas. Allí se creó la famosa Escuela de traductores, en la que se elaboraron todos los escritos sacros y científicos de la época, que estuvieron disponibles en varios idiomas. En el sur, el emirato de Córdoba fue famoso por el desarrollo de la medicina, practicada por médicos árabes (Averroes) y judíos (Maimónides). En una época de atraso general en Europa, la medicina y la higiene brillaban en la península ibérica, y en Córdoba se practicaban incluso operaciones oftalmológicas de cataratas.

Otro ejemplo de relaciones equilibradas entre los diferentes grupos de la España de aquel tiempo fue la construcción de las murallas defensivas de Ávila: la albañilería corría a cargo de los musulmanes, la financiación a cargo de la comunidad judía y los cristianos supervisaban la obra.

De la vigilancia de las reglas del culto católico se encargó a partir del año 1480 la Santa Inquisición. Para diferenciar a los cristianos «viejos» de los «nuevos» y de esta manera mejorar el control de la uniformidad religiosa del país, el cardenal Cisneros —el tercer Gran Inquisidor de España— introdujo el doble apellido obligatorio. Hasta el día de hoy, todos los ciudadanos del Estado español, así como de los países de la América hispana que pertenecieron a la Corona española, tienen dos apellidos: el primero del padre y el segundo de la madre. Los descendientes de la nobleza ostentan doble escudo familiar. De esta manera, se podía identificar fácilmente a los habitantes del reino.

En el ámbito gubernamental y humanitario, el testamento de la reina Isabel la Católica puede considerarse como la primera declaración de derechos humanos del mundo, especialmente en favor de los indígenas.

Santa Teresa de Ávila, doctora de la Iglesia

En 1617, la beata Teresa de Jesús fue proclamada patrona de España, junto con Santiago el Mayor, y canonizada en 1622.

Teresa de Cepeda y Ahumada nació en el año 1515, probablemente en Gotarrendura, cerca de Ávila, donde la familia de su madre tenía una propiedad. En el jardín de la casa, al lado del palomar, hay una placa con las palabras de la Santa «Nada te turbe. Nada te espante. Todo se pasa. Dios no se muda. La paciencia todo lo alcanza. Quien a Dios tiene, nada le falta. Solo Dios basta».

La reformadora de la orden carmelita fue autora de varias obras de literatura religiosa. Enseñó la oración personal e íntima, que fluye del pensamiento, espíritu y corazón del creyente, lo cual fue muy novedoso en unos tiempos en que se oraba en comunidad, en voz alta, con textos predeterminados y aprobados por la jerarquía eclesiástica. Eso fue la causa de que una de sus obras, el *Libro de la vida*, fuese objeto de investigación por la Santa Inquisición, ante la sospecha de herejía.

Imagen de Santa Teresa en la catedral de Ávila.

Santa Teresa tuvo la amistad y el apoyo de San Juan de la Cruz (Juan de Yepes Álvarez), mucho más joven que ella, nacido en el año 1542 en Fontiveros, cerca de Ávila, y fallecido en Úbeda. La vida de ambos místicos de Ávila es sorprendentemente interesante, llena de aventuras y vigilada de cerca por la Iglesia.

Santa Teresa fue muy respetada por la aristocracia, que buscaba su amistad y le encargaba la fundación de nuevos conventos de carmelitas descalzas. En el territorio desde Burgos a Sevilla y Granada llegó a fundar hasta diecisiete conventos. Acabó su ajetreada vida en uno de sus «palomares», como llamaba a sus conventos, fundado por la duquesa de Alba en Alba de Tormes (Salamanca). Allí se encuentra la mayor parte de sus reliquias. Sin embargo, el destino de otras resulta también interesante, y vinculado incluso a tiempos más actuales.

En el año 1923 fue propuesta para la concesión del título de Doctora de la Iglesia. El papa Pío XI se opuso a ello con la frase: «*Obstat sexus*»[5]. La petición fue renovada durante el papado de Pablo VI, quién finalmente la aprobó en el año 1969.

---

[5] *Obstat sexus* (lat.): 'El sexo lo impide'.

II

Santiago el Mayor, entre la historia y la leyenda

¿Quién fue el apóstol Santiago el Mayor?

Jacobo el Mayor, conocido en España como Santiago el Mayor o Apóstol Santiago, nació alrededor del año 5 a. C. en Betsaida, a orillas del mar de Galilea, también conocido como lago de Genesaret o de Tiberíades. Murió en el año 44 d. C. en Jerusalén (Judea).

Según algunos autores, su nombre podría proceder de *Yakin*, que significa en hebreo 'Que Yavé te haga fuerte'. Otros lo interpretan como 'El que sostiene'. Ese era el nombre de una de las dos columnas, con un capitel en forma de flor de loto, situadas a la entrada del templo de Salomón. Destruido el templo por Nabucodonosor II en 587 a. C., ambas columnas fueron transportadas a Babilonia como trofeo de guerra.

Santiago y su hermano Juan Evangelista eran hijos del pescador Zebedeo y de María Salomé, prima de María, madre de Jesús. Al igual que el padre, ambos hermanos eran pescadores. Al ser los primeros llamados por Jesús, dejaron todo para seguirle (Mateo 4:21 y ss.), llegando a formar parte de los tres discípulos más cercanos. Los evangelios mencionan a Santiago el Mayor en varias ocasiones: junto con Pedro y su hermano Juan, presenció la resurrección de la hija de Jairo (Marcos 5:37), fue testigo de la Transfiguración del Señor en el monte Tabor (Mateo 17:1) y estuvo presente en el Huerto de los Olivos, sin poder vencer el sueño durante la oración del Maestro en Getsemaní (Mateo 26:37). Después de la Resurrección, participó en el milagro de la pesca en el lago de Tiberíades (Juan 21:1-8). También se lo menciona en los Hechos de los Apóstoles (Hechos 1:12-14). Debido al carácter violento de ambos hermanos, Jesús apodó a Santiago y a Juan *Boanerges*, 'hijos del trueno' en lengua aramea (Marcos 3:17; Lucas 9:52-56).

No hay que confundir a Santiago el Mayor con Santiago el Menor, que fue el primer obispo de Jerusalén, donde presidió un concilio (Hechos 15:1-33) y murió lapidado en el año 62 d. C.

En español, nombres como Santiago, Tiago, Diego o Jaime corresponden a Jacobo, al igual que *James* en inglés, *Jacques* en francés, *Giacomo* en italiano o *Jakob* en alemán.

De Galilea a Galicia — Santiago el Mayor en España

A Santiago el Mayor el destino, en forma de sorteo (*sortes apostolicæ*), le llevó a propagar la doctrina de Cristo a Hispania, provincia del Imperio romano. Sin embargo, existe también la posibilidad de que él mismo hubiese elegido este país, consciente de cumplir con el deseo de Cristo de llevar la Buena Nueva hasta los «confines del mundo», como se consideraba en aquella época el extremo atlántico de la Europa continental.

¿A qué puerto pudo haber llegado el barco con el Apóstol? Las leyendas apuntan a dos posibles lugares. Uno pudiera ser Cartagena (*Carthago Nova*), a orillas del mar Mediterráneo, y el otro Iría, en la costa atlántica de *Gallæcia*, como los romanos llamaban a Galicia. En la torre de la iglesia parroquial de Cartagena, una lápida en latín proclama que «De este lugar salió a Hispania la luz del Evangelio». Desde Cartagena, el Apóstol pudo llegar por varias calzadas a Iría. Esta localidad en los años 73-74 fue elevada a la categoría de ciudad con el nombre de *Iria Flavia*, de acuerdo con la *Lex Flavia Municipalis*, promulgada por el emperador Vespasiano, de la dinastía Flavia (69-96 d. C.). Actualmente Iría forma parte del municipio de Padrón (La Coruña).

La tradición cuenta que al principio el Apóstol llegó acompañado solamente por un perro, pero que pronto atrajo a ocho seguidores: Torcuato, Indalecio, Tesifonte, Eufrasio, Cecilio, Hisicio, Teodosio y Atanasio. Con su ayuda, fundó en Galicia dos iglesias: una en Iría y otra en Mugía (*Muxía*). Aquí se le apareció por bilocación, es decir, todavía en vida, la Virgen María, con la intención de mantener y fortalecer el espíritu apostólico de Santiago.

Recorriendo las calzadas romanas que cruzaban la Península, Santiago llegó con sus seguidores a *Cæsaraugusta* (Zaragoza), donde nuevamente se le apareció la Virgen María sobre una columna de jade, y expresó el deseo de que el Apóstol regresase a su tierra de origen para acompañarla en su tránsito a la vida eterna, pero no sin antes fundar allí un tercer templo. A tal efecto, el Apóstol rodeó aquella columna romana con un muro, formando así la primera capilla, que evolucionaría con el tiempo hasta convertirse en la Basílica de Nuestra Señora del Pilar.

Cumpliendo el deseo de María, pero desanimado por el escaso éxito de su misión evangélica, el Apóstol decidió volver a su tierra natal. Junto con algunos seguidores, probablemente bajó por el Ebro desde *Cæsaraugusta* hasta la costa mediterránea, zarpando desde el puerto de *Barcino* (Barcelona), *Tarraco* (Tarragona) o *Carthago Nova* (Cartagena) y llegando a Jerusalén hacia el año 41 ó 42.

Martirio, muerte y traslatio de Santiago Apóstol

En Jerusalén, el Apóstol continuó su misión. Aquí alcanzaron fama las disputas con su adversario religioso Hermógenes, quien desacreditaba las enseñanzas del Apóstol. Sin embargo, Santiago consiguió convencerle, y finalmente Hermógenes llegó a abrazar el cristianismo. Este acontecimiento y el carisma de Santiago el Mayor inquietaron a las autoridades. Entonces, reinaba en Jerusalén Herodes Agripa. Mientras continuaban las persecuciones de los seguidores de la nueva religión, a la vez estalló una rebelión contra la dominación romana. Durante la Pascua del año 44, el rey, enfurecido por el aumento de los seguidores cristianos, y movido por el deseo de complacer tanto al pueblo judío como a los ocupantes, mandó arrestar al Apóstol. Tras un juicio amañado con falsos testimonios, fue condenado a morir decapitado. Se usó la espada romana llamada *gladius*, un arma corta de unos 50 centímetros de largo utilizada para la lucha «cuerpo a cuerpo».

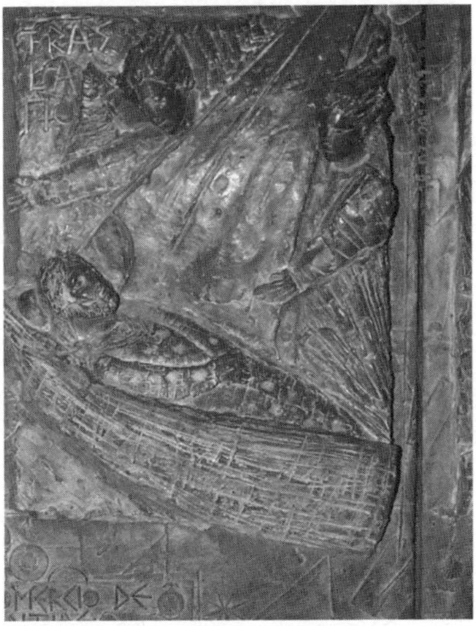

Barco con el cuerpo del Apóstol. Fragmento de la Puerta Santa en la catedral compostelana.

El episodio de la muerte de Santiago el Mayor lo narra Eusebio de Cesarea (275-339), quien se basa en la obra *Hypotyposis*, de Clemente de Alejandría (siglo II).

Santiago se convirtió en el primer apóstol que fue martirizado (Hechos 12:2). Era corriente entre los pueblos orientales dejar expuestos los cadáveres de los reos a la voracidad de las fieras. Así que «arrojaron fuera de la ciudad el cuerpo exánime [del Apóstol] con la cabeza, para que fuese devorado por los perros y aves de rapiña» (Epístola de San León III). Según la leyenda, en plena oscuridad de la noche, los discípulos Atanasio y Teodosio recogieron el cuerpo de un muladar. A pesar de ser conscientes de las graves consecuencias que esto acarrearía en caso de ser descubiertos, deseaban cumplir la última voluntad de su maestro. Llevaron sus restos desde Jerusalén al puerto de Jaffa (a unos 60 km). Desde allí, en un barco sin timón y sin vela y guiados por la Divina Providencia y las corrientes marinas, llegaron después de siete días a las costas atlánticas de Galicia, cerca de Iría, región en la que había cumplido su misión apostólica Santiago el Mayor.

El viaje por mar siguió la ruta por la cual desde los tiempos de los fenicios se transportaban desde la Península valiosos minerales, ruta que también seguían los navíos romanos. Se llamaba la «Ruta de Piedra(s)». Posiblemente eso explica la leyenda del «barco de piedra» que habría llevado el cuerpo del Apóstol a las costas gallegas. La importancia de los viajes marítimos en aquellos tiempos la confirman algunas narraciones recogidas en los Hechos de los Apóstoles.

Al llegar a Iría a través de la ría de Arosa, entonces importante puerto comercial ubicado en el fondo de la ría, la embarcación fue amarrada en la orilla del río Sar a una piedra, o «pedrón», y los discípulos depositaron el cuerpo del Apóstol sobre una gran roca con la forma de su cuerpo.

***

A lo largo de la historia de la peregrinación jacobea, los peregrinos visitaron el muelle de Padrón y veneraron la roca en la que se depositó el cuerpo del Apóstol. Existe una representación idealizada de esta roca en la tabla al óleo del Maestro de Astorga (1510-1530), actualmente expuesta en el Museo Lázaro Galdiano de Madrid. También se la conoce a través de los relatos de algunos de los peregrinos que la visitaron. Por ejemplo, el caballero León de Rosmithal de Blatna, cuñado del rey Jorge de Bohemia, en su relato del viaje que completó en el año 1467, describe el aspecto de la piedra «con una huella de su cuerpo [del Apóstol] que ha quedado impresa milagrosamente como en cera». Dice también que «habiendo oído el pontífice que los peregrinos troceaban aquella peña, la sumergió en el agua y labró unos escalones desde donde se pudiera contemplar». La describe también el viajero alemán Jerónimo Münzer, que visitó Padrón en el año 1494, así como muchos otros autores de relatos.

Esta gran piedra, a la que la erosión natural había impreso el molde de una figura humana, fue por tanto trasladada al río Sar por orden papal para protegerla del pío vandalismo de los peregrinos. Con el paso del tiempo, la arena de las aguas del río fue cubriendo la roca, situada en el meandro frente al muelle. El cronista del rey Felipe II Ambrosio de Morales escribió en el año 1572 que ya no pudo verla.

En abril de 2018, se ha desarrollado la primera fase de un proyecto de investigación arqueológica basado en los antiguos relatos. Las imágenes del georradar identificaron una estructura de grandes dimensiones (3 × 5 m) bajo tierra, a unos cuatro metros de profundidad, que podría corresponder con el escalón construido para visitar la roca. Enfrente hay un antiguo arenal de sedimentación en el meandro del río que, muy posiblemente, esconde la piedra buscada. El meandro fue el antiguo cauce y margen del río Sar, antes de su canalización a mediados del siglo xx. La zona está cerca de la iglesia parroquial de Santiago, donde se encuentra el «pedrón», considerado según la tradición el auténtico, al que se amarró la barca apostólica.

***

Los discípulos se dirigieron a la reina Doña Lupa, o Doña Loba[6], a quien solicitaron permiso para enterrar al Apóstol. Sin embargo, la reina, desconfiada, puso unas condiciones tan difíciles, que se habría requerido un milagro para cumplirlas. Los discípulos tendrían que capturar a dos toros salvajes en el campo y engancharlos al carro con el cuerpo del Santo, y así ya podrían enterrarlo allí donde los toros quisieran detenerse. No era una tarea fácil, sino más bien imposible; pero el más valiente de los dos discípulos se atrevió a enfrentarse a las bestias. Haciendo la señal de la cruz, consiguió apaciguarlas y engancharlas al carro. Cuando los toros se detuvieron en el patio del palacio de Doña Lupa, la reina comprendió su error, pero mantuvo su palabra. De

[6] *Lupus* (lat.): 'lobo'; «don» y «doña» derivan de *dominus/domina* (lat.): 'señor/a, dueño/a'.

acuerdo con las condiciones dadas por ella misma, permitió el entierro del Apóstol en el mausoleo romano que estaba en su *Castro Lupario*, en el monte llamado luego Libredón ('de libre donación'). Según la leyenda, la reina llegó a abrazar la nueva religión.

Atanasio y Teodosio permanecieron guardando la tumba hasta su muerte, y fueron también enterrados allí. El lugar dedicado en su tiempo al culto desapareció durante la persecución de los cristianos. A finales del período romano, el suceso fue olvidado y el sepulcro se cubrió de matorrales.

Las disputas de Santiago con Hermógenes, la decapitación, el viaje por barco y el encuentro con Doña Lupa aparecen representados en las pinturas, atribuidas a Cristóbal de Herrera y fechadas en 1510, ubicadas en el retablo del altar de la iglesia de Santa María La Blanca en Villalcázar de Sirga (Palencia), en el Camino Francés.

Otro posible periplo de la reliquia de Santiago

El viaje de regreso del Apóstol a su tierra de misión podría haber sido completamente diferente del que cuenta la leyenda. En el texto de *Breviarium Apostolorum*[7] se indica como lugar del entierro de Santiago el Mayor el llamado *Achaia Marmarica*. Esta enigmática localización se interpretó como *arcis marmoricis*, el sepulcro de mármol encontrado en Compostela.

Otras teorías interpretan esta información como un nombre geográfico, situándolo en la antigua región de *Marmarica*, en la actual Libia, o en otras partes del Mediterráneo. Hay que tener en cuenta la antigüedad de las fuentes, y los cambios de nombres geográficos a lo largo del tiempo.

Debido a la invasión de Tierra Santa por los persas (año 614) y los árabes (año 636), las reliquias de Santiago el Mayor se trasladaron desde Jerusalén a la península del Sinaí. En la capilla de la catedral armenia bajo la advocación de Santiago el Mayor en Jerusalén, se venera la reliquia de su cráneo, ya que los armenios sostienen que antes de llegar a Hispania, el apóstol Santiago predicó el Evangelio en Armenia. El resto de sus reliquias fue escondido en el monasterio de la Transfiguración del Señor, llamado más tarde monasterio de Santa Catalina, en el Sinaí.

---

[7] *Breviarium Apostolorum* es un texto hagiográfico sobre los apóstoles del Cristo, escrito en latín en el siglo VI o principio del siglo VII, en el sur de Francia o norte de Italia.

Las citadas invasiones causaron, a partir del siglo vii, el éxodo de los monjes del norte de África al sur de Europa y también a España, llevando consigo las reliquias. Es posible que unos cien años antes de encontrarse el sepulcro de Santiago en Galicia, sus reliquias hubiesen sido trasladadas allí desde Mérida, de manera similar a otras llevadas hacia las regiones norteñas a medida que progresaba la invasión del islam.

Historia del sepulcro apostólico: del papa León III al papa León XIII

Desde finales del siglo vi circulaban por Europa noticias sobre Santiago el Mayor, recogidas en el *Breviarium Apostolorum.* Esta fuente contiene los primeros datos sobre la actividad de Santiago el Mayor en los confines occidentales de España, haciéndose constar que: «*Hic [Jacobus] Hispaniae occidentalia loca predicatur*» («En este lugar de Hispania occidental predicó [Santiago]»). También se señala la fecha de entierro del Apóstol, el 25 de julio.

Su predicación en España fue proclamada por concilio de Toledo del año 633. San Isidoro de Sevilla (siglo vii), en su obra *De ortu et obitu patrum,* se refería a Santiago el Mayor como el patrón de Hispania. Beda el Venerable (siglos vii-viii), en su martirologio, escribe: «Los sagrados restos mortales de este bienaventurado fueron trasladados de sitio en España y escondidos en sus últimos límites: frente al mar Británico».

En el siglo viii, el Beato de Liébana reflexionaba sobre el tema del Apóstol en sus *Comentarios al Apocalipsis de San Juan.* Se le atribuye también la autoría del himno del día de Santiago, que comienza con las palabras *O Dei Verbum.* Contiene la invocación a Santiago el Mayor, pidiendo su protección del rey, el clero y el pueblo, y le considera patrón y protector de la comunidad cristiana.

En aquel período de incertidumbre religiosa, dada la popularidad de ciertas herejías, en especial, de la doctrina que predicaba el obispo Prisciliano, y la expansión del islam, urgió volver a las bases de la religión católica para fortalecerla.

Según la leyenda, alrededor de 813 un eremita y asceta gallego, Pelagio (*Pelayo* o *Paio*), difundió la noticia de un fenómeno extraño: una lluvia de estrellas caía desde el Pico Sacro sobre el bosque de Libredón, en el monte entre los ríos Sar y Sarela, coronado por las ruinas de un antiguo castro. El obispo de Iría, Teodomiro, después de un ayuno de tres días, exploró personalmente el lugar. Entre los arbustos encontró una pequeña construcción

Rey Alfonso II el Casto ante la catedral de Oviedo.

de mármol con tres sepulcros y unos esqueletos, que fueron considerados los del Apóstol y sus dos discípulos. El obispo informó del hallazgo al rey Alfonso II el Casto (759-842). Este, en su juventud, había sido educado en el monasterio de Samos (Galicia), donde se supone que a través de los monjes conoció los textos sobre la misión evangelizadora del apóstol Santiago en España. Así que cuando llegó la noticia sobre la tumba del Apóstol, llamada *inventio*, un equívoco término latino que significa en realidad descubrimiento, el rey acudió con su corte al lugar con intención de confirmar y dar fe del hallazgo. El papa León III —o según algunos autores el patriarca de Jerusalén, León— confirmó su autenticidad en su epístola *Noscat fraternitas vestra*.

En el lugar indicado por el ermitaño Pelayo, entonces conocido como *Campus Stellæ* ('Campo de las Estrellas'), el rey Alfonso II ordenó construir una capilla y un monasterio para doce monjes, que cuidarían del sepulcro.

En el *Martyrologium,* escrito alrededor de 867 por el monje Usard en el monasterio Saint-Germain-des-Prés (París), se relata que «los santos huesos de Santiago el Mayor son objeto de gran culto», lo que confirma que la noticia sobre el descubrimiento del sepulcro ya había cruzado por entonces los Pirineos.

El rey Alfonso III el Magno (866-910) donó unas tres mil millas cuadradas de terreno alrededor del santuario y fundó una iglesia con su monasterio. Con el tiempo, alrededor de este conjunto se formó un barrio (*burgo*), que dio origen a la actual ciudad de Santiago de Compostela. En 899 se consagró una nueva basílica, de la cual el rey informó al clero de Tours (Francia). Así comenzaron las peregrinaciones desde toda Europa, por las que Santiago de Compostela se convertiría en el tercer lugar santo de la cristiandad, junto a Jerusalén y Roma.

Los armenios, que también mantienen la tradición de haber recibido el Evangelio por boca de Santiago, se contaron entre los primeros peregrinos en visitar su sepulcro en Compostela, donde fundaron el hospital de Jerusalén, uno de los primeros en la sede del Apóstol.

Los botines conseguidos en las incursiones a Al-Ándalus fueron destinados a perfeccionar y embellecer el templo de Compostela.

Al-Gazal (772-866), poeta andaluz nacido en Jaén, escribía en el año 845: «Su *kaaba* [imagen de Santiago en la iglesia de Compostela] es de gran tamaño y ocupa el lugar central de la iglesia. Delante de él se hacen los juramentos. Desde países lejanos, Roma, tierras de los coptos, Nubia, acuden en peregrinación y afirman que el sepulcro visible en el interior pertenece a Santiago, uno de los doce apóstoles, amado por *Isa* (Jesús). Que Dios le bendiga a Él y a nuestro Profeta».

Las incursiones sobre Compostela, que se prolongaron durante todo el Medievo, y especialmente en el siglo XVI, con el fin de apoderarse tanto de las reliquias como del tesoro catedralicio, obligaron a esconderlos.

En los años 1878-1879, con motivo de las obras de renovación de la catedral, comenzó la búsqueda de las reliquias escondidas. Al levantar el pavimento detrás del altar mayor, se encontraron bajo tierra los restos de un sarcófago de piedra señalado con una cruz, que contenía tres esqueletos masculinos. Comenzó el proceso de confirmación de la autenticidad de las reliquias encontradas, conocido como *reinventio*. Con este fin se formó una comisión extraordinaria presidida por el cardenal Bartolini, prefecto de la Congregación de Ritos. Los doctores Chiapelli, Casares Freire y Sánchez Freire, de la universidad compostelana, realizaron el examen anatómico de las reliquias, y el día de 25 de julio de 1884, durante la misa, se proclamó su autenticidad, legitimada por el papa León XIII mediante el documento *Deus omnipotens*.

Cabe señalar que la facultad de Medicina de la Universidad de Santiago de Compostela, fundada en el año 1648, ya era entonces una institución universitaria de prestigio mundial.

Nuevos descubrimientos en el sepulcro apostólico

Las excavaciones arqueológicas en torno al lugar del hallazgo de la tumba del Apóstol indican la existencia de enterramientos originarios de diversos períodos: celtas, cristianos de la época temprana (de alrededor del año 250), suevos (411-585) y visigodos (585-711).

La pequeña construcción de mármol, en la que se encontraron en tiempos de Alfonso II los restos adjudicados al Apóstol, pertenece a la necrópolis de la época del Imperio romano, que se correspondería con la leyenda. En el siglo xi, la mayor parte de este antiguo mausoleo fue derruida, por orden del arzobispo Gelmírez, para construir el altar de la nueva basílica catedralicia de estilo románico.

La autenticidad del sepulcro de Santiago el Mayor en Galicia, e incluso la posibilidad de su estancia y actividad evangelizadora en España, han sido cuestionadas en los últimos cien años. Algunos opinan que el lugar correspondería al sepulcro del obispo Prisciliano, que tuvo muchos adeptos en estas tierras en el siglo iv.

Lo más importante fueron los resultados del descubrimiento realizado en 2011 por el científico español Enrique Alarcón Moreno, de la Universidad de Navarra. Utilizando una cámara fotográfica HD con control remoto, exploró los lugares menos accesibles de la cripta apostólica en la catedral de Santiago de Compostela. Encontró un lapidario con la inscripción «*Jacob*», así como la simbología y decoración propias de los enterramientos judeocristianos del siglo i d. C., y también una inscripción relacionada con la fiesta judía del *Shavuot*, es decir, la primicia de la cosecha, con símbolos de los panes ceremoniales grabados en piedra. *Shavuot* es el nombre hebreo de la fiesta de Pentecostés, que figura en el libro del Levítico del Antiguo Testamento. En Tierra Santa esta fiesta desapareció alrededor del año 70 d. C., coincidiendo con la destrucción del templo de Jerusalén por los romanos. Dicha circunstancia ayuda a datar los restos del sepulcro. También aparecen grabadas lenguas de fuego, símbolo de recibir los apóstoles el Espíritu Santo el día de Pentecostés. Los Hechos de los Apóstoles recuerdan la voluntad de Cristo de que sus discípulos no abandonasen Jerusalén antes de haber recibido al Espíritu Santo, y que luego lo predicasen como testigos (en griego, μάρτυρος *mártyros*) hasta los confines de la tierra. Así pues, esta inscripción mostraría el firme cumplimiento de la voluntad de Cristo por el apóstol Santiago. Las letras griegas talladas en piedra con la inscripción «*MARTYR*» en parte coinciden con las letras de «*Jacob*» en el alfabeto hebreo.

La cámara captó también la inscripción griega «*Athanasios martyr*», así como símbolos cristianos y letras hebreas. La interpretación de las primeras inscripciones cristianas no resulta fácil, ya que se hicieron en tiempos de persecuciones religiosas, con la intención, por tanto, de que resultasen comprensibles únicamente a los iniciados.

III
Historia del Camino de Santiago

¿Camino apostólico o el pagano Camino de las Estrellas?

El hallazgo de las necrópolis precristianas en la zona del sepulcro del Apóstol confirma la existencia de una antigua ruta, la *Via Finis Terræ*[8], hasta el fin del continente de Eurasia, en la orilla del océano Atlántico. En el primer milenio antes del Cristo esta ruta fue seguida tradicionalmente por los celtas para, de acuerdo con su mitología, poder adorar allí al dios Sol y cruzar la Puerta de la Eternidad. También en la mitología grecorromana se pueden encontrar referencias a la *Via Finis Terræ*, llamada Camino de Hércules. La tradición de caminar hacia *Finis Terræ* desapareció, tal vez impedida por las incursiones bárbaras de los últimos tiempos del Imperio romano. Este tema se comenta más ampliamente en la tercera parte de este libro, dedicada a la mitología.

Las estrellas acompañan al peregrino a lo largo de su viaje, especialmente en esta ruta, que por ello se conoce también como Camino de las Estrellas, el que conduce al Campo de las Estrellas, es decir, a Compostela. Por la noche, su dirección la indica la Vía Láctea. Los peregrinos medievales se servían de un bordón, cuyo mango tenía la función de un instrumento astronómico, el *astrolabium*.

En cualquier punto del Camino, pero especialmente en Castilla y Extremadura, vale la pena observar el cielo por la noche. En ausencia de contaminación lumínica, propia de la actual civilización, se descubre un hermoso e inolvidable espectáculo del universo. También vale la pena contemplar el amanecer, la puesta del sol o la salida de la luna, especialmente en noches de plenilunio, en

---

8 *Via Finis Terrae* (lat.): 'Camino del confín de la tierra'.

el escenario del ancho paisaje de Castilla. Ideal para este fin es el cerro coronado por las ruinas del castillo medieval en Castrojeriz, en el Camino Francés. La imagen del cielo, en toda su gama de colores, compensará el esfuerzo de la corta escalada. El Camino ofrece la posibilidad de recuperar el sentido de la noche y observar la Vía Láctea, que antiguamente orientaba a los peregrinos, en ausencia de flechas amarillas, y permite el lujo de tener un «viaje astral».

El papa Francisco, al finalizar su visita a Centroamérica, citó unos versos[9] del poeta mejicano Octavio Paz, premio Nobel en el año 1990:

Soy hombre: duro poco
Y es enorme la noche.
Pero miro hacia arriba:
Las estrellas escriben.
Sin entender comprendo:
También soy escritura
Y en este instante
Alguien me deletrea.

Importancia del Camino Jacobeo en Europa y en la península ibérica

La *Via Regia,* que une el este con el oeste de Europa a lo largo de 4500 km, existe desde hace más de 2000 años. En la Edad Media tenía su propio *status* jurídico y, durante el Sacro Imperio Romano Germánico, las rutas pertenecientes a la *Via Regia* estaban bajo patrocinio real.

En la Europa del siglo xi tuvo lugar una expansión demográfica, económica y cultural, gracias a lo cual floreció el culto a las reliquias, enriqueciendo y sosteniendo las donaciones de los fieles a monasterios e iglesias. Estas circunstancias influyeron en un mayor desarrollo del Camino de Santiago.

El descubrimiento del sepulcro de Santiago el Mayor resultó ser un acontecimiento de importantes consecuencias. Fortaleció la fe y unidad de los cristianos de la península ibérica y Europa, amenazados por el auge del Islam en tiempos de sus conquistas territoriales. El movimiento peregrino situó a España en la cultura europea. Por primera vez desde la caída del Imperio romano, el continente europeo se unió a través de la arquitectura, la escultura y la

---

9 De la antología *Árbol adentro* (1976-1988).

pintura. El Camino de Santiago se inscribe en el estilo románico, y más tarde en el gótico. En España se abrió un camino al progreso, a la modificación y unificación del rito religioso, y se acentuó el desarrollo económico. El Camino influyó también en las relaciones con los reinos árabes de taifas[10]. La gran afluencia de peregrinos de toda Europa favoreció el control de los territorios reconquistados. En 1064, el papa Alejandro II promulgó una indulgencia plenaria para los cristianos que fuesen a España en peregrinación y para luchar contra el Islam. Este fue el primer paso para las cruzadas posteriores, ya que en 1096 el papa Urbano II proclamó en Clermont la primera de ellas.

Cómo se formó el Camino de Santiago en la península ibérica

En la península ibérica hubo ya una red de caminos de origen celta, que sirvió de base a las calzadas romanas. Además, en la España medieval existían los llamados Caminos Reales, que se utilizaban para la comunicación oficial, y las Cañadas Reales, o vías de trashumancia, usadas por los pastores para llevar el ganado a los pastos de verano o de invierno. Los tres tipos de caminos convergían en Santiago de Compostela, y sirvieron también a los peregrinos.

Para confirmar el hallazgo del sepulcro del Apóstol, el rey Alfonso II el Casto partió desde su capital, Oviedo. Para su desplazamiento utilizó la antigua calzada romana que unía *Lucus Asturum* con *Lucus Augusti,* dando origen a la ruta llamada actualmente Camino Primitivo, en recuerdo de esta primera peregrinación histórica.

Cuando la noticia del descubrimiento de la tumba apostólica se extendió por toda Europa, los primeros peregrinos de más allá de los Pirineos comenzaron a llegar en el siglo x, siguiendo el Camino de la Costa del Norte. A partir del siglo xi, el avance de la reconquista abrió otros caminos de menor dificultad que los montañosos del norte. Al cruzar los puertos pirenaicos de Somport (Aragón) o, más tarde, de Roncesvalles (Navarra), los peregrinos continuaban en su mayor parte por el llamado Camino Francés, en tierras más accesibles de la meseta castellana. El nombre de esta ruta proviene del origen

10 Los reinos de taifas fueron pequeños reinos árabes independientes que, juntos, formaban el califato de Córdoba.

Placa indicativa de los Caminos delante de la catedral de Oviedo, el origen del Camino.

de los peregrinos, ya que los más numerosos procedían de Francia, aunque otros venían de Alemania, e incluso de más lejos.

Al llegar a León, muchos peregrinos se desviaban hacia el norte y por el Camino de San Salvador alcanzaban Oviedo, para poder adorar una de las reliquias más importantes de la cristiandad: el Santo Sudario de Cristo. Desde Oviedo, la marcha continuaba hasta Santiago por el Camino Primitivo o por el Camino de la Costa.

El llamado Camino de Invierno lo seguían aquellos que, temiendo los rigores de los meses de invierno entre Ponferrada y el monte Cebrero (*O'Cebreiro*), elegían el Camino Real, más suave y muy pintoresco.

Después de la conquista de Valencia en el siglo XI, los peregrinos llegaban por el Camino de Levante desde el sureste peninsular, pasando por Toledo y Ávila. Esta ruta también era utilizada por los peregrinos que venían masivamente de otros países mediterráneos.

Los habitantes de las costas atlánticas del sur de la Península escogían una de las Vías Portuguesas, desde Lisboa o Tavira.

El Camino Inglés conducía a Santiago a los peregrinos procedentes de Inglaterra, Irlanda y países escandinavos que llegaban en barcos, y que atracaban en los puertos de La Coruña, El Ferrol o Neda.

A partir de 1492, en el reino unificado de España se abrió una de las vías más antiguas que cruzaban la Península, la llamada Vía de la Plata, convertida en Camino Mozárabe.

Si el Camino Francés es el Camino de Europa y de la europeización de España, el Camino Mozárabe es el de la unificación de España y de su proyección allende los mares, pudiendo considerarse también el Camino de América. Varios galeones que cruzaron el océano llevaban el nombre de Santiago, al igual que una de las cinco naves de Magallanes. En 1504 Bartolomé Colón, hermano del Almirante, fundó Santiago de los Caballeros (República Dominicana); en 1514 Diego Velázquez fundó Santiago de Cuba; en 1541 Pedro Valdivia fundó Santiago de Chile, etc. Más de doscientas localidades en América llevan en el nombre la advocación al apóstol Santiago.

A lo largo de los siglos, los peregrinos a Santiago se han guiado por diversas motivaciones: sentimientos religiosos, petición de la intercesión del Apóstol, cierto misterio del lugar en el extremo de Europa... A diferencia de la religión judaica, con la imagen de un Dios justo pero vengativo, la religión cristiana promueve el arrepentimiento por los pecados cometidos y la petición de perdón. En el contexto del culto a Santiago, esto se refleja en la celebración del Año Santo, como Año de la Perdonanza o Jubileo, y Año de la Misericordia.

Contribución de los monarcas

En la tercera década del siglo XI, Sancho III Garcés el Mayor, rey de Navarra, realizó la primera modificación del Camino a Santiago. Señaló un trayecto más recto y corto, evitando las tierras riojanas, que sufrían las incursiones de las huestes musulmanas. La ruta pasaba por la localidad de Puente la Reina, donde su esposa, la reina Doña Muña, llamada también Doña Mayor, ordenó construir un gran puente sobre el río Arga. La reina fundó también el Monasterio de San Juan de la Peña, vinculado con el Camino por Somport, dotándolo de importantes reliquias.

A finales del siglo XI, el rey de Aragón y Navarra, Sancho I Ramírez, y el rey de Castilla, León y Asturias, Alfonso VI, seguían modificando la ruta. Ambos acordaron como itinerario principal el Camino Francés, que quedó establecido definitivamente en el siglo XII. La ruta siempre transcurría por lugares relacionados con el culto a las reliquias.

Los monarcas fundaron también monasterios, en especial los de la regla benedictina, bajo cuya custodia quedaban los albergues y hospitales de peregrinos.

Otorgaron al peregrino privilegios reales que proporcionaban protección legal a su persona y enseres, le eximían de aranceles aduaneros a la entrada a las ciudades, le daban alojamiento en albergues y conventos a lo largo del Camino, así como atención hospitalaria en caso de enfermedad, sepultura y el cumplimiento de la última voluntad del difunto. Se imponían fuertes sanciones por causar daño al peregrino. Estas leyes fueron el origen del actual derecho internacional.

Para satisfacer las necesidades del peregrino, especialmente en zonas despobladas o de importancia estratégica, los monarcas siguieron una política de repoblación con colonos extranjeros, llamados «francos».

Los «francos»

Desde el siglo xi, instigados por las autoridades, fueron asentándose a lo largo del Camino de Santiago colonos llamados en España «francos», independientemente de su origen, para atender a los peregrinos. Tras la expulsión de los judíos decretada por los Reyes Católicos, el rey de Navarra acogió y asentó una importante comunidad judía en la zona de Estella (*Lizarra*).

Debido a la importancia de los francos en la prosperidad del Camino, los monarcas de los diversos reinos peninsulares les otorgaron privilegios económicos y legales. Los francos no dependían de un señor feudal y no sufrían sus abusos, sino que juraban lealtad directamente al rey, quien les amparaba. Eran libres y no pagaban impuestos. La palabra «franco» significa hasta el día de hoy 'libre de aduana, impuestos o cualquier carga económica'.

Fue el tiempo de fundación y desarrollo de las ciudades. El geógrafo árabe Al-Idrisi (siglo xii) observó que el nivel de urbanización a lo largo del Camino era superior al del resto del territorio cristiano.

La huella de la repoblación se confirma por los nombres de muchos lugares; por ejemplo, Villafranca de los Montes de Oca, Villafranca del Bierzo, El Franco en Asturias, y otras. Los colonos, por lo general, eran artesanos y comerciantes, y formaron las primeras localidades a lo largo del Camino, en especial en el cruce de los ríos. Estas localidades presentan una forma alargada, como Puente la Reina, Logroño, Estella, Santo Domingo de la Calzada, Castrojeriz o Castrillo de los Polvazares. En estos lugares el peregrino podía encontrar ayuda, cambiar dinero, comer, reponer suministros y reparar el calzado o enseres. A finales del siglo xii en Pamplona, Burgos y Santo Domingo de la Calzada los nuevos habitantes, procedentes de más allá de los Pirineos, constituían más de la cuarta parte de la población, y en algunas localidades superaban en número a la población local.

Las relaciones entre los colonos de diferentes orígenes, naciones y religiones no siempre fueron un modelo de buena convivencia. Las ciudades estaban divididas en barrios cerrados, habitados por árabes, judíos, francos y lugareños. Todos competían entre sí por ganar influencia, categoría, privilegios y beneficios económicos, en relación con el movimiento peregrino. Los barrios llamados «burgos» tenían sus propias leyes e idiomas. En algunos, el provenzal fue la lengua de comunicación mayoritaria hasta el siglo xv. En Pamplona, los burgos estaban incluso fortificados, con murallas interiores y sus torres de vigilancia. Se construían y equipaban con guardas para evitar los conflictos, a veces sangrientos. Con este mismo fin, también se asentaron allí las órdenes de caballeros.

Las órdenes religiosas y su mérito en el Camino de Santiago

Órdenes benedictinas

El patrón de Europa San Benedicto de Nursia (480-547), conocido en España como San Benito, fue el iniciador y organizador de la vida monacal. Alrededor del año 540 fundó la orden benedictina, con su abadía en Montecassino (Italia). Según su regla, el monasterio debía ser autosuficiente. Hasta el día de hoy, su norma puede resumirse en el famoso *Ora et labora.*

La Congregación de Cluny

La Congregación de Cluny se fundó en 910 en Borgoña, región considerada el corazón de Francia. Su ideal era volver a los principios de la regla benedictina, en especial a la liturgia y la oración. En el siglo x, la expansión de la orden fue de tal magnitud, que constituía casi un imperio, bajo la dirección del abad de Cluny, elegido democráticamente por todos los religiosos, y que dependía directamente del Papa. De acuerdo con la época, su economía se basaba en el sistema feudal. Con esta orden se vinculó la aristocracia europea.

A mediados del siglo xi, la abadía contaba con setenta conventos, y solo cincuenta años después había 850 en Francia, 109 en Alemania, 52 en Italia, 43 en Inglaterra y 23 en la península ibérica. De esta congregación salieron algunos papas y legados pontificios. Muchos reyes fueron también miembros laicos; entre los más importantes estuvieron Fernando I, rey de León y Asturias, y su esposa Sancha. Contribuían a la orden con un tributo de mil denarios al año, equivalentes a unos cuatro kilogramos de oro en aquel tiempo.

A finales del siglo xii la congregación comenzó a declinar debido a su excesiva expansión territorial, unida a un gobierno demasiado centralizado, y a los cambios históricos. Por entonces comenzaron las Cruzadas, y hacia ellas se dirigió la flor de la joven nobleza europea. Además, las órdenes evolucionaron hacia la especialización. Es el inicio de las órdenes de caballeros y órdenes hospitalarias. Las que seguían la regla de San Benito añadieron el trabajo a la oración, ascetismo y pobreza, como fue el caso de la orden cisterciense.

La Congregación Cluny en la península ibérica

Durante el período de pleno desarrollo de la Congregación de Cluny, dos reyes del siglo xi, Sancho I Ramírez, rey de Aragón y Navarra, y Alfonso VI, rey de Castilla, León y Asturias, invitaron a los benedictinos a la Península con el fin de proteger el Camino de Santiago. Su primera sede fue la ciudad de Sahagún (León), desde donde se expandieron rápidamente, gracias a la ayuda financiera del rey de Inglaterra. Antes del cisma religioso del siglo xvi, llegaban a Santiago muchos peregrinos de Inglaterra, por el llamado Camino Inglés.

Los benedictinos se ocuparon también de difundir el Camino por todos sus centros en Europa. Los privilegios reales les otorgaban el control casi absoluto en asuntos económicos, políticos, culturales y religiosos, además de la concesión de poderes episcopales a los abades de los monasterios.

El apoyo papal a los benedictinos favoreció la reorganización monástica en la Península, con la abolición del rito mozárabe y la introducción de la reforma gregoriana. A lo largo del Camino, fortalecieron el cristianismo y lo extendieron a los territorios reconquistados.

La orden benedictina introdujo en la Península el estilo románico en el arte y la arquitectura y tuvo un papel clave en la modernización y europeización en el contexto de aquel tiempo, así como en el renacimiento de la España católica.

La Orden cisterciense

En el siglo xii, el protagonista de la historia monástica fue el *Sacer Ordo Cisterciensis*. Los inicios de esta orden se remontan a 1098, en que se fundó una abadía en la localidad de Cîteaux (en latín, *Cistercium*), cerca de Dijon (Francia). Su ideal era el retorno a la regla benedictina según la reforma gregoriana: ascetismo y liturgia, junto al trabajo, en especial el trabajo manual, como la agricultura y la horticultura. El maestro espiritual de la orden fue y sigue siendo Bernardo de Claraval (*Bernard de Clairvaux*, 1090-1153).

Órdenes de caballeros y hospitalarios

La finalidad de las órdenes de caballeros era la defensa de la cristiandad ante su mayor enemigo religioso, político y militar: el Islam. Patrullaban los caminos y prestaban ayuda en caso necesario. A esas órdenes se incorporaban

El camino místico.

a menudo caballeros que regresaban de las cruzadas. Las órdenes más importantes eran la del Templo, la de Calatrava, de Alcántara y la de los Caballeros de Santiago. La Santa Hermandad, fundada en la segunda mitad del siglo xv, fue la precursora de la actual Guardia Civil.

El intenso movimiento peregrino traía consigo problemas sanitarios. Los numerosos hospitales a lo largo del Camino eran financiados por los monarcas españoles y estaban a cargo de los templarios y los hospitalarios de San Juan. Los monjes antonianos y lazaristas estaban especializados en atender a los aquejados por el «fuego de San Antonio» y la lepra, respectivamente.

Orden de Malta

La Orden de Malta fue fundada por Gerardo Tum en Palestina, donde en 1048 estuvo a cargo del hospital de San Juan, situado en las cercanías de los Santos Lugares, en especial cerca del Santo Sepulcro.

A lo largo de los siglos la orden se ocupó de los hospitales y de la caridad. Así seguían su principio, *Tuitio Fidei et Obsequium Pauperum* («Defensa de la fe y ayuda a los pobres»).

Las cruces de Malta de los Caballeros Hospitalarios de San Juan se pueden encontrar en los lugares en que sus miembros vivieron, allí donde fueron enterrados y también donde estuvieron emplazados sus hospitales a lo largo del Camino de Santiago. Uno de ellos, entre los años 1184-1870, fue el Hospital de Órbigo (León).

Orden del Templo

La orden templaria fue fundada en Tierra Santa en 1118 como orden de caballeros según la regla del Císter. Su encomienda era la protección de los peregrinos al Santo Sepulcro y a los Santos Lugares, y su sede se encontraba en una roca sobre las ruinas del templo de Salomón, de donde viene el nombre de la orden.

En España, después de la disolución de la orden, el rey Fernando IV reconoció la inocencia de los templarios frente a los cargos que se les imputaron y les permitió integrarse en otras congregaciones. Las posesiones de la orden pasaron al patrimonio real.

Orden de San Antón

En el siglo XI, llegaron desde Constantinopla las reliquias de San Antón, abad y ermitaño, a la abadía de La-Motte-Saint-Didier, en el Delfinado (Francia). En 1095, en Vienne, Gaston de Valloire fundó la Hermandad de los Hospitalarios Antonianos como acto de gratitud por la curación de su hijo. Gracias a la aprobación del papa Urbano II, la hermandad se transformó en la Orden de San Antón, según la Regla de San Agustín. En Europa se fundaron cuatrocientos monasterios, cuya tarea fue socorrer a los enfermos del llamado «fuego sagrado», así como a víctimas de otras epidemias y enfermedades mentales, y a mendigos.

El papa Calixto II aprobó la construcción de monasterios-hospitales antonianos a lo largo del Camino Jacobeo. En 1146 se establecieron en Olite (Pamplona) y en Castrojeriz (Burgos).

La «santa hospitalidad», hospitales y hospitaleros

«El que os recibe a vosotros, a mí me recibe» (Mateo 10:40): estas palabras evangélicas y el mandato de cumplir obras de misericordia (Mateo 25:31-46) han constituido la base de la hospitalidad cristiana. Los principios de la hospitalidad están contenidos en el Antiguo Testamento (Génesis 18:19; Éxodo 22:20-21; Jueces 19:11-21; Proverbios 25:21), en el Nuevo Testamento y en los Hechos de los Apóstoles.

El sentido y mandato de la hospitalidad los establecen también la Regla de San Benito y la *Regula monachorum* de San Isidoro de Sevilla, vigente en la España de aquellos tiempos. Ambas reglas indicaban que la tercera parte de los beneficios del convento debía destinarse a la acogida de los peregrinos. En el portal de entrada de los monasterios benedictinos se leía la siguiente inscripción: «*Hospes venit, Christus venit*».

La Regla de San Benito indica en su capítulo 53 que «Una vez que las necesidades espirituales del forastero han sido satisfechas, es tiempo de atender al cuerpo, que a buen seguro estará quejoso de cansancio, hambre y posibles enfermedades». Siguiendo el ejemplo de Cristo, «vierta el abad agua para lavar las manos de los huéspedes, y tanto el abad como toda la comunidad laven los pies a los huéspedes». Todo ello ha de realizarse sin distinción de clases sociales ni credos, con dedicación especial a los más necesitados: «Al recibir a pobres y peregrinos se tendrá el máximo cuidado y solicitud, porque en ellos se recibe especialmente a Cristo, pues cuando se recibe a ricos, el mismo temor que inspiran induce a respetarlos».

La hospitalidad está inscrita en las costumbres más antiguas de muchas culturas. Homero ya la menciona en la *Odisea.* En el mundo griego, romano, germánico y entre los pueblos nórdicos, se consideraba al huésped como un enviado de los dioses, portador de poderes mágicos y secretos. Los antiguos eslavos prendían fuego a la casa de quien se negaba a recibir a un viajero. En la Grecia antigua se conmemoraba la visita del huésped con un *symbolon*, y en Roma con la *tessera hospitalis*, que consistía en romper algún objeto y juntar de nuevo sus piezas, en memoria de la visita.

Aunque el huésped disfrutaba de privilegios, derechos especiales y era inviolable, también tenía responsabilidades. Había una duración establecida para el hospedaje de no más de tres días. Si el huésped prolongaba su estancia, tenía la obligación de ayudar en casa con las tareas domésticas y de la hacienda, contribuyendo de este modo a los gastos de su mantenimiento. En algunos casos, podía llegar a convertirse incluso en esclavo de la casa.

Las primeras formas de hospitalidad organizada tienen su origen en Siria, donde se estableció la *xenodochia* para albergar a los extranjeros y peregrinos. Se basaba en el ejemplo de las sinagogas, que a menudo disponían de albergues para los extranjeros. En la tradición judía era deber del huésped, al marchar, bendecir la casa y a los residentes que le habían acogido.

A principios de la Edad Media, la hospitalidad era un precepto moral, que se convirtió en ley con la *Lex Visigothorum* y la *Lex Burgundionum*. En el año 802, Carlomagno promulgó una ley que obligaba a dar techo y alimento al viajero.

De acuerdo con esta tradición, respaldada por las leyes, desde el comienzo de las peregrinaciones a Santiago de Compostela se procuró cumplir con la obligación de dar apoyo al cansado peregrino. Podía elegir el alojamiento entre una hospedería privada, a menudo demasiado cara, y el albergue oficial, llamado entonces *hospital*. Este término deriva de *hospes*, que significa 'huésped', de modo que el *hospital*, en su sentido primigenio, fue una 'casa de huéspedes'.

Aymeric Picaud (siglo XII) indica en el libro V del *Codex Calixtinus* cómo se ha de acoger al peregrino: «Debe recibírsele con honores, porque quien le recibe con celosa hospitalidad no solo recibe al apóstol Santiago, sino al mismo Señor».

¿Hospital o albergue?

Los albergues medievales se fundaban habitualmente al lado de los monasterios o conventos a lo largo del Camino y en lugares montañosos e inhóspitos. El peregrino solía ser recibido con un lavado de pies, y encontraba no solo alojamiento, luz y comida, sino también tratamiento para sus dolencias y heridas, causadas bien por ataques de bandidos o animales salvajes, bien por riñas con otros peregrinos. Debido a las dificultades del terreno y al calzado inapropiado, eran frecuentes las heridas de los pies, que a menudo empeoraban hasta gangrenarse e incluso producían la muerte. Además de servir como hospitales, los albergues cumplían una función social, ya que daban también cobijo a los «sintecho», a los pobres y a los enfermos. Ofrecían asimismo apoyo espiritual, y en sus capillas se celebraban misas.

Los primeros albergues del siglo X fueron muy modestos, y no fue sino a partir del siglo XIII cuando se convirtieron en grandes complejos. Hasta el siglo XV, muy pocos hospitales tenían servicios sanitarios especializados: la separación de los enfermos comenzó en el siglo XVI. El tratamiento consistía en oraciones al Apóstol y toques con la concha de Santiago. Se procuraba que el peregrino descansase antes de continuar el Camino, lo cual solía ser suficiente en muchos casos.

Los peregrinos podían albergarse hasta tres días en verano y cinco días en invierno; cada noche que pasaban en el hospital se marcaba con unas incisiones en el bordón. A los enfermos se les permitía prolongar la estancia, y muchos de ellos, en agradecimiento por los cuidados recibidos, donaban sus bienes al convento u hospital. A los fallecidos se les enterraba en los cementerios propios del convento o en los comunales; el entierro del peregrino fue siempre un acto muy solemne.

La mejor opinión entre los peregrinos la tuvieron los hospitales de Roncesvalles y de San Juan de Ortega, en los Montes de Oca. Valoraban las camas buenas y limpias, así como la higiene, porque allí era obligatorio bañarse, y los talleres de reparación de calzado, la buena cocina y el buen servicio por «mujeres decentes y bonitas».

En otros, sin embargo, el peregrino al cabo de todo un día de caminata tenía que dormir sobre un banco o en un camastro sin colchón ni manta, cubierto con su propia capa.

El gran número de estas instituciones caritativas avala la magnitud del fenómeno de la peregrinación. A finales de la Edad Media, la ciudad de Burgos contaba con treinta «hospitales», Astorga con veinticinco, León al menos diecisiete, Oviedo once, Sahagún cuatro y Puente la Reina tres.

Hospitaleros, santos y malditos

El hospitalero[11], el anfitrión que dirigía el albergue, tenía varias obligaciones; entre ellas, la de colocar las estacas para marcar el camino en la nieve y la de controlar el nivel de las aguas y la seguridad de los puentes. Cuando el albergue estaba situado cerca de la orilla del río, tañía la campana, para que su sonido guiase a los peregrinos en la noche o en la niebla.

En el albergue, la separación de hombres y mujeres fue obligatoria, pero no siempre posible, ya que en un mismo lecho solían dormir varias personas. La luz permanecía encendida durante toda la noche para vigilar la decencia en el comportamiento de los huéspedes, siendo el hospitalero el encargado de vigilar la buena conducta y mantener el orden.

Los albergues tenían sus patrones. Entre los más nombrados figuran Santiago el Mayor, San Nicolás de Bari —como patrón de los peregrinos que venían por mar—, San Cristóbal y Santa Cristina. Los albergues situados en las cercanías de los ríos tenían como patrones a San Julián y a Santa Basilisa de Egipto.

El Camino de Santiago ocasionó la proclamación de nuevos santos que dedicaron su vida al peregrino como hospitaleros. Entre ellos se encuentran

---

11 La palabra «hospitalero» deriva de *hospes* (lat.): 'huésped'.

Santa Felicia, San Guillén, San Gregorio de Ostia, San Lesmes y San Amaro, pero los más famosos fueron Santo Domingo de la Calzada y San Juan Ortega. Más adelante, siguiendo el itinerario del Camino, se comentará su vida y obra.

Había sin embargo auténticas «leyendas negras» como la del linchamiento, cantada por los peregrinos alemanes, que cuenta de un hospitalero de Burgos que, con diabólicas intenciones, llegó a envenenar a trescientos cincuenta peregrinos. Al descubrirse al autor del crimen, los mismos peregrinos lo ejecutaron, cosiéndolo a flechazos. ¿Sería verdad o fantasía? La anécdota hace suponer que muchos peregrinos llevaban armas escondidas en su vestimenta.

En algunos casos los hospitales dieron nombre a la localidad, como por ejemplo Hospital de Órbigo. Los documentos encontrados en ellos, como la lista de gastos o el registro de peregrinos, han servido de base para la investigación de la geografía de diversas ramas del Camino.

A pesar de su evolución histórica, algunos edificios de los albergues-hospitales del Camino han sobrevivido hasta los tiempos actuales. El Hospital de San Marcos en León pasó a ser sede de la Orden de los Caballeros de Santiago, luego se convirtió en prisión (en la que estuvo preso Francisco de Quevedo durante cuatro años), más tarde fue cuartel de las tropas napoleónicas y actualmente es un Parador Nacional de Turismo. También pertenecen a la red de paradores otros hospitales históricos, como el de los Reyes Católicos, en Santiago de Compostela, o el de Santo Domingo de la Calzada. Otros han tenido un destino diferente, como el hospital de Burgos, actual sede de la universidad, o el hospital de Plasencia (en la Vía de la Plata a su paso por Extremadura), que conserva su estructura arquitectónica original y alberga actualmente un interesante museo etnográfico. El Hospital de la Reina Isabel Católica, en Ponferrada, restaurado y modernizado, mantiene su función sanitaria y recibe a los peregrinos necesitados de ayuda médica.

Hospital de los Reyes Católicos en Compostela: el modelo ideal

El Hospital de los Reyes Católicos, en Santiago de Compostela, fue considerado como modelo ideal y ejemplo de la función de los hospitales-albergues del Camino. Fue fundado en el año 1499 por los Reyes Católicos, Isabel y Fernando.

Los hospitales existentes en Compostela desde el siglo XI ya resultaban anticuados e insuficientes. Durante su visita a Santiago, el estado de los peregrinos que llegaban a la sede del Apóstol impresionó y conmovió a los monarcas. La construcción del nuevo hospital se inició en el año 1501, con rapidez y despliegue de medios, para poder satisfacer las necesidades de los peregrinos.

El edificio del Hospital de los Reyes Católicos tiene cuatro patios interiores. Fue concebido como una ciudad en miniatura, regida por sus propias leyes. El albergue contaba con sus sacerdotes y «físicos», es decir, médicos. Tenía su propia botica y un jardín de plantas medicinales, almacén, despensas, bodega y establos. Había contables, servidumbre y también una cárcel. En el edificio hubo cuarenta habitaciones para el personal de la institución, dos refectorios y dos cocinas.

En la planta baja se hospedaban los peregrinos que gozaban de buena salud, y los enfermos en las salas de la planta superior. Aparte, había habitaciones para el clero y otras para personajes ilustres.

El hospital no solo cuidaba de las necesidades espirituales y la salud física, sino que también ofrecía al peregrino diversiones adecuadas. A menudo se hospedaban en los sótanos artistas ambulantes y «cómicos» que venían a la ciudad para representaciones teatrales. Todo ello estaba bajo el gobierno del omnipotente administrador.

El albergue-hospital cumplía igualmente la función de orfanato, así como de escuela de artes médicas y farmacéuticas. Tras la visita matinal a los enfermos ingresados, los médicos y sus alumnos se situaban en el portal del edificio y dispensaban consulta gratuita a la población de la ciudad y a los peregrinos ambulantes. En esta tarea colaboraban los traductores e intérpretes oficiales, en calidad de servidores del Estado.

Dos medallones con los relieves de sus fundadores coronan la entrada principal del Hospital de los Reyes Católicos en Santiago de Compostela, que fue el más grande y moderno de su tiempo. En un edificio colindante se ubica, hasta los tiempos actuales, la prestigiosa facultad de Medicina de la Universidad de Santiago de Compostela.

El Hospital de los Reyes Católicos cumplió con su función sanitaria hasta la década de 1950, en que se convirtió en hostal. A pesar de pertenecer a la red de Paradores Nacionales de Turismo, mantiene simbólicamente la tradición jacobea. En la Oficina del Peregrino se dispensa un vale que da acceso al comedor gratuito a los primeros diez peregrinos que hayan recibido la Compostela en el día.

El antiguo hospital, en la Plaza del Obradoiro, es también un museo funcional y continúa siendo una institución ejemplar y polivalente.

El arzobispo como promotor y el clérigo como popularizador del Camino

La buena organización del Camino y su propagación a cargo de los monasterios benedictinos en toda Europa fortalecieron el movimiento peregrino. En el siglo XII, Santiago de Compostela era ya un centro de peregrinación importante y bien desarrollado económicamente, gracias a esta fuente de ingresos.

El arzobispo Diego Gelmírez

Un personaje hábil y diplomático, visionario y gran promotor del Camino, tan pintoresco como controvertido, fue clave para el desarrollo de la ciudad de Compostela en el siglo XII. Se trata del arzobispo Diego Gelmírez (1068-1140), uno de los personajes más relevantes e influyentes en la historia de la España medieval. Por encargo suyo se escribió la *Historia Compostellana*, gran fuente de información sobre los acontecimientos de la época.

En el «reino de reinos» que era España (*regna inter regnum Hispaniæ*), Galicia era un feudo de la Iglesia, en el que el arzobispo ostentaba el poder supremo. Mantenía su propio ejército, tenía derecho a acuñar moneda y a dictar sentencias judiciales, lo cual le situaba en pie de igualdad con el rey, especialmente desde tiempos de Diego Gelmírez. La importancia de la ciudad del apóstol Santiago servía de contrapeso a Toledo, centro religioso visigodo, luego dominado por los musulmanes, y que promovía el rito litúrgico hispano-mozárabe. Compostela se inclinaba a favor del rito gregoriano, común a toda Europa bajo la autoridad del Papa de Roma. Gracias a sus buenas relaciones, Diego Gelmírez obtuvo en 1095 permiso del papa Urbano II para trasladar la sede del arzobispado de Iria Flavia a Compostela, convirtiéndola en la segunda sede apostólica, casi equiparable a Roma. El eje Roma-Santiago de Compostela promovió la organización y difusión de la primera cruzada (año 1096). El siguiente papa, Calixto II, elegido con el respaldo de la abadía de Cluny, nombró en 1120 a Diego Gelmírez arzobispo de Compostela y legado papal en las provincias de Mérida y Braga. En 1122 Compostela recibió el privilegio de celebrar el Año Santo Jacobeo, confirmado en 1181 por el papa Alejandro III en la bula *Regis æterni*.

El origen del Año Santo o Jubilar se encuentra en el jubileo bíblico señalado en el Libro Levítico como un año de santificación. En el Año de la Gran Perdonanza se concedían indulgencias por faltas cometidas, fuera cual fuese la gravedad de ellas.

En el mismo año 1122 se completó la construcción de la magnífica catedral románica, financiada por el rey Alfonso VI y con los ingresos procedentes del movimiento peregrino. En aquellos tiempos las catedrales eran las construcciones más grandes y caras del mundo, resultando su coste mucho más elevado que el de los castillos. Trabajaban en ellas diferentes gremios de constructores, expertos cada uno en su oficio, muchas veces innovador, y los mejores artistas de su tiempo.

Con el fin de adaptar la ciudad para recibir a los peregrinos, el arzobispo convirtió Compostela en un burgo moderno, en el mejor estilo medieval. La dotó de alcantarillado, puso a disposición del pueblo agua corriente, cuidó el desarrollo de la artesanía y el comercio y fundó varios albergues-hospitales. Existe la hipótesis de que para promocionar Compostela propuso escribir una guía para peregrinos, que se habría materializado en el famoso *Codex Calixtinus*.

Codex Calixtinus

En 1139 se publicó el *Liber Sancti Jacobi* al que, tras su aprobación por el papa Calixto II, se le dio el nombre de *Codex Calixtinus*. Esta obra se la puede considerar la «biblia» y guía del peregrino medieval. Su autor, Aymeric Picaud, benedictino francés, fue capellán del monasterio de Vézelay y más tarde canciller del papa Calixto II. El *Codex* se compone de cinco libros con textos relacionados con el apóstol Santiago.

El libro primero contiene poemas, himnos y misas. En el libro segundo se describen los veintidós milagros atribuidos al Apóstol: liberación de cautivos, intercesión por el perdón de pecados imperdonables, curación de la infecundidad, resurrección de los muertos, sepultura de los fieles, salvación de náufragos, etc. El libro tercero está dedicado a la actuación de Santiago el Mayor en Tierra Santa e Hispania. El libro cuarto contiene la *Historia Turpini*, dedicada al emperador Carlomagno, que narra la leyenda de la aparición de Santiago al rey de los francos para pedirle que liberase su tumba del dominio musulmán, las campañas militares destinadas a cumplir ese mandato y la derrota de las fuerzas de Carlomagno en Roncesvalles, con la descripción de la muerte de Roldán, par de Francia[12].

El libro quinto se titula *Liber peregrinationis*. Es una guía medieval del *Iter Francorum* o Camino Francés. Proporciona información sobre «el paisaje y el paisanaje», y divide el camino en etapas de viaje a caballo, con una descripción minuciosa de cada etapa. Contiene además consejos prácticos y morales y advierte sobre los peligros que amenazan a lo largo del Camino.

El *Codex Calixtinus* es también una fuente de información sobre la música que acompañaba al peregrino. La canción «El canto de Ultreya», citada en la obra, fue la base de versiones posteriores, tales como «La grande chanson» y otras, en casi todos los idiomas europeos. El canto «*Congaudeant catholici*», polifonía para tres voces, se lo considera el más antiguo en su género. Atribuido al compositor Albertus Parisiensis (muerto en 1124), de la catedral de Notre Dame de París, se cantaba durante la procesión en el interior de la catedral o en el claustro.

El *Codex Calixtinus* contiene también una carta de presentación de Aymeric Picaud dirigida al arzobispo Gelmírez. Es el primer trabajo destinado a la promoción del Camino de Santiago en Europa. El manuscrito original se encuentra en el tesoro de la catedral de Santiago de Compostela.

12 Par de Francia es un título honorífico que significa «igual que el rey». En tiempos de Carlomagno, correspondía a los miembros de la familia real.

IV
El peregrino medieval

¿Quién era el peregrino medieval?

El término *peregrinus* procede de la terminología legislativa romana y se refiere a la persona que por voluntad propia abandona su país. En el siglo IV d. C., en tiempos del emperador Constantino, existió la llamada *peregrinatio ad loca sancta*, conocida más tarde también como *peregrinatio ad limina sanctorum* o *ad limina apostolorum*, es decir, a los lugares santos o apostólicos.

En la Edad Media, la designación del viajero dependía del destino de su viaje, distinguiéndose entre *peregrino*, *romero* y *palmero*. Dante Alighieri (1265-1321) escribió en su obra *Vita nuova*: «La palabra *peregrino* se puede interpretar de dos maneras, en un sentido general y en un sentido más preciso. En sentido general, un peregrino es la persona que se encuentra fuera de su tierra natal. En sentido estricto, se puede llamar peregrino solo a aquellos que se dirigen o regresan a casa de Santiago. Sin embargo, ha de saberse que los que viajan en nombre de Dios se llaman *palmeros* si se dirigen al extranjero (a Tierra Santa), donde a menudo se alimentan con los frutos de la palmera; llamándose *peregrinos* a los que viajan al santuario de Galicia, donde el sepulcro de Santiago el Mayor se halla más lejos de su tierra natal que el de cualquier otro apóstol; finalmente se llama *romeros* a los que viajan a Roma».

Un diccionario de la lengua española aclara que la palabra *peregrinus* procede de las palabras latinas *per*, que significa 'por', y *ager*, 'país, territorio'.

Peregrinaban monarcas y plebeyos, obispos y marginados, hombres y mujeres, e incluso niños con sus padres, si bien la mayoría de los peregrinos procedía de la nobleza y del clero. En Francia e Italia, durante el Medievo, hubo la tradición de que los hombres jóvenes peregrinasen a Santiago antes de contraer matrimonio. Sin embargo, el viaje duraba varios meses y resultaba muy costoso. Un artesano con cargas familiares, por ejemplo, no podía

Un peregrino al estilo medieval.

renunciar a su trabajo ni a sus ingresos durante tanto tiempo, así que, siguiendo la tradición de los gremios, el aprendiz de artesano peregrinaba a Compostela después de su liberación.

Aspecto del peregrino medieval

El atuendo y los utensilios que portaba el peregrino constituían una especie de hábito que lo diferenciaba de otros viajeros; infundía respeto y estaba adaptado a las necesidades prácticas.

El hábito tradicional estuvo en uso desde el siglo XII hasta el XVI, y estaba compuesto por un sombrero, preferentemente de cuero, pero a veces de fieltro, con un ala ancha para protegerse del sol y la lluvia; una capa con esclavina (una capa corta adicional), para resguardarse del frío y la lluvia, y unas buenas botas. Los alemanes solían tener el mejor calzado. Sin embargo, había peregrinos con calzado demasiado ligero e inapropiado, en cuyo caso, los que lograban llegar a Santiago presentaban los pies deformados por la caminata.

En los puntos de partida los peregrinos recibían un largo bordón para apoyo y como defensa. Por lo general, al bordón se le ataba una calabaza para guardar el agua. También eran frecuentes unos recipientes de plomo y de loza que contenían una piedra especial para mantener fresca el agua. Todos estos recipientes se exponen en el Museo de las Peregrinaciones, en Santiago de Compostela.

El equipo de los peregrinos se completaba con un zurrón colgado al hombro, llamado también morral o escarcela, que debía permanecer abierto en señal de que contenía poco dinero y comida. El saquito con dinero estaba bien guardado, generalmente cosido a la espalda de la camisa del peregrino.

Una gran concha del molusco *Pecten jacobæus,* llamado «vieira» en Galicia, se convirtió en el símbolo más importante del peregrino a Compostela. Inicialmente la ostentaban solamente los que regresaban, como trofeo y señal de haber culminado la peregrinación. Se fijaba en la esclavina o en el sombrero y servía no solo para coger agua de las fuentes, sino también, junto con el salvoconducto, para acogerse a los privilegios reales de los peregrinos.

Motivos de peregrinación

La mayoría de los peregrinos emprendía el viaje por una motivación religiosa sincera. Por voluntad propia y durante un tiempo determinado se convertían en pobres necesitados de ayuda, sustento y cuidado.

Muchos lo hacían como voto de ruego o gratitud por recobrar la salud, por haber sido liberados de prisión, o por salvar la vida en una batalla o naufragio. Un ejemplo es el caso de Santa Bona de Pisa (fallecida en 1207), quien en su viaje de regreso de Tierra Santa fue apresada por unos piratas y, en acción de gracias a su liberación por unos comerciantes, realizó la peregrinación a Santiago.

Los caballeros que partían a las Cruzadas llegaban en barco desde el norte de Europa a los puertos de Galicia para encomendarse al apóstol Santiago antes de viajar a Tierra Santa, y repetían el periplo en el viaje de regreso como muestra de gratitud. Esto fue lo que motivó la llegada del rey Sigurd I de Noruega, quien en 1108 arribó a La Coruña con sesenta barcos y cuatro mil caballeros.

Imbuida de motivos religioso-militares está también la leyenda sobre el «bravo corazón» del rey de Escocia.

De las crónicas medievales: el bravo corazón de Robert I Bruce, rey de Escocia

Las crónicas escocesas del siglo XIV mencionan esta leyenda, contada posteriormente por Walter Scott en su *Historia de Escocia*.

Sir Robert I Bruce, rey de Escocia, estando ya en su lecho de muerte, hizo llamar a sus más fieles caballeros para anunciarles su última voluntad. Confesó que estaba apenado por no haber podido participar en una cruzada y luchar contra los sarracenos, en defensa del cristianismo, ideal de los caballeros de aquel tiempo. Deseaba al menos que su corazón fuese enterrado en Tierra Santa, o que llegase a Santiago.

El fiel y bravo lord *Sir* James Douglas fue elegido para cumplir la última voluntad del rey. Junto con doscientos caballeros escoceses, llegó en 1330 a bordo de tres barcos para visitar el sepulcro de Santiago. Allí, durante la oración, depositó la pequeña urna de plata que contenía el corazón embalsamado de su rey, lo que no fue un caso aislado en aquellos tiempos.

Por aquel entonces, el rey de Castilla, Alfonso XI (1311-1350), asediaba el castillo musulmán de Teba, entre Granada y Málaga, llamado Castillo de las Estrellas. El fuerte, situado en la cima de una colina, era difícil de conquistar. Al llegar la noticia sobre la expedición de los escoceses, el joven rey les pidió su apoyo y, en tal situación, el honor llevó a los caballeros a abandonar momentáneamente el propósito de su viaje para acudir en ayuda del rey cristiano.

El ataque al castillo de las fuerzas castellanas, aragonesas, portuguesas y escocesas resultó en la victoria final de los cristianos. No obstante, en un momento de la batalla el destacamento escocés fue rodeado por el enemigo. Sir James Douglas, al verse en una situación desesperada, se quitó del cuello la pequeña urna con el corazón de su rey y la arrojó con fuerza, gritando: «¡Adelante, Bravo Corazón (*Brave Heart*), muéstranos el camino! ¡Te seguiremos hasta la victoria o hasta la muerte!».

El destino quiso que Sir James Douglas, con «Tres Estrellas» en su escudo de armas, perdiera la vida en la conquista del Castillo de las Estrellas. Los musulmanes encontraron la urna con el corazón en el campo de batalla, la entregaron al rey Alfonso y este a los bravos caballeros escoceses, a los pocos que quedaron con vida. De este modo, el rey Robert participó *post mortem* en la ansiada batalla contra los sarracenos, y finalmente su corazón volvió a Escocia, a la abadía de Melrose. Allí regresaron también los restos del fiel caballero Douglas.

Las localidades de Teba y Melrose están actualmente hermanadas y la historia del «bravo corazón» está inscrita en un monumento conmemorativo en Teba.

En actualidad sigue habiendo peregrinaciones *post mortem* al sepulcro de Santiago el Mayor a través de familiares que portan las cenizas del fallecido, cumpliendo así su última voluntad.

Otros motivos de peregrinación: castigos y epidemias

Algunos peregrinaban a Santiago como penitentes. Este tipo de penitencia, para redimir los pecados cometidos, lo podía ordenar un tribunal eclesiástico o seglar.

Es conocido el caso de un párroco inglés de Chichester que, según las crónicas, tenía por costumbre cohabitar con mujeres. Cuando la noticia llegó a oídos del arzobispo de Canterbury, este al terminar la confesión le puso la siguiente penitencia: el primer año peregrinar a Santiago, el segundo año a Roma y el tercero a Colonia.

El penitente, y en especial si era un asesino, tenía la obligación de presentarse delante del sepulcro apostólico encadenado. La peregrinación como castigo figuraba en la legislación de Holanda, Alemania, Polonia y Chequia. Esta forma de castigo tuvo que ser bastante frecuente en la Edad Media, ya que encuentra eco en los temas de algunas óperas, como por ejemplo, *Tannhäuser*, de Richard Wagner, y *La favorita*, de Giuseppe Verdi.

Durante la Baja Edad Media (siglos xii-xv), se estableció una nueva forma de peregrinación por penitencia. Se aceptó que este tipo de castigo fuese cumplido por delegación, a través de personas a sueldo. Inicialmente, se concedió esta posibilidad solo en casos de muerte inminente, o cuando no se podía cumplir el voto de peregrinar al sepulcro del Apóstol. A la vuelta, era necesario presentar ante los tribunales un documento que avalaba la realización de la peregrinación, llamado «compostela», cuya falsificación se castigaba con la excomunión.

Actualmente la peregrinación correctivo-educativa se aplica en Bélgica de acuerdo con el proyecto Oikoten. En casos de delincuencia menor juvenil, se ofrece a los jóvenes la oportunidad de conmutar sus penas por la peregrinación a Compostela. También hay casos de «peregrinación tutelada» en centros de inserción de menores en Alemania, y desde hace más de veinte años se concede a presos del centro penitenciario de Mallorca (España).

En la Europa central y del norte, la epidemia medieval del «fuego de San Antón» (producida por la intoxicación del cornezuelo del centeno), una de las enfermedades consideradas como un castigo divino por los pecados cometidos, fue motivo también de peregrinación a la tumba del Apóstol. Se creía que esta grave dolencia se podía curar mediante la penitencia y la absolución de los pecados. Se había observado que los que regresaban de la peregrinación a Santiago muy a menudo ya no presentaban los síntomas, pero no se sospechaba que la causa de la curación o mejoría yacía en el cambio de la dieta, más abundante en pan de trigo.

En el año 1455, cuando una epidemia de peste negra diezmaba la población de Barcelona, fueron enviados a Santiago por parte del ayuntamiento dos monjes franciscanos en delegación oficial para pedir merced por el fin de la plaga.

Desde la Alta Edad Media, Santiago de Compostela es uno de los más venerados santuarios de sanación de la cristiandad.

Cómo se peregrinaba

Se peregrinaba en solitario, en grupo o acompañado por la corte, por mar o por tierra. La mayor parte de los peregrinos lo hacían a pie. En ocasiones, y en especial si participaba también la esposa en estado de «buena esperanza» o niños, la familia adquiría un burro o un mulo para transportar el equipaje. Los peregrinos aristócratas, tanto seglares como eclesiásticos, realizaban el Camino a caballo, en compañía de su corte o al menos de un sirviente. Debido a la dificultad del terreno, cerca de Burgos cambiaban el caballo por una mula.

El dramaturgo y monje español del Siglo de Oro conocido por el pseudónimo de Tirso de Molina (1579-1648), en su comedia *La romera de Santiago*, se mofaba de los ricos que caminaban con el atuendo de peregrino, pero iban acompañados por un séquito de sirvientes junto con el equipaje, la comida, una silla gestatoria o camilla.

Peregrino ecuestre. Claustro de la catedral de Oviedo.

Conchas jacobeas en el escudo cardenalicio. Claustro de la catedral de Oviedo.

A través de Europa

Cruzar toda Europa desde las tierras de Estonia, Letonia, Lituania, Polonia o Alemania no fue tarea fácil ni segura. Los peregrinos no conocían los países por los que transitaban, ni su idioma, leyes y costumbres. Por ello, surgieron «agencias» que organizaban y agrupaban a los peregrinos en determinadas

Escudos de las ciudades de Polonia a lo largo del Camino Polaco: de Opatowiec (Polonia Menor), Pełęcznica (Polonia Mayor), Pakość (Kuyavia-Pomerania), Morąg (Warmia-Masuria), Sobótka (Baja Silesia), Jakubów (Mazovia).

ciudades a lo largo de las principales rutas del Camino europeo. Los escudos de algunas ciudades, por ejemplo en Polonia, representan a Santiago el Mayor o al peregrino con todos los atributos jacobeos. También aparece el nombre de *Jakób* en algunas toponimias.

A lo largo del Camino europeo había iglesias bajo la advocación del apóstol Santiago. En el siglo xiii, en Alemania había al menos 500, en Inglaterra 400, y numerosas en Francia, Italia, Suiza, Holanda, Suecia, Dinamarca. En Polonia existen 147, de las cuales el 80 % fueron construidas en la Edad Media.

Cuanto más cerca de los Pirineos, más puntos de encuentro había para peregrinos de toda Europa. Todos los caminos confluían en territorio francés, y a su vez se distribuían en cuatro rutas, cuyos nombres correspondían a los nombres latinos de sus principales ciudades. Así, había una *Via Turonensis*, desde París por Tours (*Civitas Turonorum*); una *Via Lemovicensis*, desde Vézelay por Limoges (*Civitas Lemovicum*); una *Via Podiensis*, desde Le Puy, que se unía con la *Via Gebennensis*, desde Ginebra; y una *Via Tolosana* desde Arlés por Toulouse (*Tolosa*).

Al llegar a la península ibérica, los peregrinos tenían que obtener salvoconductos para poder atravesar los diferentes reinos. Por esto, hoy es posible conocer sus nombres, que se han conservado en el Archivo de la Corona de Aragón, ubicado en Barcelona, pero que a veces son irreconocibles por la increíble deformación ortográfica.

Los peregrinos de Inglaterra, Escocia, Irlanda y países escandinavos llegaban en barco. El maestro William Way, fundador y profesor del prestigioso Eton College, llegó de Plymouth a La Coruña en 1457. Anotó que en el puerto estaban atracados ochenta barcos, de los cuales más de treinta procedían de Inglaterra. Según la documentación conservada, cada barco transportaba entre sesenta y ochenta pasajeros. En pocos días, alrededor de cinco mil peregrinos llegaban a las costas gallegas, a pesar de tormentas, galernas, ataques piratas y naufragios. El viaje duraba de cuatro a seis días desde la costa sur de Inglaterra o Gales y resultaba menos costoso que el viaje por tierra durante varios meses. La concha de Santiago aparece en el escudo nobiliario de cientos de familias británicas.

Por la Vía de la Plata llegaban los peregrinos del Medio Oriente, incluso de Siria.

Por regla general, se peregrinaba entre el Domingo de Resurrección (finales de marzo/abril) y el día de San Miguel (29 de septiembre). La duración del viaje dependía del medio de transporte, la edad, el estado de salud y las dificultades del terreno. En invierno el número de peregrinos disminuía, debido al frío y las grandes nevadas. Los intrépidos viajeros morían a menudo por congelación o ataques de lobos.

Cantos y cuentos

Los peregrinos actuales se saludan diciendo «¡Hola!», o «¡Buen camino!». El saludo tradicional, «¡*Ultreia et suseia*!», tiene el sentido más filosófico, de «¡Más allá y más arriba!».

La marcha transcurría habitualmente en silencio, pero en los descansos se cantaba, acompañándose con los instrumentos que traían los peregrinos de sus países de origen. Uno de los más curiosos y a la vez práctico era un instrumento de viento similar a la flauta, hecho a partir del bordón ahuecado.

Se han conservado numerosos cantos de peregrinos con la invocación a Santiago (*San Jacobus, Herr Jacobus*) con melodías medievales y en diferentes idiomas. También se cantaban las aventuras de los peregrinos a Compostela, como en una balada inglesa, la más antigua conocida. Algunos cantos fueron recopilados por Aymeric Picaud en el *Codex Calixtinus*. El más popular fue el canto «*Ultreya*», un ejemplo del vocabulario peregrino, que era una mezcla de varios idiomas, tras meses o incluso años de viaje:

Herru, Santiagu,	Señor, Santiago.
Got, Santiagu.	Dios, Santiago.
e ultreia et suseia,	Más allá, más arriba,
Deus, adiuva nos.	Dios, ayúdanos.

La alegre cancioncilla que empieza con las palabras «*Frère Jacques*» o «*Bruder Jakob*»[13] pertenecía al repertorio de los peregrinos, que se hacían llamar también «hermanos jacobeos». En ella se bromea con los peregrinos perezosos, que no se levantan al primer toque de campana para asistir a la misa matutina, antes de emprender un nuevo día de marcha. Compuesta en el siglo xv, se cantaba en latín, que en aquellos tiempos era el idioma litúrgico e internacional. Posiblemente, la versión latina fuese una traducción del idioma nativo de alguno de los grupos de peregrinos. Actualmente, se la conoce en el mundo entero, hasta el punto de que inspiró la primera parte de la Sinfonía n.º 1 en *re* mayor, *Titán*, de Gustav Mahler.

En las ventas, los juglares locales contaban leyendas e historias de milagros ocurridos por intercesión del Apóstol, y así animaban al cansado peregrino, aumentando su fe en la Providencia, en la justicia y en el amparo del Apóstol, para poder llegar felizmente a su destino y… regresar.

Dieta del peregrino

En los albergues de los monasterios se recibía al peregrino con una cena contundente. Por la mañana se le ofrecía un buen desayuno y se le entregaban comida para la siguiente etapa del Camino, pues según el viejo proverbio español «Con pan y vino, se hace el camino».

Los peregrinos intercambiaban entre sí información sobre aquellos albergues en los que se ofrecían las mejores comidas. La dieta del peregrino tenía que ser hipercalórica, debido al gran esfuerzo realizado durante el viaje. La base era el pan, que junto con el vino era un símbolo religioso. En los hospitales pertenecientes a monasterios, que tenían sus propios pastos y rebaños, se servía incluso carne de cerdo, cordero o cabra. La carne, en aquellos tiempos, era un manjar de lujo, así que habitualmente se comía tocino en salazón, garbanzos, alubias y lentejas cocidas en caldo de carne y verduras, tales como cebolla, ajo y puerro. Hasta el descubrimiento del Nuevo Mundo no se conocía la patata. Había también huevos, quesos y salazones de pescado, como sardinas o bacalao.

Por el menú que se ha llegado a conservar en el Hospital del Rey en Burgos, se sabe que el peregrino recibía el siguiente almuerzo: dos porciones de pan, dos vasos de vino, potaje de lentejas, garbanzos o alubias y cerca de medio kilo de carne de cordero, que en días de ayuno se cambiaba por pescado.

---

13 *Frère* (francés) y *Bruder* (alemán): 'hermano'.

A pesar de una dieta rica en calorías, los peregrinos llegaban a Compostela delgados y bastante débiles. Necesitaban un tiempo de descanso y una buena alimentación para poder afrontar las dificultades del viaje de regreso.

Seguridad en el Camino y mujeres

Los atracos fueron la plaga del Camino, además de las pulgas y los piojos. El peregrino era un botín fácil, y tenía que mantener los ojos y oídos abiertos a lo que ocurría en la ruta. Había ladrones locales y rateros disfrazados de peregrinos, y no faltaron las incursiones de bandas de normandos o corsarios ingleses. En estas condiciones las pocas mujeres que se atrevían a emprender tan peligroso camino lo hacían siempre en grupo, o en compañía del esposo (en los siglos del medievo la ley obligaba a las mujeres a peregrinar por parejas, una mayor con otra más joven). Aun así, tenían que estar preparadas para todo, y en especial para las violaciones.

Con el fin de aumentar la confianza de peregrinos y comerciantes en la seguridad del Camino, se propagaba la imagen de algún personaje débil e indefenso, normalmente una mujer con sus ricos enseres como equipaje, viajando sola y segura a lo largo de todo el territorio ibérico. Los monarcas y obispos trataban de estar a la altura de las circunstancias y cuidaban, en la medida de lo posible, de la seguridad en el Camino, a la que contribuían las órdenes de caballeros.

Entre las peregrinas más famosas se encontraban santas y reinas: Santa Paulina, Santa Bona de Pisa, Santa Brígida de Suecia, la madre de Santa Clara, Santa Isabel —reina de Portugal, que peregrinó en dos ocasiones—, la reina Emma —esposa de Knut, rey de Inglaterra y Dinamarca—, la reina Isabel de Castilla… La emperatriz Matilde, hija del rey de Inglaterra Enrique I y viuda del emperador del Sacro Imperio Romano Germánico Enrique V, llegó a Compostela en 1125. Se presentó con gran pompa, y su llegada resultó ser un anuncio de tal magnitud para Compostela, que la emperatriz fue obsequiada con la reliquia de la mano del Apóstol[14]. Pero no todas las reinas fueron tan respetadas, especialmente por los bandidos.

---

14 Hasta la época de la Reforma (siglo xv), la reliquia se veneró en la abadía de Reading (Inglaterra). Actualmente, la «mano de Santiago» se encuentra en la localidad de Marlow, a orillas del Támesis.

De las crónicas medievales: ¡asalto a la reina peregrina!

La reina Sofía de Holanda, acompañada por una gran corte, monjes y sirvientes, peregrinó a Compostela alrededor de 1150. En el camino de regreso, fue atacada por bandidos. Durante el combate, la reina recibió varias puñaladas de daga, así como fuertes golpes. Estaba claro que pretendían asesinarla pero, a pesar de todo, el ataque se frustró, y finalmente los malhechores se arrodillaron a los pies de la reina suplicando perdón, y reconocieron que el Apóstol le había otorgado su santa protección. La reina Sofía murió durante la siguiente peregrinación, esta vez a Jerusalén.

En el siglo xxi, las estadísticas indican que más de la mitad de las personas que obtuvieron la compostela son mujeres.

Pícaros, bancos y comercio

A lo largo del Camino no faltaban quienes querían hacer fortuna a costa de los peregrinos. Había mendigos, pícaros vendiendo falsas reliquias, rateros y también prostitutas. La prostitución estaba prohibida y castigada mediante la exposición de la mujer, medio desnuda, atada al rollo jurisdiccional; en caso de reincidencia, se le cortaba la nariz. Los peregrinos que transgredían las leyes eran encarcelados. Una de las prisiones para peregrinos estaba situada en Triacastela (Galicia).

Un asunto importante fue el cambio de moneda. La llegada masiva de peregrinos de diferentes países, con diversas monedas, planteó el espinoso asunto de su organización y control. La honradez del cambio era supervisada por el capítulo de la catedral de Compostela. Allí se creó la primera institución bancaria del mundo para el cambio de moneda, a cargo de la acreditada Cofradía de Cambiadores. Aquel prototipo de banco fue anterior al famoso Banco de Venecia, considerado el origen de las instituciones bancarias en Europa, y también a la catalana *Taula de Canvi*.

Como se describe en el *Codex Calixtinus*, los puntos de cambio de moneda y hospedaje en Compostela se encontraban en la Vía Francígena, hoy, *rúa do Franco*. El comercio de todo lo que vendían o compraban los peregrinos se realizaba en el mercado llamado El Paraíso. Entre los siglos xi y xiii, esta fue la mayor plaza de mercado de Europa.

Ecos del Camino Jacobeo en *Don Quijote de la Mancha* (I)

Miguel de Cervantes Saavedra (1547-1616) hace referencia en varias ocasiones en *Don Quijote de la Mancha* al Camino Jacobeo a través de sus héroes.

Es interesante la opinión de Cervantes acerca de los peregrinos. Cuando Don Quijote y Sancho los encuentran (segunda parte, capítulo LIV), está entre ellos un antiguo vecino de Sancho, un comerciante morisco refugiado en Alemania tras la expulsión de los moriscos de España, en el año 1609. Vestido de peregrino jacobeo, regresaba para recoger sus enseres abandonados en el pueblo. Los dos comentan sobre los falsos peregrinos, posiblemente alemanes, que todos los años acuden al Camino. Muchos de ellos eran profesionales de la mendicidad que salían saciados de comida y bebida de cada aldea y además habiendo conseguido dinero. Finalmente, con la «ganancia de la temporada» compraban oro, que cosían dentro de la capa o escondían en su bordón ahuecado, y de esta manera burlaban los controles fronterizos.

Don Quijote y Sancho también encuentran a unos peregrinos auténticos (segunda parte, capítulo LX), que son asaltados por unos bandidos. En este caso, ante el asombro de todos, el jefe de los asaltantes muestra su respeto a la señora regenta, en viaje hacia Nápoles. Además, en vez de ordenar que se desvalijase a los peregrinos, les ofrece parte de dinero robado a otros. Cervantes refiere aquí un hecho real ocurrido en mayo de 1610, relatado en una carta por una dama de nombre «A. Quiñones», que viajaba a Nápoles.

Parece que el peregrino podía contar con cierta simpatía, ayuda y comprensión incluso entre los bandidos, aquellos más «bondadosos».

El encuentro con Santiago Apóstol

La catedral de Compostela estaba siempre abierta. En la víspera del día de Santiago Apóstol, el 25 de julio, después de una limpieza general, se decoraba con tapices y telas, cubriendo el suelo con ramas y hierbas aromáticas.

A lo largo del año, los peregrinos que acudían a la catedral pasaban la noche de pie, con el cirio encendido desde el crepúsculo hasta la primera misa de madrugada. Al día siguiente, presentaban sus ofrendas.

Sin embargo, la gran aglomeración de gente de toda Europa causaba tensiones impropias del lugar. En la pugna por conseguir mejor sitio durante la adoración nocturna, se llegaba a veces a enfrentamientos sangrientos, y en alguna ocasión incluso al asesinato. Muchos peregrinos pasaban la noche también en el triforio (la galería superior de la catedral). Ante esta situación, el rey de Portugal Don Manuel I, que peregrinó desde Lisboa en el año 1502, regaló a la catedral de Compostela unas lámparas para que alumbrasen de día y de noche.

Los malos olores que despedía tal multitud humana fueron la causa de poner a funcionar un gigantesco incensario, llamado *botafumeiro*. Con el movimiento pendular a lo largo de todo el crucero se aromatizaba el aire durante la misa de peregrinos.

El culto a las reliquias

En la Edad Media, varias etapas del Camino de Santiago estaban relacionadas con las reliquias. Estas atraían y animaban a los peregrinos, por lo que muchos se desviaban del Camino para rezar ante alguna de ellas y reforzar el espíritu con la confesión y comunión. Las reliquias importantes aumentaban la afluencia peregrina y engrosaban los recursos del monasterio, la iglesia y la localidad correspondientes.

En el siglo xi, el rey de Navarra Sancho III Garcés el Mayor reunió gran cantidad de reliquias en el monasterio de Santa María la Real, donde luego fue enterrado, según su deseo. Solo el rey Felipe II le superó con su colección de reliquias, en el monasterio de San Lorenzo de Escorial.

La importancia y significado de las reliquias en aquellos tiempos se muestra a través de la siguiente anécdota histórica de la recompensa honorífica, acontecida en el siglo xii.

Entre historia y leyenda: la recompensa honorífica

Un valiente caballero que vino de Flandes luchaba junto a las fuerzas cristianas de Asturias, León y Castilla para liberar esas tierras de la dominación musulmana. El rey Alfonso VI decidió recompensar su coraje y méritos. Sin embargo, el pío caballero no ansiaba ni honores, ni joyas, ni siquiera la famosa espada toledana que le ofrecía el rey. Solo pidió que le concediese la merced y el privilegio de escoltar el transporte de las reliquias de Santa Leocadia desde la catedral de Oviedo a Toledo, honor que le fue concedido.

De la cripta de Santa Leocadia en la catedral de Oviedo ya solo quedó el nombre de su patrona.

***

Las reliquias se guardaban en la empuñadura de espadas famosas, como por ejemplo Durandal (o Durandarte), perteneciente a Roldán, sobrino de Carlomagno. También dieron nombre a ciudades como Santander o Caravaca de la Cruz. Los reinos de taifas a veces pagaban con ellas los tributos a los reyes cristianos, como es el caso de Fernando I, rey de Castilla y León, quien exigió que al tributo monetario se añadieran las reliquias de dos santas enterradas en Sevilla. Las reliquias constituían también un obsequio de agradecimiento por una ayuda importante. El mismo rey Fernando recibió un regalo del emir de Denia que hoy podría considerarse como el Santo Grial. En general, los musulmanes, sabedores del valor de las reliquias en el mundo cristiano, estaban interesados en encontrarlas para poder sellar tratos con ellas.

Desafortunadamente, también fueron objeto de deseo y hurto, lo cual era muy frecuente en aquellos tiempos; se robaba cualquier fragmento del cuerpo de los santos y se llevaba a una ciudad «de la competencia», para atraer a tantos fieles como fuese posible.

El canónigo Hugo de la catedral de Santiago narra, en su *Historia Compostellana*, un episodio del cual fue testigo, y que llamó «pío latrocinio», es decir, «hurto piadoso».

De las crónicas medievales: «pío latrocinio»

El obispo Diego Gelmírez, como se ha indicado, consiguió el traslado en el año 1095 de la sede del obispado desde Iria Flavia a Compostela.

A la diócesis compostelana pertenecían también cinco iglesias de Braga (Portugal), fuera del ámbito metropolitano del obispado local. En 1100, Diego Gelmírez decidió enriquecer su catedral con reliquias adicionales, y con este fin viajó a Braga acompañado de un gran séquito. Fue recibido con todos los honores por el obispo Giraldo, más tarde canonizado, quien con gran hospitalidad le cedió sus aposentos y se trasladó a un monasterio.

Durante la estancia en Braga, el obispo Gelmírez ordenó celebrar misa a la misma hora en las cinco iglesias de su diócesis. Mientras tanto, los monjes, con ayuda de albañiles que habían venido con el séquito, fueron sustrayendo las reliquias. Temiendo ser descubiertos, escaparon apresuradamente, mientras el obispo Gelmírez se despedía tranquilamente del obispo Giraldo. Muy pronto llegó a alcanzar su «séquito» en fuga. Afortunadamente, nadie les persiguió y llegaron todos a Compostela. Las reliquias de San Fructuoso, San Cucufato, San Silvestre y Santa Susana, así como la cabeza de San Víctor, se guardaron en capillas del ámbito catedralicio. No fueron devueltas a las iglesias de Braga hasta finales del siglo xx.

***

El negocio de las reliquias «inspiró» su fabricación, así como las fabulaciones más inverosímiles sobre sus orígenes. Ya no solamente se comerciaba con tiras de cuero de las sandalias de San Pedro, sino también con frascos que contenían «leche de la Virgen». Lo mismo ocurrió con las supuestas reliquias de Santiago. Uno de los peregrinos medievales, al llegar a Compostela, ofreció un relicario con la figura del Apóstol que en sus dedos portaba un «diente de Santiago». Otro relicario en forma de busto de Santiago se puede contemplar en el museo de las Madres Benedictinas en Sahagún, aunque ya sin la «reliquia».

Con el paso del tiempo, el objeto de los hurtos fue cambiando. En 1977, fueron sustraídas la Cruz de la Victoria, la Cruz de los Ángeles y la caja de las ágatas de la Catedral de la Cámara Santa en Oviedo. En 2012 «desapareció» del tesoro catedralicio de Compostela el famoso *Codex Calixtinus*. Afortunadamente, todos estos objetos de incalculable valor han sido recuperados y restaurados en la medida de lo posible.

Incursiones célebres a Compostela y sus consecuencias

A lo largo de los siglos, Compostela y Galicia en general sufrieron invasiones por parte de normandos, vikingos, árabes y corsarios ingleses. El descubrimiento del segundo sepulcro apostólico en Europa, la existencia de valiosas reliquias y la acumulación en el lugar de riquezas procedentes de donaciones de reyes y peregrinos piadosos hicieron de Compostela un objetivo de correrías, con sus consecuencias.

Entre las consecuencias positivas cabe mencionar la conversión al cristianismo de algunos caudillos nórdicos, llegando con ello a sellarse la paz. También, ante la repetición de las incursiones por mar, la sede episcopal fue trasladada de Iria Flavia (en el actual municipio de Padrón) a Santiago de

Compostela. Entre las consecuencias negativas destaca el hecho de que, a causa de la incursión de los corsarios ingleses dirigidos por Francis Drake, se llegó a esconder las reliquias del Apóstol con tanto esmero, que hubo luego muchos problemas para volver a hallarlas.

Incursiones de vikingos y normandos

Las incursiones vikingas y normandas fueron tan violentas, que en las iglesias de Galicia se añadió la oración «*¡De furore Normannorum libera nos, Domine!*».

Entre los siglos IX y XI, desde 844 hasta 1108, hubo ocho incursiones vikingas a Galicia. Por la ría de Arosa llegaron los vikingos en 858 a Iria Flavia, saqueándola y amenazando Santiago de Compostela. A pesar de que los habitantes pagaron el tributo para evitar su entrada en la ciudad, los invasores intentaron apoderarse de la sede del Apóstol, pero el conde Pedro consiguió vencerlos y quemar 38 de sus barcos.

En 968, el duque de Normandía, para librar a su país de la devastación por los vikingos, les recomendó que se dirigiesen a *Jakobsland,* la 'tierra de Santiago', «esa tierra tan rica de la que tanto hablan los peregrinos». Así pues, doscientas naves vikingas llegaron frente a las costas de Galicia, cien de ellas al puerto de *Iuncariæ* (actual Xunqueira). Desde allí, dirigidos por su caudillo Gundraed, llegaron por tierra a Santiago de Compostela. Una saeta vikinga dio muerte al obispo Sisnando II, que dirigía la defensa de la ciudad.

En 1015 las tropas vikingas atacaron Tuy, capturando al obispo Alfonso y a varios nobles. Estaban al mando de Olaf Haraldsson, quien poco después abrazó el cristianismo, fue rey de Noruega y llegó a ser canonizado como San Olaf.

Hacia finales del siglo IX, el rey asturiano Alfonso III el Magno reconstruyó el antiguo *Castellum Honesti* romano situado en la ría de Arosa, para dar protección a la sede compostelana de los ataques normandos y sarracenos. En 1028 se construyó en esta ría un conjunto de fortificaciones llamado Torres del Oeste, con cadenas que atravesaban la ría y constituían una trampa para los barcos invasores. Fue dirigido por Gelmirio, el padre del futuro arzobispo. Diego Gelmirez reforzó esta defensa con una flota de galeras con la tripulación adiestrada para la acción defensiva, preventiva o incluso ofensiva en caso de ataque.

De las crónicas medievales: incursión de Almanzor a Santiago de Compostela

Algunos musulmanes que peregrinaban a la Meca se dirigían primero al sepulcro del apóstol Santiago, también reconocido por el Islam como San Iaqub. Quizás este pudo haber sido el motivo de la *razzia* de Almanzor (Al-Mensûr, es decir, 'el Victorioso', 938-1002) a Galicia en 997, y en especial del saqueo y destrucción de la ciudad, sus murallas y la catedral de Santiago. El cronista árabe del siglo XI Abu Marwan Ibn Hayyân, testigo de la incursión en territorio cristiano, dio testimonio de lo ocurrido.

El objetivo principal de la *razzia* de Almanzor fueron las reliquias del Apóstol. Se cuenta que cuando los musulmanes entraron en la catedral, la encontraron vacía y sin defensa alguna. El obispo Pedro de Mezonzo había ordenado la evacuación de la ciudad, y solo había quedado un viejo monje, inmerso en su oración, tumbado en cruz ante el sepulcro del Apóstol. Esta visión impresionó tanto a los invasores, que decidieron retirarse, sin atreverse a molestar al monje ni a tocar siquiera el sepulcro. ¡El propio Almanzor puso una guardia para proteger el lugar!

Como botín, se llevaron las campanas de la catedral y las puertas de las murallas de la ciudad, transportándolas a Córdoba a hombros de prisioneros cristianos. Las campanas fueron transformadas en lámparas de aceite para la mezquita principal, y las puertas fueron colocadas en su tejado.

Las campanas regresaron a Santiago tras la conquista de Córdoba por el rey Fernando III el Santo, en 1235, esta vez a hombros de prisioneros árabes. Cabe señalar que a lo largo de 25 años hubo 56 incursiones árabes a Galicia.

Incursiones de los corsarios ingleses de Francis Drake

Fueron numerosos los ataques de corsarios y piratas[15] ingleses en la península ibérica y contra barcos españoles que regresaban de América. También, con ayuda de una gran tempestad, lograron destruir la Armada Invencible del rey Felipe II. Envalentonados y respaldados por su reina Isabel I Tudor, motivada por intereses políticos, amenazaron con arrasar Santiago.

---

15 Los corsarios saqueaban embarcaciones con el permiso del gobierno de su país, la llamada «patente de corso», mientras que los piratas actuaban sin beneplácito alguno.

El día 3 de mayo del año 1589, tropas inglesas al mando de Francis Drake, almirante y antiguo corsario que había recibido de la corona inglesa el título de *Sir*, llegaron en sus barcos y cercaron La Coruña. En defensa de la ciudad destacó una mujer, María Mayor Fernández de Cámara y Pita, conocida como María Pita. Tras la muerte de su marido, acaudilló la batalla al grito de «Quen teña honra, que me siga», llegando a matar al alférez que dirigía el asalto, hermano del almirante Francis Drake. El rey Felipe II concedió a María Pita una pensión vitalicia y otros privilegios en reconocimiento al valor de su gesta.

Las autoridades eclesiásticas de Santiago, al tener noticia de que unos doce mil corsarios se dirigían a Compostela, decidieron ocultar las reliquias y el tesoro catedralicio. Pero pasados casi trescientos años, ni siquiera el capítulo catedralicio sabía dónde se habían escondido.

V

Época dorada, crisis y renacimiento del Camino de Santiago

El Camino de Santiago atravesó diferentes etapas: el período de formación, al que pertenece el Camino original, llamado Primitivo, seguido por un período de expansión y desarrollo (siglos x-xi), que dio como resultado el período de apogeo en los siglos xii-xv. Después se inició un período de decadencia, que duró desde el siglo xvi hasta mediados del siglo xx.

La época dorada del Camino, entre los siglos xi y xvi, coincidió con la inestabilidad e inseguridad en Tierra Santa, con lo que los peregrinos dejaron de acudir al Santo Sepulcro y se dirigieron a Santiago de Compostela.

El Centre d'Études, de Recherche et d'Histoire Compostellanes de París estima, en función de la cantidad de comidas servidas en el albergue de Roncesvalles y el de entierros de peregrinos en los cementerios de hospitales e iglesias a lo largo del Camino, que en esta época se alcanzaron cifras de entre 250 000 y 500 000 peregrinos al año. La gran disparidad de las cifras se debe al hecho de que muchos peregrinos se albergaban en casas particulares, otros debido a enfermedades o ataques de bandidos no llegaron siquiera a la frontera pirenaica, o la cruzaron por Somport, o no fueron enterrados en cementerios.

Entre los comentarios de la época destaca la observación del embajador del emir Alí ben Yusuf (1106-1142), soberano de Marruecos y del sur de Iberia, que llegó en misión diplomática a la corte de Doña Urraca. Yusuf escribió: «¿Adónde se dirigen estos innumerables cristianos desde el otro lado de los Pirineos y desde países más lejanos todavía, para rezar? Las multitudes son tan grandes, que entre los que van y los que regresan, es casi imposible pasar por el camino del oeste».

La crisis del Camino fue provocada por diversas circunstancias. Por una parte, la reconquista de nuevos territorios para los cristianos desplazó el desarrollo económico de la Península hacia las regiones del sur. Y por otra parte, desde el siglo xiv, en Europa había ido debilitándose el poder real que patrocinaba la Vía Regia, y su administración fue pasando a los señores feudales.

En el período comprendido entre los siglos xiv y xv la población de Europa sufrió diversos brotes de peste negra. Los viajeros guardaban cuarentena antes de poder entrar a las ciudades pero, a pesar de las precauciones, las epidemias causaron la muerte de la tercera parte de la población europea, y alteraron sus costumbres.

También fue una época de conflictos bélicos, como la Guerra de Cien Años (1337-1453) entre Inglaterra y Francia y la guerra naval entre Inglaterra y España (1585-1604).

El declive del Camino aumentó con la crisis de la Iglesia debida al Cisma de Occidente, los conflictos religiosos iniciados en el siglo xvi, las críticas al movimiento de peregrinación por parte de Erasmo de Rotterdam, y finalmente la aparición del protestantismo en regiones europeas como Alemania, Flandes, Inglaterra, Escandinavia, donde el culto a Santiago estaba muy arraigado. Cuando la Reforma protestante de Martin Lutero y Juan Calvino encontró seguidores en algunas ciudades de España, el rey Felipe II se aprestó a liderar la Contrarreforma. Todas las facilidades anteriores para los peregrinos a Santiago se convirtieron en obstáculos. Los peregrinos que llegaban de Europa eran recibidos con desconfianza, como posibles espías o portadores de la nueva fe protestante. El rey prohibió el uso del hábito tradicional del peregrino e introdujo la obligatoriedad de portar documentación que atestiguara el apellido, país de origen y religión del peregrino. Con todo, el hospital de Roncesvalles aún en el siglo xvii seguía repartiendo 250 000 raciones anuales a los peregrinos.

En el siglo xix, debido a las desamortizaciones de los bienes de la Iglesia por gobiernos liberales españoles, la mayoría de los hospitales fueron cerrados. Algunos se destinaron a escuelas, almacenes, viviendas o prisiones, y otros quedaron en ruinas. Durante esta centuria, Santiago fue solo el destino de peregrinaciones locales.

El interés por el Camino de Santiago renació después de la Segunda Guerra Mundial. En el año 1950 se creó en París el Centre d'Études, de Recherches et d'Histoire Compostellanes, mientras que el número de peregrinos fue en aumento. En el año 1970 se registraron 68 peregrinos, que en el Año Santo

Jacobeo de 1971 llegaron a ser 451. En los archivos de la catedral de Santiago del año 1993 figuran 99 436 peregrinos, y en el año 2019 el número de personas a las que se expidió la compostela alcanzó la cifra de 346 157, de las cuales el 51 % fueron mujeres.

Al renacimiento del Camino contribuyó el Consejo de Europa reconociendo en el año 1982 el Camino Francés como la «Primera ruta cultural de Europa» y le concedió el eslogan «Camino de Santiago — camino de Europa».

En el año 1993, la Unesco incluyó el Camino Francés en la Lista del Patrimonio de la Humanidad, y en el año 2015 se añadieron los Caminos del Norte: el Camino Primitivo y el de la Costa. En el Año Santo Jacobeo de 2004, el Camino de Santiago recibió el Premio Príncipe de Asturias de la Concordia. En la Lista del Patrimonio de la Humanidad de la Unesco hay muchas localidades que están en la ruta del Camino. Así: Oviedo, inicio del Camino Primitivo; en la Vía de la Plata: Mérida, Cáceres y Salamanca; en el Camino de Levante: Toledo y Ávila; en el Camino de Madrid: Segovia; y por supuesto, la ciudad de Santiago de Compostela. En noviembre del año 2017, la Unesco incluyó el *Codex Calixtinus* en la lista de la «Memoria del Mundo».

Hacia mediados del siglo xx, comenzaron a constituirse en Europa las asociaciones de Amigos del Camino de Santiago. Su propósito es la protección del peregrino, el mantenimiento de albergues, señalización de la ruta y posibilidad de paso, porque en muchos lugares la naturaleza tiende a ocultar el camino. Las asociaciones y sus filiales publican boletines y organizan congresos y reuniones nacionales e internacionales, contribuyendo así al encuentro de científicos e investigadores del Camino con las autoridades administrativas y eclesiásticas, así como con los peregrinos. En 1990 se constituyó también la Asociación de los Hospitaleros Voluntarios del Camino de Santiago.

Desde 2017 existe la Academia Xacobea, con sede en Compostela, cuyo fin es fomentar la investigación, el estudio y la divulgación del mundo jacobeo en sus vertientes científica, literaria y artística. En este mismo año, se publicó el mapa *Caminos de Santiago en Europa* con la colaboración de las asociaciones europeas jacobeas, coordinadas por la Federación Española.

Al renacimiento del Camino Jacobeo han contribuido también la literatura y el cine, y aún hoy, en el año Jacobeo 2021, siguen apareciendo y estrenándose publicaciones y eventos sobre el tema, de las que señalamos algunas. El libro místico-sensacionalista de Paulo Coelho *El peregrino* hizo que aumentase la afluencia de peregrinos brasileños. Las publicaciones sobre temas jacobeos han aparecido en varios países, no solo europeos, sino también en Japón y Corea del Sur, lo que atrae a numerosos peregrinos de Asia.

Entre las películas relacionadas con el Camino, las más conocidas son: *La Vía Láctea* (1969) de Luis Buñuel, *The Pilgrim* (2006) de Ken Anderson, *The Way* (2010) de Emilio Estévez, con el actor Martin Sheen, actualizando la temática del Camino; la miniserie televisiva *Die Pilgerin* (2014), de producción alemana, austriaca y checa, y la película televisiva alemana *Ein Sommer in Salamanca* (2019), que alude a las tareas de mantenimiento de la Vía de la Plata y la vida en los albergues de peregrinos. Actores como Anthony Quinn o Shirley MacLaine han hecho también el Camino como auténticos peregrinos.

Actualmente, llegan peregrinos incluso desde Alaska, Nueva Zelanda, Sudán y Nigeria; es decir, de todos los continentes. Gracias al compromiso del último medio siglo, el Camino milenario se ha renovado y ha vuelto a estar vivo y de actualidad.

Benefactores del Camino, conocidos y desconocidos

Los primeros benefactores del Camino Jacobeo pertenecían a la realeza: Alfonso II el Casto, que aprobó el hallazgo de la tumba de Santiago el Mayor, y el emperador Carlomagno, promotor del Camino, en lucha para liberar del invasor musulmán la tumba del Apóstol.

El rey Alfonso III el Magno donó en 907 sus posesiones en Asturias y Zamora «para uso de los peregrinos y los pobres». Contribuyó a establecer la ruta fundando hospitales, construyendo puentes y otorgando a los peregrinos protección jurídica. Peregrinó personalmente con su esposa Jimena y la corte desde Oviedo hasta Compostela.

De manera similar, el rey Alfonso VI donó en 1096 su palacio en Oviedo para establecer en él un hospital de peregrinos; Alfonso VIII, construyó el Hospital Real en Burgos; también contribuyeron los reyes de Navarra y Aragón Sancho VII el Fuerte y Sancho Ramírez. Los Reyes Católicos, Isabel y Fernando, fundaron los hospitales de Villafranca de Montes de Oca, Ponferrada y Santiago de Compostela.

Los monarcas promulgaron también leyes que favorecieron el asentamiento de extranjeros (los «francos»), lo que impulsó la repoblación del país y sirvió de ayuda al peregrino.

En el siglo xii, el rey de León Fernando II (1137-1188), tras culminar su peregrinación a Santiago, encargó la construcción del Pórtico de la Gloria en la catedral, admirado hasta los tiempos actuales. Gracias a arquitectos, constructores y artistas, hay grandes obras de arte a lo largo del Camino, imágenes sacras que impelen al peregrino desde retablos, cornisas y capiteles, algunas únicas en su belleza y expresión.

El papa Gregorio VII y la orden benedictina hicieron grandes méritos para con el Camino de Santiago al implementar la reforma gregoriana, unificando así todo el territorio cristiano, introduciendo el rito romano y poniéndolo bajo la autoridad del papa de Roma. El papa Calixto II aceptó la publicación del primer libro-guía que describía el Camino, el famoso *Codex Calixtinus*, del clérigo francés Aymeric Picaud. Entre el clero, el arzobispo Diego Gelmírez destacó como principal promotor de Santiago de Compostela.

En el año 1630 el papa Urbano VIII proclamó oficialmente a Santiago Apóstol patrón de España.

Al igual que los santos Domingo, Juan de Ortega, Lesmes, Amaro y otros que dedicaron su vida a facilitar el Camino, hoy en día muchos peregrinos quieren devolver al Camino lo que han recibido de él, y ejercen durante un tiempo como hospitaleros voluntarios.

Por último, pero no menos importante, hay que reconocer que en los tiempos de decadencia, desorganización del movimiento peregrino y falta de albergues, el débil hilo de la peregrinación se mantuvo gracias a la tradicional hospitalidad de los campesinos, quienes ofrecieron al peregrino cobijo y comida en su hogar, o al menos en el pajar.

Tampoco se puede olvidar al primer valedor del Camino de Santiago, el cura de Cebrero D. Elías Valiña, quien ideó la flecha amarilla que guía al peregrino en los tiempos actuales.

Aymeric Picaud expresó en el *Codex Calixtinus* un deseo para los benefactores del Camino Jacobeo: «Que sus almas y las almas de sus ayudantes descansen en paz eterna».

Peregrinos célebres

En la historia del Camino hubo muchos peregrinos famosos. Uno de ellos fue Francisco de Asís, que peregrinó a Santiago en los años 1213-1214, posiblemente con el deseo de evangelizar a la población musulmana. Visitó la catedral de San Salvador en Oviedo para rezar ante una de las reliquias más importantes de la cristiandad, el Santo Sudario.

Peregrinaron también a Santiago: Rodrigo Díaz de Vivar, el Cid (siglo xi); Emma, reina de Inglaterra y Dinamarca (1026-1027); la emperatriz Matilde, viuda de Enrique V, emperador del Sacro Imperio Romano Germánico, en el año 1125; Santa Isabel, reina de Portugal, dos veces, en 1325 y en 1335, alojándose siempre en hospedajes muy modestos; los reyes de Francia Luis VII, que estuvo al frente de la Segunda cruzada (siglo xii), y Luis XI (siglo xv); el rey de Portugal Don Manuel I, en 1502; los reyes de España Isabel y Fernando (siglo xv), Carlos I y Felipe II (siglo xvi). También Cosme III de Médici, gran duque de Toscana (siglo xvii), y otros que contribuyeron con generosas ofrendas a la catedral de Santiago. En los últimos tiempos, han peregrinado los papas Juan Pablo II (1982 y 1989) y Benedicto XVI (2010).

El papa san Juan Pablo II en Santiago de Compostela

Karol Wojtyła, como papa Juan Pablo II, realizó la primera peregrinación papal al sepulcro de Santiago el Mayor en el Año Santo Jacobeo de 1982. En su homilía en la catedral compostelana dijo: «Yo, obispo de Roma y pastor de la Iglesia Universal, desde Santiago te llamo, vieja Europa, te llamo lleno de amor: encuéntrate a ti misma. Sé tú misma. Encuentra tus raíces». El papa polaco volvió a Santiago en el año 1989 para presidir el Día Mundial de la Juventud Católica.

Una reliquia de san Juan Pablo fue entregada al arzobispo de Santiago de Compostela en 2011. En reconocimiento a sus méritos por propagar el sentido universal y espiritual del Camino Jacobeo, en 2012 Juan Pablo fue condecorado *post mortem* con el premio internacional *Trifinium Jacobeo* en su primera edición. El monumento al papa Juan Pablo II está situado en el Monte do Gozo, inicio de la última etapa de la peregrinación.

Rey Alfonso II el Casto ante la catedral de Oviedo.

Placa conmemorativa delante de la catedral, Oviedo.

Medallón de los Reyes Católicos en la fachada plateresca de la Universidad de Salamanca.

Camino con la Cruz de Santiago.

Cruz de la Orden
de Santiago.

Un peregrino
al estilo antiguo.

Símbolos del peregrino.

Santiago de Compostela
Triacastela
Galicia
Cebrero
Oviedo
Asturias
Ponferrada
Salamanca
Santo Domingo de la Calzada
Logroño
La Rioja
Ponte Maceira
Pontevedra
Ponte de Lima
SANTIAGO DE COMPOSTELA
MAR CANTÁBRICO
Cabo Finisterre
Gijón
Santander
Oviedo
Covadonga
Lugo
León
Astorga
Ponferrada
Sahagún
Burgos
Puebla de Sanabria
Río Miño
Tuy
Palencia
Braga
Braganza
Granja
Tordesillas
Valladolid
Aranda de Duero
Zamora
Vila Real
Río Duero
Olmedo
Oporto
Segovia
Salamanca
Viseu
Ciudad Rodrigo
Ávila
Guadalajara
MADRID
PORTUGAL
Coimbra
Coria
Plasencia
Talavera de la Reina
Aranjuez
Toledo
Río Tajo
Alcántara
Guadalupe
Cáceres
Santarén
Medellín
LISBOA
Elvas
Mérida
Badajoz
Ciudad Real
Setúbal
Évora
Río Guadiana
Beja
Úbeda
Aljustrel
Córdoba
Jaén
Río Guadalquivir
Écija
Priego
Niebla
Sevilla
Huelva
Morón de la Frontera
Loja
Granada
Antequera
C. de San Vicente
Lagos
Faro
Sagres
Málaga
Motril
Jerez de la Frontera
Ronda
Cádiz
OCÉANO ATLÁNTICO
Algeciras

Rutas de Santiago.

Montículo de piedras en el Camino Francés.

Exvotos en la Cruz de Hierro *(de Ferro).*

Piedra con la inscripción bajo la Cruz.

Camino Aragonés. Iglesia de los templarios en Eunate.

Puente la Reina, Navarra.

Claustro del Monasterio de Santa María la Real, Nájera (Navarra).

Camino Francés a su paso por Navarra.
Etapa entre Los Arcos y Viana.

Santiago Caballero.
Viana (Navarra).

VI
Símbolos y rituales del peregrino a Santiago

El largo y peligroso Camino de Santiago medieval a Compostela, así como los buenos propósitos, simbolizaban un camino de vida. Su inicio era conocido, pero resultaba imposible prever el final, por lo que era necesaria ayuda para fortalecer el espíritu en momentos de debilidad, de cansancio o duda, en momentos críticos por cuales pasan casi todos los peregrinos de cualquier época. Ayudaban no solo las bendiciones, sino también algunos accesorios cuya importancia y uso tradicional se retrotraía siglos e incluso milenios. Al preparar su equipaje, el peregrino llevaba también una especie de amuletos; todo lo que le acompañaba simbolizaba de alguna manera su propósito: la búsqueda de la sabiduría a través de la fe y el contacto con la Providencia y la Naturaleza.

Símbolos del peregrino y su significado místico

El hábito preciso del peregrino jacobeo lo componían: un bastón o bordón con la calabaza, un sombrero de ala ancha, un morral o zurrón, la letra tau, la concha de Santiago y un amuleto de azabache. Cada elemento tenía su simbolismo, a menudo místico en ciertas culturas, cristianizado en la cultura europea.

El bordón servía como apoyo, defensa contra animales salvajes y como pértiga para saltar arroyos; su longitud ideal debía superar el hombro del caminante. Era de madera, tenía una terminación en forma de pico metálico, para mayor resistencia y un gancho para colgar la calabaza. Su nombre proviene del antiguo provenzal *bordon* y viene del bajo latín medieval.

El bastón es un símbolo tan antiguo como la humanidad. Significaba el mando, a veces relacionado con los milagros. Así se presenta a Moisés en el Antiguo Testamento (Éxodo 7:8-12). En la antigua Grecia lo usaban los jueces como signo de autoridad y poder. Era también un símbolo del maestro, en quien se apoya el alumno en su camino al conocimiento. En manos del peregrino, el bordón se convertía en el eje que une el cielo con la tierra y representa la fe que lo sostiene.

La característica calabaza del peregrino, que colgaba tradicionalmente del bordón, podía contener casi dos litros de agua y servía como cantimplora. Se trataba de una calabaza procedente de la costa del norte de África que los árabes trajeron a la Península. Debido a las numerosas semillas que contiene, en diversas culturas fue símbolo de fertilidad. Su forma de doble ánfora simbolizaba la interacción mutua de dos mundos: el visible y el invisible. En la cultura celta la calabaza simbolizaba el *memento mori*[16]. Fue el símbolo de la fiesta de *Samhain*, que se celebraba la noche del 31 de octubre.

El sombrero del peregrino se asocia con la corona de laurel que recibían los vencedores olímpicos en la Grecia y Roma antiguas. Es un símbolo del esfuerzo necesario para alcanzar el sepulcro y así llegar a la sabiduría, la conciencia y la revelación que trajo el Apóstol. En un sentido práctico, protegía del sol y de la lluvia.

El morral, zurrón, escarcela o bolsa que colgaba del hombro, siempre abierto, significaba que por la vida hay que ir ligero de equipaje y con confianza en la ayuda divina y humana.

La cruz de tau, en forma de la letra griega «τ», se contaba entre los símbolos jacobeos con el significado del tiempo que no pasa, la fuerza y la energía grande y lejana, así como también la materia subatómica[17]. Su significado como protección divina es mencionado por el profeta Ezequiel (9:3-6) y en el Apocalipsis (7:2-4). La cruz de tau también se conoció como «cruz del árbol de la vida» del hombre. La línea recta vertical correspondería a la edad juvenil, a la que seguiría un desdoblamiento hacia el camino del bien o del mal. San Francisco de Asís firmaba sus cartas con la «τ», con ella marcaba las paredes y curaba heridas y enfermedades. Para el santo era un símbolo de arrepentimiento, elección, providencia divina y salvación en Cristo. Los

[16] *Memento mori* (lat.): 'Recuerda que habrás de morir'.

[17] Por materia subatómica se entiende los elementos más pequeños que el átomo; por ejemplo, las partes de átomo (protones, neutrones y electrones) y los fotones.

monjes antonianos, que cuidaban a los enfermos del «fuego de San Antón», llevaban el escapulario en forma de «τ», con que practicaban las curaciones y por este motivo se la llamaba también la «cruz de San Antón».

En el pórtico de la Gloria de la catedral de Santiago, el Apóstol está apoyado sobre un bastón con el mango en forma de tau. Esa forma del bastón servía al peregrino a modo (simplificado) del instrumento astronómico llamado *astrolabium*, que indicaba la dirección según los astros. Por tanto, se lo puede interpretar también como símbolo que conduce a la fe.

La concha jacobea (*Pecten jacobæus*) se encuentra en las playas gallegas de la costa atlántica. Su parte inferior es lisa, la superior convexa con surcos o estrías radiales que, según la descripción del autor del *Codex Calixtinus*, son similares a las patas de la oca o a los dedos de una mano que ofrece ayuda. Las estrías simbolizarían también los Caminos que convergen en Santiago de Compostela.

Una gran concha en forma de abanico era el símbolo del renacimiento espiritual a través de la peregrinación, y a los que la portaban se les conocía como *concheiros*. En los primeros tiempos de las peregrinaciones, la concha se fijaba al sombrero o a la esclavina durante el acto de entrega del pergamino, que avalaba haber terminado la peregrinación. Con el tiempo se convirtió en uno de los símbolos del peregrino que se dirigía a Santiago. Actualmente, se fija en la mochila e indica el propósito del caminante.

Plinio la llamaba *concha veneria*, de donde procede el gallego «*vieira*», porque pertenecía a los símbolos de fertilidad relacionados con el mar y el agua. En la antigua China significaba prosperidad y abundancia. Se fabricaba en metal y se usaba en Europa para curar a los enfermos en nombre de Santiago el Mayor. El papa concedía la autorización para reproducir la concha en plomo o estaño solo a los artesanos que pertenecían al gremio en Compostela. En un sentido cristiano, la vieira, como símbolo de fecundidad, debía conducir al aumento de la sabiduría y a profundizar en la fe.

Leyenda de la concha de Santiago

Cuenta la leyenda que el día en que la barca con el cuerpo de Santiago y sus dos discípulos llegaba a la costa gallega, se celebraba una boda en la localidad marinera. La comitiva nupcial se dirigía al templo, cuando de repente se avistó la lancha que luchaba con las olas del océano. «Lleva a los desgraciados náufragos de algún barco», pensaron todos con estupor.

El novio, sin temor al peligro, se adentró en el mar con su caballo para prestarles ayuda, pero en ese momento le cubrió una gran ola que lo arrastró mar adentro. El joven, viéndose en grave peligro, invocó al apóstol Santiago y pidió ayuda al Cielo. La mar se calmó de repente y llevó a la orilla la barca y al novio con su caballo. Ambos salieron del agua cubiertos de conchas, hecho que se interpretó como una clara intercesión del Apóstol.

El azabache como «amuleto» del peregrino

Los peregrinos que llegaban a Santiago compraban allí los objetos esculpidos en azabache, a modo de «recuerdos»: las negras conchas jacobeas, las *figas* o *cigüas* y también las estatuillas del Apóstol, que a veces eran grandes y el artesano podía cincelar al lado la silueta del comprador.

El azabache es una variedad de lignito, negro y brillante, parecido al ónice. En la antigüedad se llamaba ámbar negro (*succinum nigrum*). Plinio el Viejo, en su *Historia natural*, y San Isidoro de Sevilla, en sus *Etimologías*, lo llamaron *lapis Gagates*, ya que sus depósitos se encontraban en las orillas del río Gagas, en Turquía. Su nombre en español procede de *azzabáǧ*, en árabe hispánico. Por su excelente calidad, el azabache de la Costa Jurásica, entre Gijón y Villaviciosa (Asturias), fue exportado incluso a Gran Bretaña y, sobre todo, elaborado y vendido en Galicia.

Los adornos de azabache fueron muy apreciados por los antiguos egipcios, fenicios, etruscos, romanos y vikingos. La joya de azabache, en forma de colgante, más antigua del mundo se encontró en la cueva de Lluera, en Priorio, cerca de Oviedo. Data de unos 15 000 años a. C. Se han encontrado amuletos de azabache en túmulos de la época del Neolítico y bajo dólmenes, lo que confirma que hace ya miles de años se les atribuía un poder protector contra la energía negativa, los malos deseos y todo el mal en general. No es extraño que se convirtiese también en amuleto de los peregrinos, que lo adquirían en Compostela para que les protegiese en el camino de regreso.

La concha jacobea se considera un amuleto que atrae el bien, y el azabache una protección frente al mal.

Leyenda de cómo el azabache venció al demonio

Una noche, un viejo sacerdote caminaba de regreso a su parroquia, cercana a Santiago de Compostela. Vestía una sotana gastada, que le había servido durante muchos años. La noche era cerrada, de luna nueva. Caminaba por un paisaje desolador, cuando de repente se encontró con un caminante bien vestido y atractivo, que se ofreció a acompañarle en su soledad y comenzó a hablarle de cosas bellas y seductoras. Le ofreció recuperar la juventud, volverse rico y poderoso, rodeado de hermosas mujeres, todo... solo a cambio de su alma. El acompañante del sacerdote era el mismo Satanás.

—¡Mira lo que puedes tener! ¡Y sin esfuerzo! —dijo.

Según la visión que le presentó Satanás, el viejo sacerdote volvería a ser joven, sano y fuerte. Sin embargo, con la fuerza de voluntad y el buen juicio que le quedaban, el anciano consiguió dominar su ánimo. Fingiendo que le entró un calambre en la mano y era incapaz de sacarla del bolsillo de la sotana, buscó frenéticamente el crucifijo, pero la mano tropezó primero con un trocito de azabache. Lo agarró fuertemente y quedó sorprendido: el diablo empezó a encogerse como si le echasen agua bendita, hasta desaparecer por completo. ¡Se había salvado!

Así se inició la creencia de que un colgante de azabache, colgado al cuello o escondido debajo de la ropa, debía tocarse discretamente en caso de tentación. Esta práctica también se recomendaba para preservar la virginidad.

La oca y el juego de la oca

Desde la antigüedad a las ocas se les atribuyeron cualidades muy positivas. En el Imperio romano se las criaba para que actuasen como señal de alarma, en defensa de la propiedad. Fue memorable lo sucedido en una noche del año 390 a. C., cuando los graznidos de las ocas alarmaron a los habitantes de la Ciudad Eterna ante el ataque de los galos al Capitolio. Pasó a la historia el dicho: «¡Las ocas han salvado Roma!».

Algo misterioso debía de tener este animal, para que fuese considerado por los celtas y preceltas paradigma de sabiduría sagrada. Se creía que la oca, ganso o ánsar, había sido enviada como guía para aconsejar a los humanos. Las ocas salvajes tienen recorridos migratorios estacionales estables, que se conocen como «caminos de las ocas». Al parecer, las aves migratorias se guían por el campo magnético de la Tierra.

El recorrido de las ocas coincide con el Camino de las Estrellas y el Camino de Santiago. Estos antecedentes influyeron, posiblemente, en la creación del juego de la oca.

El juego de la oca ya era conocido en la antigüedad. Se han encontrado tableros de este juego en tumbas egipcias de la época de los faraones. Algunos opinan que el juego llegó a Grecia desde la India, a través de Egipto. En el año 1908 en las ruinas del Palacio de Creta se descubrió el llamado «disco de Festos», perteneciente al período minoico medio (2000-1500 a. C.). Ambas caras de este disco de arcilla, de 16 cm de diámetro, contienen espirales con 31 casillas por un lado y 32 por otro. En ocho casillas se aprecian figuras de pájaros, que bien pudieran ser ocas.

Los caballeros templarios y las logias

En su forma actual, el juego de la oca se conoce desde los tiempos medievales, gracias a los caballeros templarios. La regla de la Orden prohibía a los caballeros los juegos de dados y el ajedrez. Usando como tablero la concha del molusco *Nautilus*, que en su corte transversal contiene 63 espacios a modo de casillas, reinventaron el juego de la oca, esta vez como una guía encriptada del Camino de Santiago de ida y vuelta, representada en forma de espiral de caracola dispuesta sobre un tablero. Se basaba en los marcadores o señales que dejaban los maestros constructores de las catedrales, castillos, puentes, etc.

Los constructores de las catedrales medievales consideraban la pata de oca como un ideal de proporciones geométricas y como tal, se utilizó en la construcción de los templos. Sus agrupaciones internacionales, llamadas *logias*, la tenían como un símbolo de las ciencias ocultas.

Los templarios compartían mensajes encriptados con el gremio de los constructores. Fue su lenguaje común, comprensible para todos los iniciados, de cualquier nación o idioma. Se considera que la mística Cruz de la Vida, también llamada «cruz de los templarios», está relacionada con la pata de la oca en forma de «Y» (*ypsilon* griega), símbolo de la vida. Una de estas cruces se encuentra en la iglesia del Crucifijo, en la localidad de Puente la Reina.

El juego sobre el mapa encriptado como guía esotérica

El juego de la oca es un mapa cifrado del Camino de Santiago francés desde Somport. En el mismo, los templarios indicaban los lugares de especial significado, marcados por los constructores. De ese modo se ven reflejados los puentes célebres: Puente la Reina en Jaca, Puente la Reina en Navarra y el puente de Estella. También se puede encontrar el hospital de San Marcos de León, que además tuvo la función de cárcel (representada en una casilla), Cebrero, Santiago (casilla de la muerte, fin de la vida pecaminosa) y Finisterre caracterizado como la Gran Oca final.

El juego se puede considerar una guía no escrita, llena de sabiduría. En las casillas del tablero hay varios iconos con un cierto simbolismo: el *laberinto* significa confusión (de caminos físicos, idiomas e ideas), la *posada* el descanso necesario, el *pozo* es signo de caída en el pecado y encuentro con el perdón, el *puente* simboliza cruzar las barreras que separan lo mundano de lo celestial, la *calavera* es sinónimo de muerte y esperanza de resurrección. Al final, el jugador o caminante iniciado encuentra el *jardín* como nacimiento del iluminado. Los *dados* representan el azar, la suerte en el Camino. El juego de la oca simboliza no solamente el Camino, sino la vida como peregrinaje, camino que hay que recorrer para renovarse espiritualmente.

Como los recorridos de las ocas salvajes coinciden con el Camino de Santiago, el peregrino va virtualmente «de oca a oca».

Dónde encontrar las «ocas» en el Camino

La palabra «oca» aparece con frecuencia en nombres geográficos a lo largo del Camino Francés. Hay tres regiones especialmente relacionadas con ese símbolo. El nombre de La Rioja proviene de «Río de Oja», equivalente a «Río de Oca», donde Santo Domingo inició su actividad de auxilio y de construcción de la Calzada. Antes de llegar a Burgos, hay que superar los Montes de Oca. En la provincia de León se encuentra Ocón, cerca de Astorga, El Ganso, en la Maragatería y Ancares, en el Bierzo, límite con Galicia. Ya en Galicia, no lejos de Compostela, está Puerto de Oca, y cerca de Pancorbo se encuentra Nanclares de Oca, así como el pueblo de Oca a orillas del río Tambre, en el Camino a Finisterre. También etimológicamente el nombre de algunas localidades y ríos tiene su raíz en la «oca», por ejemplo el del río Arga, el de Castrojeriz como 'ciudad de ocas' o el de Manjarín, 'hombre de ocas', etc.

El *Codex Calixtinus* compara la forma de la concha de Santiago, o *vieira*, con una pata de oca. Esa forma tiene la *Place de la Patte d'Oie* (Plaza de la Pata de Oca), en el centro de Toulouse (Francia), en el Camino Tolosano.

El juego de la oca está encastrado en el pavimento de la Plaza de Santiago, en Logroño, final de una de las primeras etapas del Camino.

El final moderno del juego de la oca

Con el tiempo, el juego cambió su carácter de criptográfico-esotérico a lúdico. Desde que el mecenas italiano Francisco de Médici regaló el tablero y los dados a Felipe II, este rey se convirtió en un gran entusiasta del juego. Dada la importancia del Imperio español y su influencia en las modas, el juego de la oca desplazó al ajedrez en las cortes europeas.

La cruz de la Orden de Santiago.

La cruz de Santiago

La forma de la cruz de Santiago proviene de la época de las Cruzadas y se deriva de la forma de la empuñadura de una espada. Los crucifijos del caballero tenían un extremo afilado, que se usaba para clavar la cruz en el suelo durante la oración. La Cruz de Santiago es de color rojo. Fue el símbolo de los Caballeros de Santiago.

La flor de Santiago

La flor de Santiago es una flor roja como la llama y parecida a la azucena. Por su forma y color recuerda a la cruz de la Orden de Santiago. Fue traída a España desde México en el siglo XVI, durante la primera expedición naturalista financiada por la Corona española. Fue considerada la flor más hermosa del mundo, y así la denominó en el año 1753 el botánico sueco Linneo: *Formosissima.*

Rituales tradicionales de la peregrinación

Al igual que los símbolos y amuletos físicamente tangibles, los rituales en el Camino Jacobeo tenían una función de fortalecimiento espiritual, motivación para superar las etapas y romper la monotonía de la marcha. Cuanto más cerca de Compostela, más a menudo se celebraban rituales de peregrinación. Se comentarán por orden cronológico, a medida que se avanza por el Camino Francés.

Misa, bendición, entrega del bastón y el morral peregrinos

Antes de emprender una peregrinación a los lugares santos, el *Rituale romanum*[18] recomendaba obtener una carta de recomendación del párroco, confesarse y recibir la sagrada comunión durante la santa misa para los peregrinos, así como las oraciones pertinentes.

¡Vaya con Dios!

En el lugar de partida del peregrino, además de la misa de despedida, se celebraba en ocasiones también un funeral por su eterno descanso, ya que tan largo y peligroso camino hacía bastante incierto el regreso.

---

[18] El *Rituale romanum* es un texto religioso católico de 1614, actualizado en 1999. Contiene las oraciones, bendiciones y rituales religiosos que no aparecen en el breviario ni en el misal.

En el punto de reunión, durante la misa y después de una bendición especial, se entregaba el bordón y un morral de peregrino. Durante la ceremonia, se pronunciaban las siguientes palabras: «Recibes este bordón para apoyarte en tu camino, para que puedas llegar a los pies de Santiago y para que, tras completar la peregrinación, regreses a nosotros con la alegría de Dios». Por ejemplo, Jean de Brienne (1170-1237), rey de Jerusalén y emperador de Constantinopla, recibió su bordón en la catedral de Tours.

Durante el ritual de entrega del morral al peregrino, se pronunciaban unas palabras que indicaban que el peregrino «debe estar siempre dispuesto para dar y para recibir» («*paratus ad accipiendum et paratus ad dandum*»), porque la fe y la misericordia son la base de la peregrinación.

Al regresar al lugar de procedencia, se colocaba el bordón en uno de los altares laterales de la iglesia y se celebraba una misa de acción de gracias. Así lo hizo la reina Isabel de Portugal, que peregrinó a Santiago dos veces y cuyo bordón está colocado al lado de su sepulcro, en Coímbra.

Las Puertas del Perdón en el Camino y las normas de las indulgencias medievales

Según los cánones medievales de peregrinación, los peregrinos que tenían la suerte de llegar a Santiago en Año Santo, después de confesar y comulgar, pasaban por la Puerta Santa de la catedral de Compostela. Con ello conseguían la indulgencia plenaria incluso de aquellos pecados cuya absolución estaba reservada a la Santa Sede. Fuera del año santo, la indulgencia se aplicaba a solo un tercio de los pecados cometidos, pero en caso de fallecimiento en el Camino a la ida o a la vuelta, el peregrino recibía la indulgencia plena.

El largo y monótono camino requería «estaciones» de importancia simbólica, en las que se celebraban rituales específicos, como cruzar las puertas del Perdón. Estaban situadas en las iglesias a lo largo del Camino Francés: en la iglesia de San Cernín de Toulouse, en la catedral de Burgos, en San Isidoro de León y en Villafranca del Bierzo, así como a lo largo de otros Caminos: en las catedrales de Toledo, Ciudad Real, Coria, Almería, Jaén, Córdoba, Sevilla y Santander. La indulgencia se conseguía también con el paso por algunos montes: el Alto del Perdón, en Navarra, el monte Irago, entre la Maragatería y el Bierzo, y el monte Cebrero/O´Cebreiro, a la entrada de Galicia. Pasar por ellos daba la oportunidad de recibir el perdón, algo muy oportuno sobre todo en el caso de personas enfermas o de edad avanzada, agotadas por la caminata, para quienes llegar a Santiago era algo dudoso, pero que reconfortaba a todos los peregrinos y reforzaba su confianza en alcanzar la meta.

La misión de fortalecer el espíritu del peregrino la cumplían también numerosas capillas diseminadas a lo largo del Camino, en especial en aquellos lugares más alejados de los núcleos de población, así como la visita a las reliquias y a lugares de conocidos milagros.

El Árbol de la Salud

El peregrino que cruzaba el puerto de Somport en el Camino Aragonés y llegaba a la localidad de Jaca, realizaba aquí el primer ritual del Camino en suelo español: se colocaba a la sombra del Árbol de la Salud, un gran olmo al lado del albergue-hospital a cargo de los caballeros templarios. Se creía que la sombra y el contacto con este árbol permitían recuperar las fuerzas perdidas al cruzar los Pirineos. Hoy, el famoso árbol y el hospital ya no existen.

Lo más probable es que este árbol estuviera vinculado a antiguos cultos céltico-germánicos, en los que los árboles sagrados estaban dedicados a la Madre Tierra. Ecos de estas creencias se pueden encontrar todavía en varios nombres geográficos de las regiones de Cantabria y León. Los templarios, en su búsqueda continua del sentido de los cultos precristianos, en especial de aquellos relacionados con la Madre Tierra, probablemente asimilaron los rituales relacionados con el Árbol de la Salud.

Vino del monasterio de Irache

El pan y el vino son símbolos de fe, amistad y hospitalidad. Probablemente ningún peregrino pueda resistir la tentación de probar vino gratis de la «fuente» situada en la pared exterior del monasterio en Irache, el monasterio benedictino más antiguo de Navarra. Este es un ritual moderno y opcional del peregrino. El vino de dicha «fuente» no es de la mejor calidad, pero a su lado se encuentra una fuente de agua fresca.

La pluma en Santo Domingo de la Calzada

Si una leyenda, que se relata más adelante, asegura que un gallo y una gallina cantaron después de asados para dar testimonio de la inocencia de un joven ahorcado, sus plumas pueden traer buena suerte en el Camino. En recuerdo del milagro, al contemplar una pareja de aves blancas detrás de la reja del gallinero de la catedral, se suele repetir el famoso dicho: «Santo Domingo de la Calzada, donde la gallina cantó después de asada» y esperar a que caiga una pluma.

Abrazo a los pies de los santos hospitaleros en Burgos

En Burgos, los peregrinos dirigían sus primeros pasos hacia la imagen del Cristo crucificado, famosa por sus milagros, y luego a la iglesia de San Lesmes, patrón de la ciudad. Saliendo de Burgos, entraban en la capilla de San Amaro para besar su sarcófago. De esta manera expresaban su respeto y agradecimiento a los santos hospitaleros.

Visita a la catedral y a la basílica de San Isidoro de León

Uno de los rituales en León fue la visita a la imagen de Santiago el Mayor, en la puerta occidental de la catedral. Millones de manos de peregrinos han llegado a erosionar la piedra al tocar los pies del Apóstol o, al menos, su base.

Otro ritual consistía en recorrer el laberinto plasmado en el suelo catedralicio. Para los no iniciados, parecía un misterioso baile. Actualmente, el laberinto de la catedral de León ya no existe, pero se puede ver en la catedral de Chartres (Francia), que tiene muchas características en común con la de León. Los peregrinos continuaban visitando en la catedral las imágenes de la Virgen Blanca y la oscura Virgen del Dado, y por supuesto participaban en la misa de peregrinos en la románica Colegiata Real de San Isidoro.

Cruz de Hierro (*de Ferro*) en el Monte Irago.

La piedra bajo la Cruz de Hierro

La Cruz de Hierro, o *Cruz de Ferro*, se encuentra en el monte Irago (1500 m s. n. m.), en la provincia de León, entre Astorga y Ponferrada, y en el límite entre las regiones de la Maragatería y El Bierzo. Es el crucero más célebre de los que jalonan el Camino de Santiago. Este lugar corresponde por su importancia al Alto del Perdón, en Navarra.

Existe una antigua costumbre de depositar aquí la piedra traída desde la casa del peregrino, ya que la peregrinación empieza en el umbral de la propia casa. La piedra debería ser tan pesada como los pecados cometidos. Al colocarla al pie de la cruz, el peregrino se libera simbólicamente de la carga de sus pecados. Algunos prefieren arrojarla hacia atrás, señalando así el cambio en sus vidas.

Exvotos en la Cruz de Hierro (*de Ferro*).

La tradición de colocar piedras en montículos es ancestral. En el siglo IV a. C., el escritor griego Teofrasto mencionaba las piedras sagradas en los cruces de caminos, en los que los viajeros se detenían para orar. Ya en época celta, se depositaban piedras en el monte Irago (la palabra *Irago* significa 'transporte'), el cual más tarde señalaría el camino a los romanos, que cambiaron su nombre a «monte de Mercurio», dios de los comerciantes y los viajeros.

Piedra con la inscripción, colocada en la base de la Cruz de Hierro.

En Galicia estos montículos de piedras se denominan *milladoiros* o 'millas de oro', y marcan el camino a San Andrés de Teixido. Como tal se puede considerar también el montículo de piedras bajo la Cruz de Hierro. La piedra firmada con nombre y apellidos sirve para testificar en el Juicio Final la realización de la peregrinación.

En el siglo XI se colocó en el monte una cruz de hierro, sujeta a una estaca de madera de cinco metros de altura.

Una piedra para la basílica apostólica

El *Códice Calixtino* cita otra tradición, muy práctica. Al llegar a Triacastela, los peregrinos cogían aquí una piedra caliza y la llevaban hasta la localidad de Castañeda, donde se producía la cal empleada en los trabajos de albañilería de la catedral compostelana.

El rosario en el Alto del Rosario

El cerro llamado Alto del Rosario (*Alto do Rosario*) está en el Camino Sanabrés, en el tramo que conduce a Palas de Rey (*Palas do Rei*). Desde su cima se puede ver el Pico Sacro, que anuncia la proximidad de Santiago de Compostela. A partir de aquí, comenzaba a reinar la alegría entre los peregrinos, que en gratitud rezaban el rosario, y de ahí deriva el nombre del alto.

Abluciones en Lavacollas

Las abluciones en el riachuelo Lavacollas pertenecían a un ritual medieval dictado por la necesidad de presentarse dignamente ante el Apóstol después del largo viaje y tantas dificultades para observar la higiene. De Lavacollas, o Lavaméntulas, escribe Aymeric Picaud: «Los peregrinos que van a Santiago desde Francia se quitan aquí la vestimenta y, debido a su amor al Apóstol, lavan no solo sus partes [íntimas], sino también todo el cuerpo». Este ritual se observaba aún en el siglo XVII, como se deduce de los relatos de los viajeros.

En el lugar hay cuatro fuentes de agua para uso público. Actualmente, Lavacolla es un suburbio de Santiago de Compostela, en el que está el aeropuerto.

La carrera desde San Marcos al Monte del Gozo *(Monxoi)*

A tres kilómetros de Lavacollas se encuentra la pequeña localidad de San Marcos. Desde aquí hasta el Monte del Gozo (*Monxoi*) tenía lugar una competición original, reservada a los más fuertes: la carrera de peregrinos. El que lograba alcanzar primero la cumbre del *Monxoi* y ver las torres de la catedral, recibía el título hereditario de rey de la peregrinación. Esto explica el origen de apellidos tales como King, Rey, Król, Roi, Leroy, Rex, König, etc.

A principios del siglo xviii un peregrino francés, Guillaume Manier, describía así sus impresiones: «Cuando llegué a verlas, levanté el sombrero, para que los compañeros que me seguían supieran que veía las torres [de la catedral]. Cuando me alcanzaron, todos estuvieron de acuerdo en que yo era el rey».

Te Deum en el Monte del Gozo

Después de viajar cientos e incluso miles de kilómetros, con todo tipo de incomodidades y peligros y a menudo con graves heridas en los pies, al ver las torres de la basílica catedral de Compostela —«faro del Universo», como la llamó el papa Juan XXIII—, solía darse una explosión de júbilo. Desde la cima del monte (380 m s. n. m.) veían por fin la ciudad entre los dos ríos, el Sar y el Sarela. No es de extrañar que con la vista de la catedral los ojos de los peregrinos se llenasen de lágrimas de felicidad. Gritaban: «¡*Ma joie*!» («¡Mi alegría!»), lo que ha dado el nombre al monte del Gozo o *Monxoi*, en gallego. Quedaban ya solo seis kilómetros para arrodillarse ante la urna con las reliquias del Apóstol.

Los peregrinos bajaban del caballo o se quitaban las botas, se arrodillaban y llenos de agradecimiento entonaban un *Te Deum*. El sacerdote italiano Domenico Laffi, que peregrinó en el siglo xvii, escribió en su diario: «Cuando de repente vimos la tan ansiada ciudad, nos arrodillamos y comenzamos a cantar un *Te Deum*, pero después de dos o tres versos… no pudimos sacar una palabra más debido a las lágrimas».

Algunos peregrinos traían la piedra desde su casa hasta este umbral de Compostela y aquí la depositaban en el Monte del Gozo, al lado de la capilla de San Marcos. Así se iba formando el último *milladoiro* del Camino de Santiago. Esta costumbre casi ha desaparecido, y las pocas piedras que se traen se retiran periódicamente, al igual que se hace en el monte Irago.

El peregrino de hoy ya no verá la silueta de la catedral desde la cima del Monte del Gozo. Lo impiden los numerosos edificios de la Compostela moderna. En la cumbre hay un monumento coronado con las letras estilizadas alfa y omega, en recuerdo de las dos visitas del papa san Juan Pablo II.

Desde el Monte del Gozo a la catedral

Al descender desde el Monte del Gozo hacia la catedral, el peregrino tradicional se detenía ante la capilla de San Lorenzo, a la entrada a Compostela. Según la leyenda —narrada más adelante—, aquí yacía el peregrino de Lorena, que murió abandonado por sus compañeros en el puerto pirenaico de Cisa. El Apóstol mismo lo trasladó en su caballo en una sola noche a este lugar.

La entrada a la ciudad se hacía por el barrio *dos* ('de los') *Concheiros*. Aquí había talleres de artesanos que reproducían las conchas jacobeas en plata, bronce, plomo o estaño. El camino conducía al peregrino a la plaza de la Azabachería, donde se encuentra la puerta norte de la catedral, llamada Puerta de la Azabachería o Puerta del Paraíso. En tiempos antiguos esta fue la entrada principal de los peregrinos que llegaban a Santiago. Aquí, bajo la Cruz de los *Farapos* ('trapos') dejaban la ropa usada durante el viaje. Entraban al templo por esta puerta porque el negro azabache es el símbolo de la lucha contra el Mal, y salían por la puerta sur a la Plaza de Platerías al ser la plata símbolo de la blancura y la purificación.

Oración ante las reliquias y el ritual del abrazo al Apóstol

No hay camino sin llegar a la meta, ni meta sin el encuentro. La llegada al sepulcro y la oración ante el relicario apostólico de plata en la cripta, bajo el altar mayor, representan la culminación del Camino. La tensión emocional que acompaña el momento requiere de su materialización y descarga a través del contacto.

En su diario de viaje, Erich Lassota, que llegó en 1581 desde Silesia (región del suroeste de Polonia y fronteriza entre las actuales Polonia y Repúbli-

Urna con las reliquias del Apóstol.

En el camarín de Santiago Mayor de la catedral compostelana.

ca Checa), cuenta que los peregrinos tenían por costumbre colocar durante unos momentos en su cabeza la corona que adornaba la figura del Apóstol. Otro peregrino, el obispo Józef Pelczar, quien viajó desde Polonia en 1890, relata que los peregrinos besaban y frotaban su espalda contra la estatua del Apóstol para transmitirle simbólicamente el peso de sus preocupaciones.

Actualmente, la emoción de bienvenida se expresa con un gesto de abrazo cordial a la imagen de Santiago. Este gesto expresa la profunda satisfacción de haber cumplido con el objetivo de la peregrinación y, citando las palabras de Cervantes, sentirse como «vencedor de sí mismo, la mayor victoria que se puede desear».

Este antiguo ritual ha sido suspendido solamente durante la pandemia por coronavirus COVID-19.

Misa de peregrinos

Actualmente, como antaño, la catedral se llena de peregrinos, mucho tiempo antes del comienzo de una misa especial. Las mochilas se apoyan contra las paredes y columnas de la catedral

El interior de la catedral de Compostela.

románica. Se siente una atmósfera de concentración y expectación. Si antes de la misa los peregrinos han informado de su presencia, el oficiante los enumera por país de origen y lugar de inicio de la peregrinación. En ocasiones, al final de la misa se hace funcionar el incensario más grande del mundo, el *botafumeiro*, para recordar la antigua tradición.

Paso por la Puerta Santa de la catedral de Compostela

La Puerta Santa está abierta solamente durante el Año Santo Jacobeo, y excepcionalmente en el Año de la Misericordia, que fue proclamado por el papa Francisco.

Está situada en el ábside de la catedral, detrás del altar mayor. El ritual de apertura tiene lugar en la medianoche del 31 de diciembre al 1 de enero del Año Santo. El arzobispo encabeza la procesión por el exterior de la catedral, en la que participan los miembros de la curia, representantes de las autoridades políticas y a veces incluso el rey de España. Para su apertura golpea la Puerta con un martillo de plata y pronuncia las palabras: «*Abridme las puertas de la salvación*» y el pueblo responde: «*Y entraré para dar gracias al Señor*». Tras repetirlo tres veces, introduce una gran llave en la cerradura de la Puerta Santa y la abre ceremonialmente. Repican las campanas, se alumbra la Berenguela-Torre del Reloj y suenan jubilosos los órganos y trompetas, mientras los diáconos purifican las jambas de la Puerta con ramos de olivo, impregnados de agua bendecida. Son los momentos cumbre de la inauguración del Año Santo Jacobeo. Según la tradición centenaria, antiguamente se derribaba una pared de piedra que sellaba la Puerta Santa.

Pasar a través de la Puerta Santa es uno de los rituales para recibir la indulgencia plenaria. De aquí se sale por la Puerta Real a la plaza de la Quintana. En la medianoche del último día del año, la puerta se cierra hasta el siguiente año santo, que tiene lugar cuando el día de Santiago, el 25 de julio, coincide con el domingo.

Antes de regresar

Como recuerdo y para tener suerte en el camino de vuelta, los peregrinos tenían por costumbre llevarse una astilla del bordón de madera que usó supuestamente el Apóstol en su viaje evangelizador por España. Para protegerlo, ahora está guardado en un estuche de cobre repujado, y colgado en la columna frente al altar mayor, del lado de la epístola.

Las fuertes emociones vividas provocan el deseo de volver a Compostela, y los peregrinos expresan este deseo pasando una mano sobre la columna central del Pórtico de la Gloria, que representa el árbol de Jesé. La práctica de esta costumbre a lo largo de los siglos ha causado profundos surcos en la piedra. Hubo también la usanza de arrodillarse al pie de esta columna, introducir los brazos hasta los codos dentro de las «mangas» huecas de piedra y golpear humildemente la piedra con la frente.

Santo dos Croques

Al pie del Pórtico de la Gloria, mirando en dirección hacia el altar mayor, se puede apreciar una sencilla escultura arrodillada de su creador, el maestro Mateo. El genio del artista fue la razón de que los estudiantes «peregrinaran» hasta él en tiempo de exámenes, en la creencia de que unos golpes con la frente en la pétrea cabeza del maestro Mateo les proporcionarían algo de su sabiduría y capacidad de aprender. La costumbre ha dado nombre a la figura, que en gallego se llama *Santo dos Croques*. Actualmente, está protegida con una valla y los estudiantes, contrariados, tienen que adquirir los conocimientos de una forma más convencional.

Los rituales en Finisterre

Muchos peregrinos deciden continuar su camino hasta el confín atlántico de Europa, considerado en la Edad Media como el «fin de la tierra» (Finisterre), que completa la ruta ancestral de peregrinación. El cristianismo le infundió un sentido de renovación espiritual a través de rituales simbólicos relacionados con el agua y el fuego, mediante los cuales el peregrino reforzaría su convicción de pasar de un «antes» a un «después», experiencia que perduraría en el recuerdo y «obligaría» en lo sucesivo.

Baño en la playa de Langosteira

Entre las localidades de Corcubión y Fisterra, el sendero recorre la larga playa de Langosteira. Aunque se puede elegir un camino sobre las dunas, lo tradicional es caminar por la playa. Esta es la ocasión para cumplir con el ritual de purificación del cuerpo por el agua mediante el baño en el océano, preparatorio para la purificación espiritual.

Quema de la ropa

Quemar la ropa usada, el calzado o al menos los calcetines en la cima del cabo Finisterre se considera un ritual de purificación espiritual por el fuego, un símbolo de despedida del modo de vida anterior ante la majestuosidad del océano como testigo y del propósito de comenzar un nuevo camino en la vida.

Con el fin de mantener el orden y la estética de la zona, hay algunos lugares especiales destinados al ritual de la quema de ropa.

Contemplación de la puesta de sol

La contemplación del atardecer es uno de los rituales ancestrales: en tiempos precristianos era la principal finalidad del viaje del caminante. Simboliza la muerte y la resurrección y, según la interpretación cristiana, el tránsito del estado de muerte espiritual causada por el pecado a la nueva vida.

SEGUNDA PARTE

LEYENDAS DEL CAMINO

La leyenda como patrimonio de la humanidad

Las leyendas son narraciones que tienen como fuente la tradición popular y religiosa, así como personajes históricos y acontecimientos propios de la época. Nos hablan sobre personas, lugares, eventos a los que se da un sentido milagroso, extraordinario o sobrenatural, aumentado por la fantasía. Algunos argumentos se repiten en versiones independientes, e incluso en lugares distantes entre sí.

Las narraciones sobre Carlomagno, Roncesvalles, el «tributo de las cien doncellas» o el Cid Campeador se transmitían de generación en generación. Las escribían reyes, obispos, y monjes, entre otros peregrinos, y las contaban poetas del Camino, mendigos ciegos, juglares ambulantes, bardos en las ventas y trovadores en las cortes de los nobles. Dos mil años de cristianismo han inspirado muchas leyendas sobre motivos religiosos, en especial sobre las intervenciones de la Madre de Cristo y los santos patronos. Son expresión de la interpretación popular del hecho religioso.

Las leyendas relacionadas con el Camino evocan con su dramatismo e imágenes valores como la fe, la resistencia a las tentaciones, la gratitud, la hospitalidad y el socorro al prójimo. Albergan un mensaje educativo útil para la búsqueda vital y la comprensión de las verdades místicas, como se cuenta en la leyenda del abad de Leyre, y suelen aludir a fuerzas de naturaleza, demonios, brujas y animales, especialmente pájaros, como enviados del Cielo.

A veces las leyendas rescatan algunos hechos históricos del olvido y pretenden prevenir la repetición de ciertos acontecimientos pasados. Son, por así decir, la memoria del pueblo, permitiendo descubrir lo poco que han cambiado los caracteres humanos y cuántas situaciones de aquellos tiempos se repiten en el mundo actual.

Algunas leyendas fueron creadas para despertar el espíritu de «guerra santa» y fortalecer el «muro de la cristiandad». Otras explican el origen de algún pueblo, o santuario, o bien dan a esos lugares un significado especial, instando al peregrino a visitarlos para celebrar allí algún ritual tradicional u orar ante una reliquia guardada durante siglos. Las leyendas del Camino crean así una «leyenda dorada», en la que se mezclan ortodoxia con herejía, alegría con crueldad, lo posible con lo imposible, la religiosidad con el folclore, para expresar el espíritu universal de la humanidad, común a todas las naciones.

I

Leyendas y curiosidades del Camino Francés

En el Camino Aragonés

El Camino Aragonés comienza en los Pirineos. Aquí, alrededor del 40 d. C., terminó la vida de Herodes Antipas, tetrarca de Galilea, que esperaba del Cristo arrestado que le divirtiera con algún milagro. El destino quiso que, debido a las ofensas, resultado de su soberbia y envidia, Herodes Antipas fuera expulsado de Galilea por el emperador Calígula, sucesor de Tiberio, primero a Lyon y finalmente a los Pirineos.

***

El esfuerzo del Camino Jacobeo por el puerto de Somport (1632 m s. n. m.) se ve recompensado con hermosas vistas de las montañas y con los monumentos de estilo románico pirenaico. Entre los más interesantes están la catedral de Jaca, el monasterio de Leyre, las iglesias de Sangüesa y Eunate y el hermoso monasterio de San Juan de la Peña.

La catedral de Jaca fue construida en el siglo XI para dar albergue a una reliquia importante: el Santo Grial, que según tradición oral San Lorenzo habría enviado a su patria. La visita a esta reliquia fue el motivo que marcó la ruta por *Summus Portus*, actual Somport. Si bien había sido siempre considerado

Iglesia de Eunate.

muy difícil, fue este el primer paso histórico del Camino Jacobeo a través del Pirineo. Con el tiempo, la «reliquia del Grial» fue trasladada al monasterio de San Juan de la Peña, algo alejado del Camino, y luego a otros templos.

Leyenda de los peregrinos perdidos y el hospital de Santa Cristina

Dos nobles caballeros franceses salieron en pleno invierno a realizar el Camino Jacobeo. En esta época del año, los peregrinos temían las duras condiciones climáticas y los peligros del paso por los Pirineos. Sin embargo, para ambos caballeros esto constituía un reto adicional y una prueba de su fe, que querían ofrecer al Apóstol antes de contraer matrimonio. Con dificultad llegaron al Summus Portus, pero la ventisca y los pasos que se hundían en la nieve retrasaron la marcha y les dejaron sin fuerzas. Se acercaba la noche y empezaban a oírse los aullidos de los lobos; alrededor había solo nieve y rocas. No se podía esperar ayuda ni refugio, por lo que, asustados ante la situación, comenzaron a rezar. De repente, ¡vieron una luz! En un último esfuerzo, lograron llegar a una cabaña iluminada. Dentro había fuego en la chimenea y comida en la mesa, pero... no se veía a nadie. Llenos de gratitud, consideraron un milagro que el Apóstol les hubiese salvado la vida.

En agradecimiento a Santiago y a Santa Cristina, por cuya intercesión también habían suplicado, prometieron fundar en este lugar un albergue. Súbitamente, se les apareció un pajarito con una pequeña cruz de oro en el pico, y con ella marcó el contorno del futuro edificio. Así empezó el primer hospital en el Camino Aragonés (hoy quedan solo sus ruinas), dedicado a Santa Cristina, una de las patronas de los albergues del Camino desde el comienzo de su historia. El 24 de julio, víspera del día de Santiago el Mayor, se celebra su fiesta.

Según la leyenda, Santa Cristina de Tiro (en Fenicia, actual Líbano) está relacionada con el gremio de la construcción. Se cuenta que con sus oraciones logró mover las columnas del templo hasta ocupar el sitio previsto por su arquitecto. Fue martirizada alrededor del año 303 y murió en halo de santidad.

Jaca: los locos de Santa Orosia

Al trasladar la «reliquia del Santo Grial» de Jaca al monasterio de San Juan de la Peña, adquirió importancia la reliquia de Santa Orosia, relacionada con una curiosa costumbre local, aunque algo cruel.

La princesa bohemia Orosia (o Eurosia, 864-880) viajaba con su corte a Toledo para contraer matrimonio con un príncipe visigodo. Cerca de la localidad de Yebra de Basa, la comitiva nupcial fue sorprendida y atacada por un destacamento musulmán. Su comandante, Aben Lupo, quedó prendado de la belleza de la princesa. Sin embargo, Orosia quiso permanecer fiel a su prometido, y además no aceptaba convertirse a la religión musulmana, una de las exigencias de Aben Lupo. Pero el musulmán no consideró ni respetó sus negativas. Loco por el rechazo y desplante, recurrió a la violencia, creyendo que con amenazas iba a atemorizar a la princesa y así llegaría a conseguir su aceptación. Ordenó primero degollar a su hermano y luego a su tío, que iban en la comitiva, actitud que no sirvió para convencer a la doncella. Finalmente ella misma y todos los viajeros siguieron la misma suerte y sus cuerpos fueron arrojados a una cueva.

Pasaron unos trescientos años, pero las gentes del lugar no olvidaron el sangriento suceso. Sin embargo, nadie había logrado encontrar las reliquias, para poder darles cristiana sepultura. Por fin, un pastorcillo vio una extraña luz que salía por la noche de una cueva. Se acercó curioso, y pudo contemplar con estupor el resultado de la masacre. El cuerpo de la princesa permanecía incorrupto, de manera que sus restos fueron depositados en una capilla de la catedral de Jaca, dedicada desde entonces a Santa Orosia, situada a la entrada de la catedral, mientras que su cabeza se encuentra en la capilla de la santa en Yebra de Basa.

Actualmente el culto de Santa Orosia ha decaído, pero hace unos cien años era patrona también de los exorcismos. En el día de su fiesta, las familias traían aquí a sus familiares enfermos rogando por su curación. A los «poseídos» los llevaban en procesión a la catedral, les ataban cintas de colores en los dedos y los dejaban solos durante toda la noche en la capilla de Santa Orosia. Después de esta terapia colectiva de choque, salían a la mañana siguiente arañados, contusionados y medio muertos. Si las cintas se habían desprendido de los dedos, se consideraba que Satanás había salido del cuerpo del pobre desgraciado.

El día de esta fiesta lo amenizan con castañuelas los «bailadores de Santa Orosia», al ritmo del *chicotén*, un original instrumento regional.

Otra costumbre local, un tanto escalofriante, tiene lugar cerca de Eunate, en la localidad de Obanos, y está relacionada con la leyenda de dos hermanos: Guillén y Felicia.

Obanos: vino del cráneo de San Guillén

Los príncipes Felicia y Guillén (o Guillermo, Guillaume, en francés) eran hermanos e hijos del duque de Aquitania (sur de Francia). Los dos muy devotos, decidieron peregrinar al sepulcro de Santiago, sin séquito, ni sirvientes, ni carros. En el camino de regreso, la princesa sintió vocación para dedicarse a la oración, abandonar la vida cortesana, quedarse en el Camino y de forma anónima, prestar ayuda a los peregrinos y a los pobres.

Preocupado, Guillén regresó con sus padres y les comunicó la decisión de su hermana. Los duques desaprobaron la conducta de sus hijos y ordenaron a Guillén que regresase para traer de vuelta a su hermana. Partió de nuevo, pero no encontró a la princesa en el lugar donde se habían despedido. Solo consiguió saber que no muy lejos de allí vivía una joven pobre y piadosa, que servía a los necesitados. Ya entonces la consideraban una santa.

Cuando los hermanos se encontraron, Felicia se negó firmemente a regresar al castillo de los padres.

Este es mi destino, hermano —dijo—. Dios me ha llamado y por nada voy a renunciar a mi vocación. Permaneceré aquí mientras tenga fuerzas.

Guillén se enfadó ante esas palabras y sin pensarlo, sacó la daga de su cinto y la clavó en el pecho de su hermana. Recuperó la razón cuando la vio caer muerta. Horrorizado por su acción, huyó y en hábito de penitente peregrinó a Santiago una vez más.

Los lugareños enterraron a la valerosa mujer al lado de una ermita cercana, en Arnótegui, y cuando un día floreció en su tumba un clavel blanco, todos lo consideraron como señal de su inocencia y santidad.

Pasó el tiempo, y al lado de la tumba empezó verse a un ermitaño que no solo cuidaba del lugar, sino que llevaba una vida muy severa de penitencia. La gente le respetaba, y todos llegaron a considerar su presencia tan beneficiosa como la de la propia tumba, a la cual acudían en peregrinación, pues se proclamó a Felicia patrona de aquel valle.

> Cuando el ermitaño, ya anciano, enfermó y estaba a punto de morir, confesó su identidad y el crimen que había cometido. En estas circunstancias, los lugareños quisieron dar una nueva sepultura a Felicia. Su cuerpo se encontró incorrupto, por lo que lo depositaron en un ataúd de roble sobre un carro de bueyes. Como era costumbre, allí donde se detuvieran los bueyes se consideraría el lugar propicio para darle nueva sepultura: según antiguas creencias precristianas, se pensaba que el animal tiene la misión de llevar a la persona a su destino. Y es así como el cuerpo de Santa Felicia encontró el suyo en la localidad de Labiano, mientras que San Guillén permaneció en la ermita de Arnótegui.

La historia de los hermanos, basada en la tradición oral, se representa en Obanos en un misterio teatralizado como auto sacramental[19] al aire libre. Participan en él los habitantes de la localidad y actores profesionales. El misterio se representa, en años pares, cada día de la semana del día de Santiago (25 de julio).

En el día de San Guillén (27 de marzo), se marcha en peregrinación a la ermita de Arnótegui, sede de la reliquia del cráneo del santo, cubierto de plata. En él hay dos aberturas: una en la parte superior y otra en la inferior. Hasta finales del siglo xx, se vertió por ellos el vino que se repartía luego entre los fieles, en la creencia de que el cráneo del santo poseía poderes especiales, y que el vino filtrado a través de él podía curar muchas enfermedades.

Actualmente, con el cráneo solamente se bendicen el vino y el agua, evitando el contacto directo con la reliquia, ritual seguido de un ágape y bailes.

Leyre: leyenda del abad Virila, que «visitó» la eternidad

El monasterio de Leyre se remonta, según algunas fuentes, al siglo vii. Reformado en el siglo ix, constituye una buena representación de la arquitectura románica temprana. Su leyenda, una de las más hermosas del Camino, invita a visitarlo. ¡Merece la pena!

> A Virila, abad del monasterio de Leyre, le fascinaba el misterio de la eternidad. Se preguntaba: ¿cómo es posible vivir en eterna felicidad

[19] Representación teatral sobre temática religiosa.

y no llegar a aburrirse de ella, no dejar de ser feliz? En sus oraciones pedía a Dios que le concediese la gracia de encontrar la clave para resolver el dilema.

Un día de primavera, caminando por las inmediaciones del monasterio, llegó a un manantial del bosque. Se sentó para descansar y meditar en soledad y silencio sobre el asunto que tanto lo preocupaba. Oyó entonces el bello canto de un ruiseñor, que hizo que todo se llenase de luz. Virila se sintió en una realidad desconocida, y en ese éxtasis se olvidó del mundo que le rodeaba.

Cuando volvió en sí, ya era tarde, a pesar de que le parecía que apenas habían transcurrido unos minutos. Se apresuró para llegar a las oraciones de vísperas. Sin embargo, le era difícil encontrar el camino de regreso: los árboles eran mucho más altos, habían crecido nuevos arbustos y había desaparecido el camino por el cual pasaba a diario. Por fin encontró el monasterio, pero también este parecía que había cambiado: ahora era mucho más grande.

Apenado por su retraso, Virila llamó a la puerta, y entonces sucedió algo extraño: ¡el monje portero se negó a dejarle entrar! ¡Aseguraba que no le conocía! Incluso se permitió dudar si no estaría disfrazado y tendría malas intenciones. Parecía inútil explicar que él era el abad del monasterio. El propio Virila notó algo que no podía admitir: él tampoco reconocía al monje portero.

¡Cómo, hermano!, ¿no me reconoces? —exclamó, manifestando su sorpresa ante la situación—. Soy yo, Virila, abad del monasterio. ¡Habrás perdido la memoria!

A lo que escuchó una respuesta desconcertante:

Nuestro abad no se llama Virila. Dicen que hubo uno con este nombre, pero se perdió y nadie más lo volvió a ver. Eso fue… hace mucho tiempo.

Tanto insistió Virila, que por fin le dejaron entrar. Poco a poco, volvió a la vida monacal, pero le asombraba no reconocer a ningún monje, y ellos tampoco le conocían a él. Un día, leyendo las crónicas del monasterio, encontró con asombro que de hecho hubo un abad en el monasterio con su nombre, pero hacía… trescientos años. Entonces entendió el mensaje que Dios le había ofrecido sobre la eterna felicidad, en la que el tiempo no existe. Él mismo, escuchando al ruiseñor, se había sentido feliz y como fuera del tiempo. Sonrió al comprenderlo, y en ese momento entró por la ventana un ruiseñor con el anillo de abad en el pico. Así, Virila volvió a ser de nuevo el abad del monasterio de Leyre.

En documentos del año 928 se menciona que uno de los abades del monasterio de Leyre tenía por nombre Virila (870-950). Durante el reinado del rey navarro Sancho Garcés III el Mayor (1004-1035), ya se rendía culto a San Virila, y los cistercienses lo incluyeron en la lista oficial de santos. Las reliquias de San Virila permanecen en el monasterio hasta nuestros días, y una de las fuentes cercanas lleva su nombre.

Muchos siglos después, en su obra *Libro de la vida* (capítulo XIX), Santa Teresa de Ávila señalaría que durante la oración o meditación tenía la impresión de encontrarse fuera del tiempo: «No sabía si la gloria en que me encontraba era un sueño o la realidad, ni cuánto tiempo había pasado».

En Navarra

En muchas leyendas, los animales guían a los humanos hacia figuras escondidas de la Virgen, como ocurre en los relatos sobre la Virgen de Roncesvalles o de Nájera. En el siglo X, como aún sucede, los pastores cuidaban sus rebaños de ovejas en los alrededores de Roncesvalles, y a menudo dormían en cuevas junto a ellas.

Leyenda de la Virgen de Roncesvalles

A dos jóvenes pastores les ocurrió un extraño suceso. Una noche vieron un ciervo con luces en la cornamenta que se detuvo a la entrada de la cueva en la que dormían. Los pastores, aterrorizados, no sabían qué podía significar aquello. El ciervo siguió acudiendo y deteniéndose todas las noches ante la cueva, hasta que, por fin, la curiosidad venció al miedo. Cuando los muchachos salieron, el animal empezó a caminar lentamente, como queriendo guiarles, ya que de vez en cuando miraba hacia atrás para ver si le seguían. Al llegar a cierto lugar, empezó a escarbar la tierra con la pezuña, a la vez que comprobaba si le veían. Entendieron que debían ayudarle y así lo hicieron hasta que, a escasa profundidad, dieron con una figura de la Virgen protegida por un arco de piedra.

Escudo de Roncesvalles.

Según la interpretación de esta leyenda, la piedra podría haber sido parte de un dolmen[20]. El ciervo era una animal objeto de culto por los celtas y estaba relacionado con el culto del Árbol de la Vida y el culto a la Tierra. Se creía también que el ciervo es capaz de encontrar hierbas medicinales. De hecho, las imágenes del árbol y del ciervo forman parte del escudo de Roncesvalles.

En el lugar donde se encontró la imagen, se construyó en el siglo xiii una colegiata gótica en la que se venera a la Virgen de Roncesvalles, imagen que data del siglo xiv. Dentro de la colegiata se halla el sepulcro de su mecenas, el rey Sancho VII el Fuerte, vencedor de la batalla de las Navas de Tolosa en 1212. Parte del botín de la batalla fue una gran esmeralda del turbante del rey moro, cuya imagen luce en el escudo de Navarra.

En el mismo periodo, se construyó la iglesia de Santiago el Mayor, llamada iglesia de los Peregrinos (siglo xiii). A su lado se encuentra la capilla de *Sancti Spiritus*, construida cien años antes, la más antigua de Roncesvalles. Aquí se depositaban los huesos de peregrinos fallecidos a causa del frío, las nevadas, los ataques de lobos y osos, etc. Su número era tan grande, que el obispo de Pamplona, con la colaboración del rey de Aragón y Pamplona, Alfonso I el Batallador, fundó aquí un *hospital,* que funcionaba bajo la custodia de los monjes agustinos. Era un albergue modélico, «cinco estrellas», podría decirse. En primer lugar, al peregrino se le lavaban los pies y la cabeza, se le peinaba, afeitaba y revisaba el calzado para su eventual reparación. Luego se ofrecía un almuerzo con pan, verduras, legumbres e incluso frutas traídas de lugares lejanos. En los dormitorios, con luz por la noche, los peregrinos podían descansar en cómodas camas, separados hombres y mujeres. Por la mañana el monje portero repartía pan para el camino y los peregrinos desaparecían en la niebla, típica de aquellos lugares.

El albergue actual fue construido entre los siglos xviii y xix, y aunque han cambiado las costumbres, aún se conserva la capilla de San Agustín, del siglo xiv.

---

[20] Un dolmen es una construcción megalítica de carácter funerario del período neolítico, aproximadamente 4500-1500 años a. C.

En memoria de Carlomagno

El Camino de Navarra comienza en Roncesvalles (949 m s. n. m.), y es una prolongación de la ruta desde Saint-Jean-Pied-de-Port (Francia). Este camino se relaciona con la memoria de Carlomagno y así se indica en el *Codex Calixtinus,* del francés Aymeric Picaud.

A partir de Valcarlos, los peregrinos procedentes de Francia vivían con fervor patriótico las primeras etapas de la peregrinación en España. Se narraban todos los acontecimientos ocurridos por estos lugares a finales del siglo VIII. Aymeric Picaud, quien peregrinó a Santiago trescientos años después de las expediciones de Carlomagno, recomendaba vigilancia, precaución y desconfianza, y advertía sobre las aguas envenenadas de ríos y manantiales, así como de los ataques de los «malos» navarros. En el *Codex Calixtinus* se narra también la leyenda de Carlomagno.

Carlomagno como personaje histórico

Carlomagno (742-814), rey de los francos, con su capital en Aquisgrán (actual *Aachen*, Alemania), gobernó durante cuarenta y seis años. Entre sus méritos se cuenta el fortalecimiento del cristianismo en Europa. Convocó dos concilios: en 792 en Ratisbona (*Regensburg*, Alemania) y en 794 en Fráncfort del Meno (*Frankfurt am Main*, Alemania), con el propósito de limpiar la religión de herejías, en especial del adopcionismo.

Carlomagno, precursor de la unificación, y coronado por León III como emperador del Sacro Imperio.

Se le considera el «padre de Europa», ya que fue precursor de la unificación, en términos políticos, religiosos e incluso monetarios, de casi todos los países europeos que quedaron tras la caída del Imperio romano de Occidente en 476. El papa León III se puso bajo su protección y coronó a Carlomagno como emperador del Sacro Imperio Romano. La ceremonia tuvo lugar en la basílica de San Pedro en Roma, el día de Navidad, *anno Domini* 800.

Carlomagno fue también el promotor de la *Via Regia*, ahora conocida como *Via*

Carlomagno, gran ruta de comunicación que atraviesa toda Europa. Apoyó el Camino de Santiago y la construcción de la basílica catedral en Compostela.

Leyenda sobre las victorias de Carlomagno y Roldán o historia con mensaje

Las tierras donde se encontraba la tumba de Santiago el Mayor estaban ocupadas por los sarracenos. La *Historia Turpini*, que se narra en el libro IV del *Códice Calixtino*, cuenta cómo el apóstol Santiago se apareció en sueños al joven rey de los francos, y en nombre de Dios le comprometió a liberar aquellas tierras y su sepulcro del dominio de los seguidores del Islam. El camino se lo mostraría la Vía Láctea, que le llevaría desde el mar de Frisia, a través de Gascuña, Navarra y el resto del territorio hispano hasta Galicia. Así dijo el Apóstol:

Irás a Galicia a la cabeza de tu ejército, y todas las naciones te seguirán hasta el final de los tiempos. Ve y te ayudaré. A cambio, recibirás de Dios la gloria del Cielo, y tu nombre permanecerá en la memoria hasta el fin del mundo.

Para cumplir este mandato, Carlomagno, con los doce pares de Francia y con todo su ejército, emprendió el camino en pos de la Vía Láctea. Llegó a Pamplona y, después de tres meses de asedio, la muralla de la ciudad se derrumbó milagrosamente. Finalmente, llegó a tierras gallegas y liberó la tumba del Apóstol. Ofreció a la Iglesia el botín de oro conquistado a los infieles y proclamó Santiago de Compostela como segunda sede apostólica, después de Roma.

Pero los musulmanes no se rindieron y en varias ocasiones lograron reconquistar los territorios perdidos. Durante una de las incursiones, en los campos de Acella, cerca de Pamplona, se presentaron las huestes árabes ante el ejército carolingio. Las fuerzas de ambos contingentes estaban equilibradas, así que el comandante de los sarracenos, Aigoland, envió emisarios al emperador con la propuesta de resolver la situación de forma caballeresca: que se enfrentasen en la lucha veinte elegidos de cada lado, luego cuarenta, cien y finalmente mil guerreros. En todos los enfrentamientos vencieron los francos. En la batalla murieron cien mil musulmanes, y durante varios meses la tierra estuvo empapada en sangre.

Una situación similar ocurrió en el cerro llamado Poyo de Roldán[21], cerca de Nájera (La Rioja). Allí, del lado árabe luchó un descendiente de la estirpe de Goliat, el gigante Ferragut, que vencía con facilidad a todos sus rivales.

Cuando entró en la pelea el caballero Roldán, conde de Bretaña y par de Francia, el enfrentamiento duró tres días. Es de suponer que ambos comían y bebían en los ratos libres y posiblemente también conversaban en algún idioma común, porque en algún momento Ferragut por descuido se jactó que solo tenía un punto débil: el ombligo. Al día siguiente Roldán, con una lanzada en el ombligo, venció al gigante. Gracias a esta victoria quedaron libres centenares de cautivos cristianos y la ciudad de Nájera fue liberada.

Todas las victorias se atribuyeron a la intercesión del Apóstol, y la memoria de los enfrentamientos duró siglos: las cantaban los juglares y los escultores los representaron en los capiteles de las columnas de muchas iglesias y palacios, como por ejemplo en las ventanas del Palacio de los Reyes de Navarra, en Estella, y en los capiteles de la iglesia en San Juan de Ortega, en Montes de Oca.

La moraleja de esta leyenda es que no se deben desvelar los propios puntos débiles, ni siquiera a los caballeros.

Historia del *Cantar de Roldán (Chanson de Roland)*

Carlomagno luchó activamente contra el invasor árabe, protegiendo así su país del peligro musulmán. Sin embargo, una de sus campañas militares terminó en una derrota histórica.

Ocurrió que el rey de los francos fue llamado para apoyar militarmente a Zaragoza, pero cuando llegó allí, la ciudad estaba ya en manos de los árabes, y encontró las puertas de la muralla cerradas. Montó en cólera y volvió hasta Pamplona, donde vengó la humillación saqueando y destruyendo la inocente ciudad.

Más tarde, prosiguió hacia Zaragoza y ordenó sitiarla. El rey árabe Marsilio, que la gobernaba, envió emisarios con una propuesta de paz. Para tratar la propuesta por parte de los francos fue elegido Ganelón, padrastro del sobrino predilecto del rey, Roldán.

---

21 Poyo: podio, elevación; Roldán (esp.): *Roland* (fra.).

Ganelón, sin embargo, odiaba a su hijastro por su comportamiento atrevido, altivo y propenso a jactarse de sus victorias. Decidió aprovechar la ocasión para darle un escarmiento. Convenció a Carlomagno de las buenas intenciones del enemigo y le garantizó, en nombre de los musulmanes, que sus tropas podrían regresar tranquilamente a Francia. Aconsejó también que la retaguardia de las tropas estuviese al mando de Roldán. En este destacamento se encontrarían también los doce pares de Francia y el arzobispo de Reims, Turpín.

El rey cruzó el desfiladero de Roncesvalles y paró en Valcarlos para esperar al resto de sus tropas. Pero cuando Roldán entró con su destacamento en el desfiladero entre el collado de Ibañeta y la hondonada de Valcarlos, cayeron sobre ellos piedras y bloques de roca. Las tropas se dispersaron y, en el caos general, fueron atacadas por vascones y árabes al mando de Bernardo del Carpio. Esta fue la venganza por el saqueo de Pamplona, ocurrida el día 15 de agosto de 778.

Ante este ataque por sorpresa, Roldán debía de hacer sonar su cuerno, llamado Olifante, regalo del rey, para pedir ayuda, pero su orgullo de caballero no le permitió usarlo. Al creer que por sí mismo sería capaz de vencer al enemigo, hizo sonar el Olifante demasiado tarde. Antes de que llegasen refuerzos, el destacamento ya había sido derrotado. Al presentir la muerte, Roldán intentó destruir su famosa espada Durandal golpeándola contra una roca. No quería que cayese en manos de los infieles, ya que su empuñadura contenía una reliquia de San Pedro. Con el último esfuerzo de su vida, quería protegerla de la profanación.

El rey volvió con sus tropas, venció al enemigo e interrogó a Ganelón. Como este negó la traición, se celebró en Aquisgrán un «juicio de Dios» en forma de torneo de caballeros. La suerte no le acompañó, y en castigo Ganelón fue descuartizado por unos caballos.

Se creía que el Olifante era el mítico cuerno del unicornio, que poseía una curiosa propiedad: su sonido reflejaba el estado de espíritu del que lo hacía sonar. En realidad, el cuerno estaba hecho de marfil. Los ecos de Olifante resuenan en *Don Quijote de la Mancha*.

La visita a todos los lugares relacionados con los acontecimientos descritos formaba parte de la tradición peregrina medieval.

Se cuenta que Carlomagno lloró la muerte de Roldán, de sus pares y del arzobispo Turpín, al contemplar desde el puerto de Cisa la magnitud de su derrota en Roncesvalles. Sus lágrimas cayeron sobre una roca, que quedó ya húmeda para siempre. Allí se le apareció un ángel y le aconsejó formar un ejército con mujeres. Desde Francia a Valcarlos llegaron miles de voluntarias, y vestidas con las armaduras de los soldados muertos, atacaron con furia a las fuerzas árabes. Los sarracenos, al ver a las bravas guerreras de pelo largo, se apresuraron a huir.

Después de esta victoria sin derramar ni una gota de sangre, las valerosas mujeres clavaron sus lanzas para descansar. Cuando se durmieron, todos presenciaron un milagro. ¡Las lanzas se convirtieron en árboles! Este es el origen del Bosque de las Lanzas.

La *Chanson de Roland*, poema épico francés del siglo XI, canta la batalla de Roncesvalles. Comienza con las palabras que pronuncia nostálgicamente el protagonista al verse ya cerca de su patria: «Oh, dulce Francia...».

En Roncesvalles hay un pequeño monumento que rememora el acontecimiento históricolegendario y la muerte del joven caballero Roldán, en el umbral de su tierra. Se cree que los restos de los combatientes francos caídos en el año 778 fueron sepultados en el lugar donde se encuentra la capilla de *Sancti Spiritus*, conocida también como Silo de Carlomagno. En el museo de la localidad puede verse el relicario de plata esmaltada llamado «tablero de ajedrez de Carlomagno».

Historia de Bernardo del Carpio

¿Quién era Bernardo del Carpio, el comandante que se atrevió a atacar e infligir una memorable derrota al invencible ejército del rey franco? Era un asturiano, y esta es su historia.

El rey de Asturias Alfonso II el Casto tenía una bella hermana, Jimena. El destino de las mujeres de las familias reales de entonces era casarse para formar alianzas políticas. Al parecer, el propio Alfonso II se había casado con una hija del emperador Carlomagno, Bertinalda. Conocía por lo tanto el valor de un matrimonio políticamente apropiado, y sus planes para su hermana estaban en línea con la época. Desafortunadamente, los acontecimientos se desarrollaron como en un drama de Shakespeare.

Sancho Díaz, conde de Saldaña, se enamoró de la infanta real. No tenían permiso para casarse, cuando nació el fruto de ese amor, un niño llamado Bernardo. El rey, enojado, encerró al padre ilegítimo en un castillo en la cordillera árida y fría de los Barrios de Luna (León), y envió a su hermana Jimena a un monasterio.

El niño creció en la corte real y era el predilecto de un rey sin hijos; algunos lo veían incluso como el futuro heredero al trono. Sin embargo, hubo quienes informaron al adolescente Bernardo sobre su origen y el destino de sus padres. El joven se rebeló contra el rey, y cuando resultó demasiado molesto, su tío lo envió a un puesto militar lejano, en la frontera entre cristianos y musulmanes. El valiente y noble caballero rápidamente logró autoridad entre sus subordinados y los propios sarracenos. A menudo luchó como forajido del lado de las fuerzas árabes, lo que sucedió cuando las fuerzas vasconas y árabes atacaron la retaguardia de Carlomagno en Roncesvalles.

El antagonismo de Bernardo con su tío, Alfonso II, continuó con los reyes Ramiro I y Ordoño I, que decidieron mantener el cautiverio ordenado por su predecesor. En el año 866 accedió al trono con solo catorce años Alfonso III, llamado luego El Magno. Bernardo se convirtió en defensor del joven monarca, a quien reiteró la petición de libertad para su padre. Al denegársele, se encerró en el castillo del Carpio, en tierras salmantinas, y tomó su nombre, con el que pasaría a la historia. Las noticias de las victorias y la fama de Bernardo llegaban a su padre encarcelado, que ya no esperaba que su hijo pudiese liberarlo y se sentía amargamente olvidado.

A Bernardo, el hecho de ser bastardo, le amargaba la fama y la gloria. Y cuando finalmente consiguió la autorización del rey para liberar al padre, ideó un plan para unir a sus progenitores en matrimonio. Encontró a su madre en un monasterio y la condujo a la prisión del padre. Sin embargo, cuando se presentaron en el castillo, Sancho Díaz de Saldaña llevaba muerto tres días. Pero Bernardo no se desanimó por ello: a pesar de todo, lo hizo vestir con su mejor túnica, atar al asiento y sentar al lado de su madre. De esta manera, se formalizó *post mortem* el matrimonio, salvando el honor familiar y el suyo propio. Bernardo del Carpio abandonó el reino, marchándose a Navarra y luego a Francia, desde donde sus restos fueron repatriados a Castilla. En las inmediaciones de Aguilar de Campoo, en la falda meridional de Peña Longa, está la cueva donde según la tradición reposa su cuerpo.

El personaje de Bernardo del Carpio es mencionado en el *Quijote* (primera parte, capítulo XLIX). Un hermoso sepulcro de uno de los descendientes de este legendario héroe se encuentra en la iglesia románica de San Martín, al lado de la Plaza Mayor en Salamanca, y en el casco antiguo de Oviedo hay una calle que lleva su nombre.

Puerto de Cisa/*col de Lepoeder*

Desde el puerto de Cisa, también conocido como *col de Lepoeder* (1450 m s. n. m.), se admiran las vistas de Roncesvalles que contempló Carlomagno tras la derrota de Roldán. Más de mil años después, por aquí se retiraría de España el ejército de Napoleón. Y por este paso atraviesa también el Camino de Santiago. Al respecto, Aymeric Picaud cuenta la historia de los peregrinos de Lorena.

Leyenda del fiel compañero y el milagro de Santiago

En el año 1080, treinta caballeros de Lorena prestaron juramento de peregrinar a la tumba del Apóstol y ayudarse mutuamente en el camino. Solo uno de ellos se negó a asumir el juramento, temiendo no poder cumplirlo.

Durante el camino, uno de los peregrinos enfermó gravemente a su paso por Gascuña y todos le ayudaron cuanto pudieron. Después de dos semanas de lento viaje, llegaron al puerto de Cisa. El peregrino, enfermo y exhausto, ya no podía dar un solo paso más y su condición empeoraba por momentos. En tales circunstancias, sus compañeros decidieron abandonar al enfermo y continuar el Camino. Solo uno de ellos, el que no se había comprometido al juramento, quiso quedarse con el moribundo. Cuando el desgraciado exhaló el último suspiro, su fiel compañero se encontró solo en la noche oscura. Aterrorizado por la situación, comenzó a rezar fervientemente a Santiago y a implorar su ayuda. Después de algún tiempo, escuchó un ruido de cascos de caballo y vio acercarse a un jinete. Cuando el corcel se detuvo, el jinete preguntó:

—¿Qué haces aquí, buen hombre?

—¡Oh! Soy un peregrino. Mi compañero acaba de morir y me gustaría enterrarlo. No sé cómo hacerlo en este desierto de rocas.

—Ponlo en mi caballo y sube tú también.

El magnífico corcel superó la distancia entre los Pirineos y Compostela en una sola noche y al amanecer se detuvo en el Monte del Gozo, desde el que ya se podía ver la sede del Apóstol. El jinete dijo:

—Deja a tu compañero aquí, ve a la basílica y cuenta lo que sucedió. Cuando lo entierren, te arrodillas ante mí y pasas la noche en oración. Luego comienzas el camino de regreso. Cuando te encuentres con aquellos que os abandonaron, diles que rompieron su juramento y dejaron a su compañero enfermo. No quiero sus oraciones, ni quiero verlos hasta que hayan hecho penitencia por este grave pecado.

El peregrino entendió entonces que quien le ayudó y le estaba hablando era el mismo Apóstol. Quería arrojarse a sus pies para darle las gracias, pero la imagen desapareció.

Vicente de Beauvais y Jacobo de la Vorágine también relataron esta leyenda para señalar que el deber más importante del peregrino es la asistencia mutua. Los peregrinos recordaban esta historia deteniéndose en la capilla de San Lorenzo, en el umbral de Compostela, donde según la leyenda el peregrino de Lorena encontró descanso eterno.

Pamplona/Iruña: la Leyenda áurea

Pamplona fue fundada por el general romano Cneo Pompeyo el Grande (106-48 a. C.), que le dio su nombre: *Pompælo*, del que deriva su toponimia actual. En la antigüedad había en este lugar un castro, llamado Iruña.

A través del puente de la Magdalena, los peregrinos cruzaban el río Arga. Visitaban la iglesia de uno de los patronos del Camino, San Cernín (San Saturnino), la ermita de la Virgen del Camino y la iglesia de Santiago (actualmente, iglesia de Santo Domingo), en la antigua rúa de los Peregrinos. Se cuenta que su construcción se debe al emperador Carlomagno, arrepentido tras el impropio saqueo de la ciudad. Con el tiempo, se desplazó el camino, y la iglesia cambió su advocación, después de su reconstrucción. Conserva el retablo del altar que ilustra uno de los milagros del Apóstol, descrito en el libro segundo del Códice Calixtino y citado en la *Leyenda áurea*. Esta obra es una colección de textos hagiográficos sobre unos ciento ochenta santos y mártires, escrita en el siglo XIII por el dominico beato Jacobo de la Vorágine, arzobispo de Génova. La siguiente leyenda ha contribuido aún más a la glorificación de los milagros realizados por intercesión de Santiago el Mayor.

Alrededor de 1100, cuando una epidemia de peste diezmó Poitiers, un matrimonio francés y sus hijos fueron en peregrinación a Santiago. Se detuvieron en una posada en Pamplona, pero desgraciadamente la estancia no fue feliz. La mujer cayó enferma de repente y murió. El posadero, aprovechando la confusión, robó al peregrino la bolsa con todo su dinero e incluso el burro en el que viajaban los niños.

El pobre y dolorido peregrino tomó a los niños sobre sus hombros y salió en dirección a Compostela. Al cabo de un tiempo, se encontraron con un viajero que montaba un burro en la misma dirección que ellos. El jinete se compadeció del padre cansado y para aliviarlo cedió el asno a sus hijos. Cuando la familia finalmente llegó a Santiago y oraba ante la tumba del Apóstol, alguien se detuvo a su lado y preguntó al padre:

En el Camino entre Los Arcos y Viana.

—¿Me reconoces?

Y cuando este lo negó, se oyó una voz:

—Soy el apóstol Santiago. Te conocí en el camino y te presté el burro para que pudieses llegar hasta aquí. Ahora te lo vuelvo a prestar para que puedas regresar a casa.

El Apóstol también predijo el castigo del posadero: «Se caerá desde el piso de su casa a la calle y morirá, y tú recuperarás todo lo que perdiste». Y se cumplió lo que anunciaba.

Viana

Al pasar por el pueblo de Viana, si el peregrino se detiene en la rúa Mayor para refrescarse y descansar, desde la acera podrá contemplar una placa de mármol blanco en el patio que conduce al portal renacentista de la Iglesia de Santa María, que indica que allí se encuentra la tumba de César Borgia.

César Borgia en Viana

César Borgia (1475-1507) era hijo del papa Alejandro VI Borgia y hermano de la famosa Lucrecia. Para asegurar su carrera, el padre le destinó al sacerdocio. A los diecisiete años César fue nombrado obispo de Pamplona; a los diecinueve, llega a ser arzobispo de Valencia; con menos de veinte años, elegido cardenal y capitán general del Vaticano y a los veintitrés recibió el título de príncipe de Francia. Desafortunadamente, César no sintió la llama-

Vista de Viana.

da del sacerdocio, le atrajo siempre más la carrera militar. Terminó su intensa vida de aventuras en una emboscada que le prepararon cerca de Viana en 1507.

La tumba de uno de los famosos Borgia, víctimas de la vida, las circunstancias históricas y las intrigas, fue trasladada a mediados del siglo XVI por orden del obispo de Calahorra desde el interior de la iglesia a su anterior emplazamiento, en el medio de la calle, como castigo, «para que en pago de sus culpas lo pisotearan los hombres y las bestias», como rezaba la antigua inscripción en la acera.

Aguas y puentes

Río Salado

En la actualidad, el Camino en la región de Navarra deja un buen recuerdo de hospitalidad, ayuda y simpatía al peregrino, si bien Aymeric Picaud en el siglo XII tuvo por allí aventuras menos agradables. Así, advertía que no se permitiera a los caballos beber agua del río que pasa por Lorca, no lejos de Cirauqui, donde se encontraba un hospital en la antigua ruta romana. Se suponía que el río era salado, lo que causaba distensión de vientre a los caballos. Por si eso no fuera suficiente, durante la parada los bandidos atracaron a Aymeric y le robaron. Todo ello fue inmortalizado en su guía sobre el Camino de Santiago, con gran pesadumbre de los habitantes de la región.

Además, Aymeric alerta sobre las aguas que fluyen por el pueblo de Los Arcos, entre Estella y Nájera, supuestamente letales para personas y caballos. Lo indica también en otros lugares. Quizás en estas opiniones influyeran las reminiscencias de la época de Carlomagno, transmitidas de generación en generación.

«El agua es la fuerza vital de la naturaleza», dijo Leonardo da Vinci. Independientemente de la estación de año, en España las aguas brotan en abundancia. Hay localidades cuyo nombre proviene de su fuente de agua fresca: Fonfría, Foncalada, Foncebadón, Fondevila, etc. Muchos manantiales tienen propiedades medicinales y también hay aguas termales, que el peregrino puede disfrutar en casi todas las rutas. Algunas fuentes son famosas por su leyenda.

Leyenda del Alto del Perdón y de la Fuente Reniega

El Alto del Perdón (790 m s. n. m.) se encuentra en el camino entre Pamplona y Puente la Reina. Hay allí un hospital para peregrinos y la capilla de la Virgen del Perdón. Se creía que a los que llegaban a este lugar les eran perdonados sus pecados, incluso si no podían alcanzar Santiago.

> La leyenda cuenta la historia de un peregrino que, muy cansado por la subida, casi se moría de sed. Mientras miraba a su alrededor en busca de alguna fuente, vio una figura vestida con hábito de peregrino. Pensando que era otro caminante, le preguntó por agua.
>
> —Sé dónde está el manantial —respondió la figura—. Te aseguro, hermano, que su agua es cristalina y maravillosamente refrescante. Pero... es cara.
>
> —Está bien, está bien... Tengo aquí algunas monedas para pagarla, si es necesario —se apresuró a replicar el peregrino.
>
> —¡Oh, no! Me refiero a tu viaje. ¿Adónde vas? —preguntó la figura.
>
> —A Santiago, por supuesto, ¡como tú, seguramente!
>
> Entonces la figura desveló quién era: Satanás, disfrazado de peregrino. El precio del agua era la negación de la fe en Cristo, abandonar la peregrinación a Santiago y vender el alma al diablo, a cambio del agua y la vida. El peregrino rechazó enérgicamente esta propuesta indigna, pero ya no le quedaban fuerzas y se derrumbó. Satanás lo dejó a su suerte y se fue.
>
> Deshidratado y cerca del final de su vida, el peregrino vio en el último momento a un jinete que se acercaba sobre un caballo blanco. Era el mismo Apóstol, que desmontó, sacó la concha, golpeó con ella la roca y milagrosamente brotó un manantial de entre las piedras. Como recompensa por la fuerza de su fe, Santiago dio de beber al peregrino y le volvió a la vida.

De ahí que el manantial se llame Fuente Reniega. Según la tradición, sus aguas dan fuerzas para completar el Camino, y la leyenda recuerda que el Mal puede aparecerse para tentar adoptando incluso la forma de los personajes más respetados.

El agua es uno de los mayores tesoros del viajero. Que no falte nunca a nadie.

De puente a puente

«De puente a puente... me lleva la corriente», predica la frase recurrente en el *Juego de la Oca.* Siguiendo el Camino Jacobeo, se cruzan con frecuencia algunos de los grandes ríos de la península ibérica: el Arga, el Ebro, el Pisuerga, el Duero, el Tajo o el Miño, así como sus afluentes. En el Medievo, los peregrinos se agrupaban en sus orillas esperando una barca para poder cruzarlos. Los puentes llegaron a ser una verdadera bendición.

Los puentes del Camino, todos de piedra, generalmente se remontan a los períodos de mayor necesidad de los mismos, es decir, a la dominación romana y a la época de mayor auge de la peregrinación.

Durante el período románico de la Edad Media, a menudo se construían los puentes en forma de letra «v» invertida. Para sus constructores esta forma tenía un significado simbólico. El puente no solo significaba cruzar el río, sino el tránsito, el paso de la vida corriente de las preocupaciones cotidianas a la vida iniciática y trascendental. El perfil del puente era generalmente bastante empinado. De forma sencilla, el duro ascenso a la cumbre del puente simbolizaba el camino al zénit del conocimiento. No era posible ver el otro extremo del puente ni lo que aguardaba tras cruzarlo. Ejemplos de tales construcciones se pueden encontrar en Estella/*Lizarra* (Navarra) y Cangas de Onís (Asturias). En invierno, las superficies heladas y resbaladizas casi imposibilitaban el paso de los carros y por eso a menudo se construía en su proximidad un segundo puente, más práctico.

Cada uno de los puentes del Camino es diferente. Los hay que se hicieron famosos por alguna anécdota o leyenda, como el del Paso Honroso, en Hospital de Órbigo, o el puente de Maceira, camino a Finisterre. Cerca de Molinaseca (Ponferrada) está el puente de Malpaso, cuyo nombre advierte de su peligrosidad y mala fama; en Galicia, se encuentra el *Ponte Ladrón* o puente de los Ladrones, que al estar situado en una zona remota, era una tentación para los bandidos. También hay localidades cuyo nombre se debe a un puente: Puente la Reina en Navarra, Ponferrada en El Bierzo, Pontevedra en Galicia, Ponte de Lima en Portugal. La imagen del puente se encuentra en los escudos de muchas ciudades y pueblos a lo largo del Camino.

Leyenda de la Virgen del Chori/*Txori* y el pájaro del Puente la Reina

El puente de la reina Munia, sobre el río Arga.

La localidad de Puente la Reina debe su existencia a los peregrinos, hallándose en la intersección de los caminos que conducen de de los pasos pirenaicos en Roncesvalles y Somport.

El gran número de peregrinos reunidos a orillas del río Arga en espera para cruzarlo, impresionó a Doña Munia Sánchez de Castilla (995-1046), también conocida como Doña Mayor, esposa del rey de Navarra Sancho III Garcés el Mayor (1004-1035). La reina quiso facilitar la vida del peregrino y dio la orden de construir un puente. Para mayor rapidez, las obras se iniciaron simultáneamente desde ambos lados. El problema surgió cuando fue necesario enlazar las dos partes, que estaban ligeramente separadas en su parte central. Por esta razón, es posiblemente el único puente con una pequeña curva en el medio. Fue construido en un punto estratégico tan importante, que la localidad que creció a su lado se llama desde entonces Puente la Reina.

El puente, de estilo románico, tiene 110 metros de largo, cuatro de ancho y está soportado por seis arcos de luz. En su parte central albergaba una capilla con una figura de la Virgen traída de Le Puy (Francia). A principios del siglo XIX, se fraguó una leyenda romántica al respecto.

> Los residentes del pueblo notaron que un pequeño pajarito (chori o txori, en vasco) visitaba la capilla de la Virgen. Aparecía de vez en cuando, barría las telarañas con las alas y en el pico traía agua del río Arga para lavar la cara de la Virgen. Este evento se hizo tan famoso, que se anunciaba con campanadas desde la iglesia. Se relacionaron las visitas del chori con la buena suerte y el anuncio de buenos augurios, y comenzaron a celebrarse ritos religiosos e incluso corridas. Esto duró veinte años, hasta 1843, cuando la figura de la Virgen de Le Puy fue trasladada a la capilla de la iglesia de San Pedro y la torreta con la capilla fue demolida. El pequeño pajarito, el chori, nunca ha regresado.

Escudo de Puente la Reina.

La leyenda aparece reflejada en el escudo de la localidad de Puente la Reina, y como advertencia se suele recordar que «quien ridiculice esta historia, puede pagarlo con la vida».

***

Navarra era conocida por la cantidad de forjas que existían. Al ser capaces de transformar los metales mediante el fuego, a los herreros se les consideraba magos y alquimistas. La región también tenía oscura fama por albergar reuniones de brujas.

Brujas de Zugarramurdi y la leyenda negra de la Inquisición

El precursor de la Inquisición fue el papa Gregorio IX (1227-1241), pero no fue hasta el siglo xv cuando el papa Sixto IV creó el tribunal de la Santa Inquisición, llamado Santo Oficio. En España, fue introducido por los Reyes Católicos en 1480, y su objetivo era velar por el rigor en el culto religioso, así como erradicar las actividades de las «brujas». Uno de los juicios más famosos tuvo lugar en Logroño en 1610, durante el reinado del rey Felipe III.

Cerca del pueblo de Zugarramurdi (Navarra) hay una gran cueva, similar a un pequeño túnel en la roca, en cuyo centro fluye un riachuelo. La luz se refleja en el agua y da un brillo fascinante a las paredes. En esta misteriosa cueva, por las noches, se reunían las mujeres. Había bailes y canciones alrededor de una fogata, y quizás fumasen y tomasen brebajes de hierbas alucinógenas; también se habló de ungüentos que las hacían elevarse en el aire. Hasta que un día fueron acusadas de brujería, bailes rituales, etc. y se dijo que el mismo Satanás acudía allí a celebrar «misas negras». Se sospechaba que los participantes, imbuidos de maldad, causaban daño a las personas, a sus posesiones y a su hogar.

Durante el juicio, fueron interrogados como sospechosos de participar en prácticas de ocultismo, brujería y adoración a Satanás, 1384 niños y jóvenes y 420 adultos. Como resultado de las investigaciones fueron acusadas 31 personas, pero debido a las torturas y las condiciones de la prisión, solo trece llegaron con vida al día del juicio. Seis personas (cinco mujeres y un hombre) fueron condenadas a una muerte «purificadora» en la hoguera y el resto a cadena perpetua.

Se recuerda la valentía del juez seglar, Alfonso de Salazar Frías, quien se opuso al veredicto del tribunal de la Inquisición por no encontrar pruebas suficientes de la culpabilidad de los acusados. Fue apodado el «abogado de las brujas», pero su determinación a la hora de indagar la verdad y defender al inocente significó que, en juicios posteriores de la Inquisición, los casos se investigaran más a fondo y muchos acusados pudieran evitar la pena de muerte.

En su persecución de la herejía, la Inquisición investigó incluso las obras de Santa Teresa de Ávila. También el famoso pintor español Francisco de Goya Lucientes (1746-1828) tuvo que comparecer ante el Santo Oficio, y se le ordenó humillarse viajando en burro desde Madrid a Sevilla, donde iba a ser juzgado, si bien finalmente fue absuelto.

La cuestión de la Inquisición se trata en el libro de Philip Powell *Leyenda negra*. El autor enfatiza que en España la Inquisición estableció un sistema judicial que incluía la corte, jueces, defensores oficiales y un tribunal de apelación. En comparación con los juicios de la Inquisición llevados a cabo en otros países, en España había mayores garantías de defensa y la posibilidad de absolución para los acusados.

La imagen estereotipada de las atrocidades de la Inquisición española es el resultado de la propaganda difundida por países protestantes, que luchaban contra la idea del catolicismo y la unificación del mundo bajo una sola religión. Sin embargo, el culmen de la persecución inquisitorial, con abundantes ejecuciones, tuvo lugar en Inglaterra, Alemania y Francia. En España, durante el período 1478-1834 solo el 3,5 % de los acusados fueron ejecutados. La Inquisición española era bastante escéptica ante las acusaciones de practicar «hechizos», al suponer que se trataba de prejuicios sin fundamento. Por el contrario, la quema de brujas continuó en los países protestantes incluso en el siglo XIX. El Tribunal de la Inquisición fue abolido en España en 1834, durante el reinado de Isabel II.

En La Rioja

Nájera

Nájera era una ciudad en época romana, si bien el lugar ya estaba poblado en la Edad del Bronce. Los árabes la llamaron *Náxera*, que significa 'Entre dos rocas'. Cerca de aquí tuvieron lugar feroces combates entre sarracenos y cristianos al mando de Carlomagno, y también tuvo lugar el duelo entre

Caminando por La Rioja.

Roldán y el gigante Ferragut. En Nájera se encuentra el monasterio de Santa María la Real, que alberga el panteón de los Reyes de Navarra.

Leyenda del monasterio de Santa María La Real

> Un día del año 1044, el rey García Sánchez III de Nájera (1035-1054), hijo de Sancho Garcés III apodado el Mayor y de Doña Munia, fue a cazar con un halcón. Estaba algo alejado de los cazadores que le acompañaban, cuando vio una paloma. Le quitó la capucha al halcón y éste persiguió a la paloma, pero desapareció y no regresó. El rey se lanzó en su busca y de este modo descubrió una cueva, desde la que surgía un extraño resplandor. Curioso, penetró en ella. Ante sus ojos apareció un antiguo altar con la figura de la Virgen, una jarra con azucenas blancas frescas y una campana. La paloma y el halcón estaban sentados pacíficamente a ambos lados. El rey comprendió el mensaje y ordenó construir en este lugar un monasterio dedicado a Santa María, y lo dotó con gran cantidad de reliquias.

Cuando el rey murió, en la batalla de Atapuerca en 1054, fue enterrado según su voluntad en esta cueva, ya consagrada. Su sucesor construyó sobre la cueva el monasterio de Santa María la Real, con el panteón de los Reyes de Navarra.

Algunos autores interpretan la leyenda del descubrimiento milagroso de la imagen de la Virgen en el altar de la cueva como una reminiscencia del antiguo culto a la Gran Madre del Universo, *Magna Mater*, que estaba escondida en una cueva como en un útero. El resplandor luminoso debió de ser

En Nájera, claustro del Monasterio de Santa María la Real (*izquierda*) y una escultura representativa (*derecha*).

característico de los antiguos lugares de culto a la Tierra. Según antiguas creencias, algunos animales, como los caballos, ciervos y aves, conducen hacia el Destino. La jarra con azucenas blancas, flores que simbolizan pureza, tendría el significado de un recipiente trascendental, en todos sus significados y dimensiones. En el cristianismo, es un símbolo de la virginidad y de la inmaculada concepción de la Virgen María.

Clavijo

Historia del «tributo de las cien doncellas»

Mauregato era hijo natural del rey de Asturias con una concubina de origen árabe. Las disposiciones del sínodo toledano del año 683 prohibían la coronación de los descendientes ilegítimos, de manera que en el año 783 Mauregato se dirigió a Abderramán I, emir de Córdoba, ya independiente de Damasco, y le pidió ayuda para acceder al trono. Con su apoyo, Mauregato consiguió el trono real, mientras que el heredero legítimo y más tarde rey Alfonso II el Casto se vio obligado a refugiarse con su familia en Vasconia.

A cambio de la ayuda árabe, Mauregato se comprometió a pagar un tributo anual al emirato de Córdoba en forma de cien jóvenes vírgenes. Muchas de las destinadas al harén se mutilaban voluntariamente, amputándose los senos o la lengua, para no verse obligadas en el cautiverio a seguir la religión de Mahoma. Después de la muerte de Mauregato, su sucesor, el rey Bermudo, intentó convertir este tributo deshonroso en un tributo monetario. Cuando en 791 Alfonso II ascendió al trono, gracias a su victoria en la batalla de Lutos pudo rechazar el tributo monetario y dejó de depender del emirato.

Entre historia y leyenda: la batalla de Clavijo y Santiago Matamoros

Santiago Caballero en la batalla de Clavijo, representado en Viana.

Durante el reinado de Ramiro I (842-850), rey de Asturias y León, Abderramán II se atrevió a recordar el tributo «debido» de enviar cien vírgenes al emirato. La respuesta de Ramiro fue declararle la guerra.

Abderramán II reunió tropas de todos sus dominios, junto con refuerzos de Marruecos. Las fuerzas árabes, mucho mayores en número, lograron rodear al ejército del rey asturiano en las cercanías de Nájera y Albelda (La Rioja). El rey se refugió en el castillo de Clavijo, en la colina de Laturce. La noche anterior a la batalla decisiva la pasó en oración, pidiendo ayuda. Cuando estaba inmerso en sus pensamientos, se le apareció el apóstol Santiago, que le prescribió fortalecer la moral de los caballeros y le anunció que llevaría a su ejército a la victoria.

En la mañana del 23 de mayo de 844, muchos soldados vieron a Santiago galopando en un corcel blanco por los campos de Clavijo y luchando contra los sarracenos. Con el famoso grito «¡Santiago y cierra, España!», los caballeros acometieron heroicamente a las fuerzas del enemigo y lograron una gran victoria. Así, fue abolido el humillante tributo de las cien doncellas y cualquier dependencia del emirato de Córdoba. Fue la mayor derrota musulmana desde la batalla de Covadonga, en Asturias.

Dos días después, el victorioso rey Ramiro hizo el juramento de acción de gracias, el llamado Voto de Santiago, que obligaba a los cristianos de la Península a agradecer la victoria peregrinando a Santiago de Compostela.

El apóstol, con el nombre de Santiago Matamoros, se convirtió en un símbolo de la lucha contra el Islam en España. Se le representaba galopando sobre un caballo blanco, pisoteando figuras con turbantes.

Esta legendaria batalla, vinculada con la historia, fue narrada 400 años después, hacia 1243, en las crónicas de Rodrigo Jiménez de Rada, arzobispo de Toledo. Hasta esa fecha no se había hecho mención de la misma. Probablemente, la batalla sea un producto de la imaginación, y el relato

Escudo de la Rioja.

Escudo de la familia Miranda, Museo Arqueológico de Oviedo.

se construyese con base en diferentes hechos históricos y descripciones de batallas auténticas. Actualmente se la interpreta como una ficción literaria. El objetivo de la leyenda de Santiago Matamoros en la batalla de Clavijo fue estimular en la población el espíritu de resistencia frente a la guerra santa de los musulmanes, durante la Edad Media.

El recuerdo de la legendaria batalla aparece reflejado en el escudo de La Rioja con el monte Laturce y la Cruz de Santiago. Asimismo, el tributo de las cien doncellas encontró su expresión en el escudo de armas de la familia Miranda de Asturias, que representa a cinco figuras femeninas cuya falda es reemplazada por la concha jacobea. Según se cuenta, tal escudo les fue otorgado como reconocimiento por la liberación de cinco vírgenes destinadas al califato de Córdoba.

El tema del tributo de las cien doncellas inspiró a compositores como Franz Schubert en su ópera *Alfonso und Estrella* (1854), con libreto de Franz von Schober, y a Charles Gounod en su ópera *Le tribut de Zamora* (1881).

Imagen de Santiago el Mayor y su evolución

El apóstol Santiago es representado como peregrino, caballero y en cátedra.

Las imágenes de Santiago el Mayor sufrieron cambios por influencia de la situación política, religiosa e ideológica del país.

Santiago Caballero, ahora en el Museo de la catedral de Compostela.

Santiago Peregrino encima de la Puerta Santa, catedral de Compostela.

Inicialmente se le representó como a los otros apóstoles, con un libro en la mano como símbolo de magisterio y en ocasiones también con una túnica roja y una espada corta, símbolos de su martirio. Sin embargo, a partir del siglo XII, su imagen cambió de apariencia y mensaje. A Santiago se le identificó con el peregrino que se dirigía a su santuario, algo excepcional en la historia de las peregrinaciones. Con el hábito de peregrino, es decir, con la capa y el sombrero con la concha, el bordón y la calabaza, y con el libro de las Escrituras en la mano, se convirtió en compañero del peregrino a través de las dificultades del Camino y, como narran las leyendas, en su protector en las situaciones comprometidas.

Sin embargo, el más famoso es el apóstol representado como Santiago Matamoros, con los ornamentos de caballero galopando sobre un corcel blanco con la espada en alto acometiendo al musulmán, enemigo de la fe. Así se le presenta en su capilla y sobre el dosel en el altar principal de la catedral de Compostela, en muchas iglesias a lo largo del Camino y también en el Palacio de Rajoy, de estilo neoclásico, ubicado frente a la catedral compostelana. La polémica imagen de Santiago Matamoros de Gambino, en el baldaquino de la Puerta de la Azabachería, ha sido trasladada a un lugar cerca de la entrada al museo, por considerar que podía herir la sensibilidad de los fieles del Islam.

La imagen del pescador, apóstol de la Buena Nueva, que vino de Tierra Santa y recorrió los caminos de España, se convirtió en la imagen de un apóstol-caballero, lo cual refleja el desarrollo militar del país, la Reconquista, las cruzadas y el patrocinio caballeresco del cristianismo. A Santiago se le nombró patrón de la caballería. Tras la Reconquista y el descubrimiento de América, en 1492, el mito de Santiago Matamoros se trasladó a las tierras conquistadas en el nuevo continente. Entonces se le representó como un conquistador, en lucha con los indios.

Resulta interesante también encontrar la imagen del apóstol Santiago en la batalla de Lepanto, que tuvo lugar en 1571 en las costas de Grecia. Fue un combate entre la flota del Imperio otomano de Selim II y la flota de la Santa Alianza, formada por la España de Felipe II, los Estados Pontificios y la República de Venecia. Se conservan dos de las muchas enseñas de las galeras españolas. Uno, el gallardete conservado en el santuario de Nuestra Señora de Atocha en Madrid, es un estandarte damasquino con la imagen de Santiago a caballo. El otro, es el gallardete de la nave capitaneada por Don Juan de Austria, que después de la victoria fue enviado a la catedral de Compostela. Mide 17,4 metros, es de lino y está decorado con pinturas al temple, entre las que aparece la imagen de Santiago Apóstol como patrón de España. Presenta los atributos tradicionales del peregrino, pero viste la túnica de color rojo del martirio y sujeta los Evangelios en la mano derecha, que reflejan su misión evangelizadora. Por tanto, en este gallardete se dan tres versiones tradicionales de la imagen del Apóstol resumidas en una sola. Llama la atención, sin embargo, que en una batalla contra «el infiel» no aparezca representado como «matamoros», por lo que queda reforzado el carácter más religioso del gallardete. Se lo colgaba en la nave central de la catedral de Santiago durante la novena al Apóstol, y actualmente se encuentra en el museo catedralicio.

Santiago el Mayor en el Pórtico de la Gloria, catedral de Compostela.

En el monasterio cisterciense de Santa María de Las Huelgas Reales, en Burgos, se encuentra la imagen llamada «Santiago del Espaldarazo», que se asocia con el rito de iniciación que confería la dignidad de caballero. Este privilegio solo lo tenía el rey, pero ¿quién podía conferir la dignidad de caballero al propio rey? El ritual tenía lugar antes de la coronación y, según la tradición española, solo el apóstol Santiago podía llevarlo a cabo. Con este fin, su imagen en el monasterio de Las Huelgas Reales, vestida de caballero, tiene un brazo móvil con una espada. El brazo, liberado en el momento oportuno, hacía que la espada cayera sobre el hombro del aspirante a caballero, y así se cumplía la ceremonia. La escultura actual data del siglo xiv. Las crónicas registran este rito en el caso del rey Fernando III el Santo (año 1219), su hijo Alfonso X el Sabio (1254) y el príncipe inglés Eduardo (1255). El

La imagen de Santiago el Mayor con la Cruz de la Orden de Santiago. Altar mayor de la catedral compostelana.

rey Alfonso XI ordenó la renovación de la estatua antes de su coronación en 1331, y más tarde la ceremonia se llevó a cabo con el rey Juan I en 1379.

Durante siglos, Santiago Matamoros fue patrón de los caballeros en España. Actualmente, de acuerdo con la idea de la coexistencia entre religiones, el apodo «Matamoros» pertenece al pasado.

El Apóstol recibe en traje de peregrino a los caminantes en iglesias y capillas. En la iglesia románica de Santiago el Mayor de Puente la Reina, el Apóstol de la imagen del siglo XIV tiene la tez oscura y por ello se le llama *Beltza*, en lengua vasca.

En pintura, las representaciones de Santiago el Mayor más famosas son las correspondientes a cuatro conjuntos del *Apostolado* de El Greco (*Doménikos Theotokópoulos*, 1541-1614). El primer conjunto, y el más antiguo, puede verse en el Museo de Bellas Artes de Oviedo; otros dos conjuntos están en Toledo, y las pinturas del cuarto están dispersas por varios museos del mundo.

El Santiago del Pórtico de la Gloria, en Compostela, se representa en piedra policromada, sentado con un bastón con puño en forma de astrolabio, sin sombrero, y con la cara imbuida de una paz celestial, tras cumplir su misión. El Apóstol de la imagen en el camerino sobre su cripta, también obra en piedra del Maestro Mateo, asentado en su trono, como se le había anunciado (Mt 19,28), recibe a los peregrinos y sonriente les ofrece sus hombros para el abrazo ritual que corona la peregrinación.

Logroño: el providencial San Gregorio de Ostia, langostas y peregrinos

Logroño es una típica localidad-camino, resultado de los asentamientos, y por ello conserva su forma alargada. En la plaza de Santiago se representa el juego de la oca, como alegoría del Camino de Santiago. Logroño es la capital de la región de La Rioja, famosa por sus viñedos y la producción del vino más conocido de España.

A la entrada de la ciudad, después de cruzar el puente sobre el Ebro, se encuentra una capilla en lo que fue la antigua casa de San Gregorio de Ostia.

Escudo de Logroño.

El futuro santo era abad del monasterio de San Cosme y San Damián y a la vez obispo de Ostia, ascendido más tarde al rango cardenalicio. En 1039 una terrible plaga de langostas asoló el valle del Ebro. El papa Benedicto IX, conociendo el talento del sacerdote en estos menesteres, lo nombró legado papal y lo envió a la zona afectada. No existe una descripción de cómo lo logró el obispo, pero la plaga desapareció.

El legado papal decidió permanecer en Logroño el resto de su vida (murió en 1044) para dedicarse a ayudar a los agricultores y peregrinos. A él acudió un aspirante a la vida monástica rechazado, llamado Domingo, que más tarde sería canonizado. El legado le enseñó a leer, escribir y contar de tal modo que Domingo se convirtió en constructor de puentes y caminos para peregrinos.

Santo Domingo de la Calzada y la leyenda

Hay una localidad única entre las regiones de La Rioja y Castilla, ya que en raras ocasiones una ciudad debe su existencia a una sola persona. ¡Y no a un monarca o aristócrata, sino al hijo de un pastor! Domingo García[22] nació hace mil años, alrededor de 1019, en una familia pobre de pastores. Probablemente dotado de gran sensibilidad, inicialmente quería dedicarse a la vida religiosa, pero no fue admitido en ninguno de los dos monasterios a los que acudió debido a supuestos «déficits intelectuales».

Determinado en su decisión, Domingo se estableció en los terrenos pantanosos del río Oja y vivió allí una vida ermitaña, lo que le dio la oportunidad de observar las necesidades de aquellos tiempos. Vio que con frecuencia los peregrinos se extraviaban en los matorrales del bosque, cómo eran víctimas del saqueo por los bandidos que merodeaban la zona, y lo difícil que era cruzar el río.

---

22 No debe confundirse a San Domingo García con el fundador de la orden dominicana, también español, San Domingo de Guzmán.

Imagen de Santo Domingo de la Calzada en la catedral.

Después de un período de aprendizaje con San Gregorio en Logroño, Domingo comenzó a marcar y construir él mismo el camino para los peregrinos talando árboles. También logró levantar un puente de piedra sobre el río Oja. La noticia de los logros de este constructor autodidacta llegó al rey García Sánchez III de Nájera, que le permitió organizar un hospital para peregrinos en una fortaleza en desuso. Se comenzó a formar un asentamiento alrededor de la fortalezahospital, en la sección de la calzada marcada por su constructor. En el hospital, Domingo cuidaba personalmente a los enfermos. El antiguo ermitaño se convirtió así en una suerte de «organización no gubernamental» formada por una sola persona. También fue ordenado sacerdote por su maestro, el legado papal Gregorio de Ostia.

Tras la unión de La Rioja con Castilla en 1076, el rey de León y Castilla, Alfonso VI, reconociendo los méritos de Domingo García, le concedió permiso para continuar construyendo puentes y caminos. Entre Logroño y Burgos, los peregrinos caminaban por una incómoda calzada romana, por lo que Domingo comenzó la construcción de una nueva vía en el tramo NájeraRedecilla del Camino. A él se unió Juan Quintana Ordoño, conocido posteriormente como San Juan de Ortega. Fue uno de los más conocidos continuadores de la obra de Santo Domingo. De este modo se creó la calzada que conecta Logroño con Montes de Oca.

A menudo había accidentes en los lugares de construcción, y Santo Domingo se hizo famoso por salvar *in extremis* la vida de desafortunados obreros, lo que se consideró como milagro. Entonces se convirtió en el patrón no solo de los arquitectos, sino de los albañiles, constructores, de las instituciones de fomento y ¡también de los gerontólogos, ya que Santo Domingo vivió 90 años!

Gracias al movimiento peregrino, el asentamiento del hospital de Santo Domingo se desarrolló de manera tan rápida que en 1227 fue trasladado allí el obispado (aunque los derechos municipales no los recibió hasta casi cincuenta años después). En agradecimiento, la localidad lleva el nombre de Santo Domingo de la Calzada, un hombre de acción que, gracias a su propia iniciativa, ingenio y diligencia, realizó un trabajo útil e inmortal y sirvió de ejemplo a sus seguidores y continuadores.

En 1106, en el terreno de la antigua ermita de Santo Domingo se construyó una iglesia, con el tiempo ampliada y elevada al rango de colegiata (1152), y más tarde a concatedral junto con Logroño y Calahorra. La importancia de este templo fue tal, que en Santo Domingo de la Calzada se concedía la *compostela* a los que no podían continuar y finalizar el Camino, considerándose el segundo lugar en importancia después de Santiago.

En la cripta situada en el ala sur del crucero de la catedral se encuentra el sepulcro románico de Santo Domingo, con una reja de dosel de estilo gótico tardío. La reja está decorada con una hoz plateada, con la cual el santo supuestamente habría talado los arbustos. Sobre la cripta, en la iglesia, está la imagen del santo. Las aves a sus pies y la «madera» de la legendaria horca se refieren a la leyenda del siglo XIV sobre el «colgado descolgado», una de las más famosas del Camino de Santiago y muy repetida por toda Europa.

Leyenda de Santo Domingo de la Calzada, «donde cantó la gallina después de asada»

En unos tiempos en que incluso un robo menor se castigaba con la muerte, un matrimonio con su apuesto hijo emprendió la peregrinación a Santiago. Al llegar a Santo Domingo de la Calzada pidieron alojamiento en una posada. La hija del posadero se enamoró del joven, pero él, como virtuoso peregrino, no respondió a sus atenciones.

Ofendida en su orgullo, la moza decidió vengarse. Escondió una jarra de plata en su morral y se apresuró a acusarlo de robo. La evidencia se encontró en el equipaje y, de acuerdo con la ley, el joven fue condenado a morir en la horca. No sirvió de nada pedir justicia y jurar que era inocente: el veredicto se ejecutó de inmediato y los desconsolados padres tuvieron que continuar solos el Camino.

Al regresar de Compostela, se detuvieron una vez más en la ciudad donde el cuerpo de su hijo todavía estaba colgado, como advertencia. De repente, la madre llorosa, oyó su voz. El convicto dijo que, con la ayuda de Santiago y la Madre de Dios, todavía está vivo.

Los padres corrieron al juez, quien en esos momentos se disponía a cenar una gallina y un gallo asados. Al escuchar la historia de la madre, el juez se rio y dijo en tono burlón:

—¡Mujer, tu hijo está tan vivo como estas aves en el plato! Ja, ja, ja!

De repente se quedó atónito, porque las dos aves se levantaron, el gallo cantó, la gallina cacareó, y raudos salieron volando de la mesa.

En memoria de este milagro sobre la salvación de una vida inocente, desde el año 1350 se hallan un gallo y una gallina blancos en el gallinero ceremonial de la catedral. El gallinero actual data del siglo xv, y todos los años se cambian las aves. Se puede escuchar cómo rompen el silencio de la iglesia con sus cacareos, y el peregrino suele esperar a que caiga una pluma blanca y recogerla para «tener buena suerte» en el camino.

El párroco y abad de la catedral, D. Francisco Suárez, afirma que es la única catedral en el mundo con animales dentro, así como que en la torre catedralicia se encuentra el último reloj de polea de Europa. Ascendiendo los 120 escalones de la torre, se puede visitar un museo de relojes y campanas.

Escudo de Santo Domingo de la Calzada.

¡Buen Camino!

En Castilla hacia León

Castilla, como su nombre indica, es región de castillos. Al estar en la frontera entre los territorios cristianos y los musulmanes tuvo gran importancia estratégica. Algunos castillos fueron construidos aquí por los árabes, otros por gobernantes cristianos.

En el siglo IX, Castilla tenía la categoría de condado, feudo de Asturias y León. Eran tierras baldías, poco habitadas y peligrosas, que en el siglo XI se incorporaron a los reinos de León y Asturias. Se afirma que la masa forestal de la Península en aquel tiempo era tan espesa, que una ardilla podía atravesarla de un extremo al otro, saltando entre los árboles. A lo largo del Camino, puede verse que los grandes edificios, como puentes, castillos e iglesias están construidos generalmente en piedra tallada. Es un material de construcción fácilmente disponible en la España montañosa. Sin embargo, los árabes utilizaron otro material de construcción, el ladrillo cocido, a partir del cual surgió el estilo arquitectónico mudéjar. Las iglesias de San Tirso y San Lorenzo en Sahagún son sus mejores ejemplos en esta parte del Camino. En las aldeas pueden verse aún casas antiguas construidas con arcilla mezclada con paja y secada al sol, material llamado «adobe», conocido ya en Oriente 11 000 años a. C.

Una de las ciudades más importantes de Castilla es Burgos. Sin embargo, antes de que el peregrino pudiera llegar a ella, tenía que atravesar áreas boscosas y montañosas: los montes de Oca, terror de los peregrinos. Al final de esta etapa, les esperaba un albergue que gozaba de la mejor reputación en el Camino, fundado por San Juan de Quintana Ordoño.

San Juan de Ortega en Montes de Oca: Navidad en primavera y otoño

Juan de Quintana Ordoño, conocido como San Juan de Ortega (1080-1163), fue colaborador de Santo Domingo, y como tal reparó caminos y construyó iglesias y puentes cerca de Atapuerca (Burgos). También se le atribuye la construcción del puente de Piedra sobre el Ebro en Logroño. Al regreso de una peregrinación a Jerusalén, fundó un refugiohospital en Montes de Oca para proteger a los peregrinos de los ataques de los bandidos. Durante su viaje de regreso de Tierra Santa, se salvó de un naufragio gracias a la intercesión de San Nicolás de Bari, y en agradecimiento le dedicó la capilla al lado del refugio. Allí fue enterrado, y por ello popularmente se la conoce como capilla del Santo.

San Juan de Ortega fue famoso también como patrón, al que las mujeres se acercaban rogándole para tener descendencia o un parto feliz. La fama de los ruegos en este lugar llegó hasta la reina Isabel la Católica (1451-1504) que, tras el nacimiento de varias hijas, deseaba tener un hijo varón como heredero

La «capilla del Santo» (*izquierda*) y el sarcófago gótico del santo hospitalero (*derecha*), en San Juan de Ortega.

al trono, por lo que vino en peregrinación al santuario. Cuando dio a luz a su hijo Juan, en agradecimiento y reconocimiento de los méritos del santo hospitalero, mandó construirle un magnífico sarcófago gótico.

Sin embargo, lo más interesante en esta iglesia son los capiteles de las columnas y su relación con el calendario solar. Los capitales ilustran eventos que tuvieron lugar desde la Anunciación hasta el nacimiento de Cristo. La incidencia de la luz del sol sobre la secuencia de escenas se sincroniza aquí con las fechas de los equinoccios de primavera y otoño. Durante algunos días, los rayos del sol que penetran por una estrecha ventana a las cinco de la tarde, hora solar, iluminan escenas de la Natividad. En la escena de la Anunciación, María dirige su mirada hacia la luz entrante, en lugar de hacia el arcángel Gabriel, como es tradición.

¿Sería este fenómeno tan especial por lo que se le relacionó con el feliz nacimiento de los hijos de madres que visitaban este lugar?

Burgos: ciudad del Santo Cristo, de los santos hospitaleros y del Cid Campeador

Cerca de Burgos se han encontrado restos arqueológicos y paleontológicos de asentamientos humanos de hace al menos 800 000 años y de humanoides de hace 1 200 000 años. La zona fue ocupada posteriormente por tribus celtas. Durante la dominación romana, pasaba por aquí una importante calzada, la Vía de Aquitania, que conectaba Astorga con Burdeos.

En 1075, Burgos se convirtió en diócesis episcopal y en 1080 se celebró un sínodo convocado por el rey Alfonso VI en el que se abolió el rito mozárabe. En el siglo xii, el geógrafo árabe Al-Idrisi describió Burgos de la siguiente manera: «Una ciudad fuerte y rica, tiene grandes casas de comercio, un mercado y almacenes de productos, y muchos viajeros vienen aquí».

Desde 1230 y durante más de trescientos años, Burgos fue la capital de los reinos de Castilla y León. La *civitas Regia* prosperaba espléndidamente, bajo la influencia no solo del Camino de Santiago, con miles de peregrinos, sino también por el comercio de la lana de oveja, que se exportaba principalmente a los Países Bajos, así como el de hierro, aceite, vino, cuero, joyas, especias, etc.

En aquel tiempo, en las ciudades vivían personas libres, de mentalidad moderna y maestros en su oficio, y en ellas se promovían los intercambios comerciales. La rica ciudad de Burgos tuvo como objetivo honorífico construir una magnífica catedral. Por aquel entonces, las ciudades competían entre sí por el esplendor de sus catedrales, en tanto que santuarios espirituales, a modo de castillos construidos para glorificar a Dios, al igual que ahora compiten por sus rascacielos. Las catedrales suponían una ostentación de fe y riqueza. Financiadas por los reyes, se construyeron gracias también a las donaciones voluntarias de la clase media y a impuestos específicos.

La vieja catedral románica resultaba ya demasiado pequeña y arcaica. A Burgos llegaron constructores de Francia y Alemania, donde dominaba el gótico como nuevo estilo arquitectónico. La primera piedra para la construcción de la nueva catedral se colocó en 1221, en presencia del rey Fernando III el Santo.

Santo Cristo de Burgos y su leyenda

En una capilla lateral de la magnífica catedral gótica de Burgos, entre las más bellas de Europa, hay una imagen milagrosa de Cristo crucificado. La imagen, realizada en madera, está articulada y cubierta de piel, cabello y uñas humanas. Causa una fuerte impresión la ceremonia del descendimiento de la Cruz, el día de Viernes Santo. Al quitar los clavos, los brazos caen con fuerza y las rodillas se doblan, lo que impresiona por su gran realismo. No puede sorprender que la reina Isabel la Católica se desmayara durante esta ceremonia.

En la Edad Media, tales figuras religiosas no eran infrecuentes, pero el Cristo de Burgos es de gran perfección y de mayor tamaño. Se desconoce su origen, que está por tanto envuelto en leyendas. La sorprendente semejanza con Jesús hizo que la tradición popular atribuyese su autoría a José de Arimatea y, según otros, a Nicodemo. Pudo llegar a través del Líbano, por el mismo camino que siguió el apóstol Santiago.

La imagen del Cristo crucificado estuvo originalmente en el patio del monasterio extramuros de los monjes agustinos ermitaños. En 1808, para protegerla del saqueo de la ciudad por el ejército napoleónico, se trasladó a la iglesia de San Nicolás de Bari, y desde 1836 está en la capilla de la catedral. Los pies del Crucificado de Burgos se apoyan en huevos de avestruz, traídos por los misioneros.

Leyenda del Santo Cristo de Burgos

La imagen de Santo Cristo de Burgos siempre ha sido famosa por sus muchos milagros. En la Europa medieval se extendieron noticias sobre sus heridas que goteaban sangre, sobre vasos sanguíneos palpitantes, derramamiento de lágrimas, crecimiento de cabello y uñas, etc. Está envuelta en leyendas desde el siglo xv, y todas con un punto en común: la imagen se encontró en el mar entre los siglos v y x, convirtiéndose en objeto de adoración por los peregrinos jacobeos.

Cuentan de un rico comerciante burgalés que, al partir a un largo viaje, prometió traer un importante regalo a los monjes del monasterio de los agustinos, en ofrenda para tener un regreso feliz. Desgraciadamente, el comerciante recordó su promesa ya en el barco, camino de vuelta. Preocupado por su olvido, miró con tristeza la superficie del mar, y de repente observó que algo flotaba sobre las olas. Era un arcón. Una vez sacado del agua, se encontró en él un cofre de vidrio con la imagen de Cristo crucificado. Se dice que a la entrada del Cristo en la iglesia las campanas «doblaron por sí solas».

Santos hospitaleros de Burgos

En el siglo xv Burgos, capital del reino y punto importante del Camino de Santiago, contaba con treinta y dos albergues, lo que demuestra la intensidad del movimiento de peregrinos por el Camino Francés. Así, no es de extrañar que un hospitalero se convirtiera en el patrono de la ciudad, el monje San Lesmes.

San Lesmes o Andelelmo (en francés: *Saint Aleaume*) provenía de una rica familia francesa. Sin embargo, vendió todas sus propiedades y entró en la orden benedictina de la congregación de Cluny. Llegó a Castilla con la corte de Constanza de Borgoña, que iba a contraer matrimonio con el rey Alfonso VI. Con apoyo real, introdujo la orden de Cluny en la península ibérica. Después de algún tiempo y a petición propia, dejó la corte para dedicarse como monje al cuidado de los peregrinos en Burgos, donde murió en 1097. Su sarcófago se encuentra en la nave central de la histórica iglesia bajo su advocación, y hacia él se dirigen tradicionalmente los pasos de los peregrinos.

En el siglo xiii otro francés, San Amaro, decidió quedarse en Burgos después de completar su peregrinación. Dedicó el resto de su vida a los peregrinos y a los enfermos pobres. Sirvió en el Hospital del Rey, que estaba bajo la custodia de las monjas del convento de Santa María la Real de las Huelgas. Está enterrado en una modesta capilla bajo su advocación, en el antiguo cementerio de peregrinos al lado del hospital en el que sirvió. Los peregrinos besaban los pies de su sarcófago, a su salida de Burgos.

El Hospital del Rey, donde estuvo ayudando San Amaro, fue fundado por Doña Leonor, esposa del rey Alfonso VIII el Noble (1158-1214) e hija del rey inglés Enrique II Plantagenet y hermana de Ricardo «Corazón de León». También se debe a dicha reina la fundación en 1180 del convento cisterciense de Santa María la Real de Las Huelgas. El prestigio de estas monjas, procedentes de las mejores familias del reino, era tan grande que en el siglo xvii el cardenal Aldobrandini dijo: «Si el Papa tuviera una esposa, no habría encontrado a una mujer más digna que la abadesa del monasterio de Las Huelgas». Tal fue su importancia, que no dependía de la curia local, sino directamente del papa.

El Cid Campeador, héroe nacional de España

En Burgos, cerca de un puente sobre el río Arlanzón, hay una estatua del Cid Campeador galopando, con su capa al viento, sobre su corcel Babieca y con la espada Tizona en actitud de combate. Las espadas tenían nombres, como los caballos, y muchas de ellas tenían grabada la fecha de su fabricación. La espada Tizona indica el año 1040 de la «era del César», que corresponde al año 1002 d. C. y se exhibe en el Museo del Ejército, actualmente en Toledo.

¿Quién fue El Cid?

Rodrigo Díaz de Vivar, apodado *El Cid* (1048-1099), procedía del pueblo de Vivar, cerca de Burgos. Pasó a la historia como un caballero de firmes convicciones en defensa de la honestidad y el honor: su persistencia en probar el derecho de sucesión al trono provocó su caída en desgracia ante el rey Alfonso VI. Rodrigo fue condenado al destierro y tuvo que dejar a su esposa, la asturiana Jimena, junto a las hijas, en el monasterio de San Pedro de Cardeña, en Burgos.

Sus cualidades despertaron un gran respeto entre los musulmanes, que le dieron el apodo de *Sidi*, 'señor' en lengua árabe, de donde viene el nombre de «El Cid». El apodo «Campeador» tuvo el significado de señor y dueño del campo de la batalla.

Su última victoria parece que la logró después de muerto, gracias a una estratagema. Durante una batalla en las afueras de Valencia, asediada por los sarracenos, El Cid resultó herido de muerte. Sabiendo que no viviría hasta la mañana siguiente, cuando tendría lugar la batalla decisiva, ordenó mantener en secreto su fallecimiento y vestirle con su armadura. Su cadáver, atado al caballo, hizo batirse en retirada al enemigo. Los árabes, seguros de que el *Sidi* había muerto como resultado de sus heridas, al verlo sobre su corcel, corrieron de pánico. Así fue como Valencia fue defendida por las tropas cristianas, aunque años más tarde volvió a caer bajo dominio musulmán.

El Cid fue enterrado en Burgos junto a su esposa en el monasterio de San Pedro de Cardeña, donde ella acabó sus días, hasta que en 1921 ambos sarcófagos fueron trasladados a la catedral de Burgos.

Se dice que durante la Noche de Difuntos, Dios permite a las almas ya liberadas de su cuerpo terrenal, visitar a personas y lugares especialmente queridos en vida. En esta noche, entre los matorrales en la cima de la colina Fresdeval, cerca de Burgos, aparece un jinete con cota de malla y casco, lanza y un escudo negro, que desde su corcel dirige su mirada hacia la ciudad y el amplio paisaje de Castilla y, una vez satisfecho con la vista amada, desaparece hasta la próxima Noche de Difuntos. Los habitantes más viejos del lugar afirman que es el espíritu del valeroso Cid.

Toda la historia de este héroe medieval de España se relata en el *Cantar de mío Cid*, poema épico de autor anónimo de los siglos xii-xiii.

Castrojeriz y la historia del «fuego de San Antón»

Cerca de Castrojeriz, provincia de Burgos, se encuentran los restos del antiguo convento de San Antón, del siglo XIV. Pertenecía a la orden de los antonianos (agustinos hospitalarios), especializados en el tratamiento de la enfermedad llamada «fuego de San Antón».

La primera descripción de esta enfermedad se encuentra en tablas asirias del siglo V a. C., y más tarde en el poema *De rerum natura (Sobre la naturaleza de las cosas)*, del poeta y filósofo romano Lucrecio (99-55 a. C.), y en el poema *Georgica*, de Virgilio (70-19 a. C.). Se le dieron varios nombres, como *ignis sacer* ('fuego sagrado'), *ignis Martialis* ('fuego de Marte'), *ignis ocultus* ('fuego oculto'), y posteriormente «fuego de San Antón», ya que afectó a este santo ermitaño. Hoy en día se conoce como *ergotismo*. Se contó entre las enfermedades sagradas esotéricas: en la antigua Grecia, los sacerdotes del templo de Deméter, diosa de los cereales, preparaban una bebida a base de centeno, que cultivaban ellos mismos. Al beberlo, se dice que se alcanzaba a ver a la misma diosa entre un arcoíris de colores.

Las mayores epidemias del «fuego», especialmente en la Europa del norte y central, tuvieron lugar en la Edad Media entre los siglos IX y XI. En 944 causó la muerte de cuarenta mil personas; era una plaga más temida que la lepra.

El inicio de la epidemia coincidía, generalmente, con el otoño después de un verano cálido y lluvioso. La enfermedad comenzaba con un ardor de las extremidades, en los dedos de los pies, manos, oídos y nariz, que se convertía en un dolor intenso causado por la isquemia, debido al espasmo de los vasos sanguíneos. La piel se volvía de color negro azulado con tonos rojizos hacia

Panorámica de Castrojeriz.

P. Brueghel el Viejo, ya retrata en su obra *Los mendigos* (1568) a los inválidos-enfermos de «Fuego de San Antón», a quienes se atendía en el convento de San Antón, cerca de Castrojeriz.

los bordes —lo cual indicaba gangrena seca—, y de ahí el nombre de «fuego». La extremidad se desprendía sin sangrado. Pero si la enfermedad afectaba a los vasos de los órganos internos, su progresión, muy dolorosa, conducía rápidamente a la muerte. En las mujeres embarazadas causaba el aborto espontáneo. Si la enfermedad afectaba al sistema nervioso central, aparecían alucinaciones visivas y auditivas, como en un caleidoscopio de luces de colores.

Muchos enfermos sufrían rechazo social y vivían en los leprosorios. El espanto que esta enfermedad causó en Europa encontró su máxima expresión en la pintura y la arquitectura. Este es el argumento del cuadro *Los inválidos* del pintor flamenco Pieter Bruegel el Viejo. En un templo románico del siglo xii en Javierrelatre (Huesca), la enfermedad se representa como un demonio devorando un pie, probablemente el de un peregrino.

La causa de la enfermedad se consideró sobrenatural y no se encontró cura para ella. Era considerada un castigo de Dios por los pecados cometidos, cuyo perdón solo se podía obtener arrodillándose ante Santiago en Compostela, pues se observó que los peregrinos que regresaban de allí parecían libres de sus síntomas.

Los hermanos antonianos no recibían en Castrojeriz a los peregrinos sanos, solo les proporcionaban pan para poder seguir el viaje; admitían solamente a personas enfermas del «fuego sagrado». El ritual del tratamiento consistía en tocar al paciente con un cayado pastoral en forma de letra tau por parte de un canónigo del monasterio y en darle un escapulario con la misma forma, similar a un amuleto. Los monjes-sanitarios cambiaban los apósitos y, si era necesario, amputaban la extremidad enferma. ¡Las piernas y brazos amputados se colgaban a la entrada del hospital!

Los enfermos eran alimentados con pan bendecido y vino, así como con caldo e infusiones de hierbas. La más efectiva fue la parietaria (*Parietaria officinalis)*, que actuaba como desintoxicante del hígado. Esta hierba crece en el sur de Europa, rara vez en Europa central y no se encuentra en el norte. También se aplicaban sangrías. Todos los tratamientos se acompañaban de la oración apropiada. El resultado del tratamiento era sorprendente: si la enfermedad no estaba muy avanzada, sus síntomas remitían en función del tiempo pasado en el Camino por España.

La realidad es que la razón de la mejora radicaba principalmente en el cambio de la dieta del peregrino. El pan de centeno era el alimento básico en la Europa central y del norte, y los peregrinos a Santiago, al llegar a España, consumían pan de trigo, típico del sur de Europa.

La enfermedad que padecían, conocida como ergotismo, se debía al consumo de pan preparado con harina de centeno, contaminada con cornezuelo, un hongo parásito que afecta a varios cereales, sobre todo al centeno, y raramente al trigo. El cornezuelo produce una sustancia tóxica llamada *ergotamina*, responsable de la contracción de los vasos sanguíneos y que provoca los síntomas de la enfermedad. El nombre «ergotismo» proviene del espolón de gallo (*ergot*, en francés), porque es la forma en que se asienta el cornezuelo negro entre los granos de la espiga. La última epidemia de ergotismo tuvo lugar en Francia en 1951.

Otras enfermedades en el camino a Santiago

Lepra

Una de las enfermedades más comunes en la Europa medieval fue la lepra. Esta enfermedad bíblica contagiosa se extendía principalmente entre individuos con baja inmunidad, por tanto, generalmente entre pobres, desnutridos e insomnes. La causa es el bacilo de Hansen, muy similar morfológicamente al bacilo de Koch. Debido a la destrucción gradual de las fibras nerviosas, inicialmente aparecen en la piel manchas blancas similares al vitíligo, pero con alteraciones de sensibilidad. La enfermedad es de desarrollo lento y conduce a discapacidades y deformaciones graves.

En la Biblia, tanto en el Antiguo como en el Nuevo Testamento, la lepra es mencionada a menudo. Cuando la causa de la enfermedad aún no era conocida, se ordenaba el aislamiento del enfermo, que tenía la obligación de llamar la atención con una apariencia repulsiva: ropa desgarrada, cabello despeinado, etc., y para dar tiempo que las personas pudieran alejarse a tiempo, el leproso tenía que gritar en su camino «¡Impuro, impuro!» (Levítico 13:45).

En la Edad Media, la situación de los enfermos cambió muy poco; debían anunciar su presencia con una campanilla colgada al cuello para ahuyentar a los transeúntes. Por razones estéticas o por sospechar la naturaleza infecciosa de la enfermedad, a los leprosos se les aislaba en leprosorios, alejados de la ciudad y a menudo rodeados por un muro, por encima del cual la gente piadosa arrojaba bolsas de comida para los enfermos.

Los leprosorios tenían su propio patrón, el personaje evangélico San Lázaro (Lucas 16:19-31), y a ellos se dedicaban los monjes lazaristas. Si hay un barrio de San Lázaro en una ciudad, se puede adivinar su pasado. Los lazaristas estaban presentes también en todos los caminos a Santiago.

Peste

Una de las razones de la disminución de peregrinos y de la crisis del Camino de Santiago fue la peste negra, que asoló Europa entre los siglos xiv y xv. El comienzo de la epidemia tuvo lugar en Asia, y se propagó a través de ratas infectadas con la enterobacteria *Yersinia pestis,* por pulgas infectadas y por contacto con pacientes, pero en aquellos tiempos se creía que se propagaba a través del aire infectado.

La peste llegó a Europa a través de rutas comerciales, especialmente por mar desde el norte de la India, así como con las invasiones mongolas. La primera oleada de la epidemia tuvo lugar en los años 1347-1353, durante los cuales se tomaron todas las precauciones posibles en forma de cuarentenas, hogueras de desinfección en las calles de las ciudades y mediante el sellado de las casas infectadas. Las ciudades y los barcos contagiados colgaban una bandera amarilla que advertía de la plaga. Los médicos tenían que usar trajes especiales, incluidos guantes y máscaras con largos «picos», en los que se colocaban hierbas para desinfectar el aire inhalado. Durante cerca de cincuenta años de recurrencia de la epidemia, murió un tercio de la población europea, unos veinticinco millones de personas. La peste negra cambió las costumbres de Europa y se convirtió en la principal causa de los primeros conflictos sociales.

Otras enfermedades que atacaban al peregrino fueron la tuberculosis, la gripe, el cólera y la fiebre tifoidea.

Frómista: la «villa del Milagro»

En la etapa Castrojeriz-Frómista.

Canal de Castilla, ingeniería del siglo de la Ilustración.

Antes de que el peregrino llegue a Frómista, justo a la entrada de la ciudad, se cruza una de las construcciones más famosas del período de la Ilustración en España, el Canal de Castilla. Gracias al uso de esclusas, las barcazas con grano de la región de Tierra de Campos podían llegar a los puertos. Es posible recorrer parte del Camino Francés a lo largo del Canal de Castilla, en tierras palentinas.

Frómista es famosa por la joya de su arquitectura románica, que es la iglesia dedicada a San Martín de Tours, uno de los más emblemáticos monumentos del Camino. Bellamente restaurada, permite admirar el concepto de arte escultórico románico en los capiteles de las columnas. Su misión consistía en transmitir el mensaje apropiado a través de la iconografía bíblica entreverada con escenas de la vida cotidiana. Los animales, tanto fantásticos como reales, tenían un significado simbólico, comprensible para las personas de la Edad Media.

En Frómista aconteció además un evento milagroso, como cuenta la leyenda.

Leyenda de la «hostia rebelde»

Sucedió en 1453. Un vecino de Frómista recibió dinero de un prestamista judío. Como no pudo devolver el préstamo en el plazo estipulado, el acreedor lo demandó ante la corte eclesiástica y fue castigado con la excomunión. Después de algún tiempo, el castigado devolvió el préstamo, pero olvidó confesarlo todo. Pasaron

Iglesia de San Martín de Tours en Frómista (s. xii) y las columnas de su interior.

algunos años, el hombre cayó enfermo y cuando estaba en su lecho de muerte pidió la comunión. El sacerdote vino inmediatamente a administrar los últimos sacramentos, pero en el momento en que tenía que coger la hostia de la patena, ésta se aferró con tanta fuerza que fue imposible dar el sacramento. Entonces el moribundo recordó el préstamo que había pagado hacía mucho tiempo y confesó su excomunión. Feliz, obtuvo la absolución y recibió la comunión con otra hostia.

Para conmemorar el evento, se guardó la hostia «rebelde» en la custodia de la iglesia de San Pedro.

Villalcázar de Sirga y Carrión de los Condes: nuevas etapas iniciáticas

Villalcázar de Sirga. Los sarcófagos del infante Felipe y de su segunda esposa. En el fondo, la Virgen Blanca de las Cántigas del rey Alfonso X (siglo xiii).

La gran iglesia de Santa María la Blanca en Villalcázar de Sirga se eleva sobre una colina, sobresaliendo entre casas blancas, componiendo una panorámica típica en Castilla.

La iglesia fue construida en piedra en el siglo xii por los caballeros templarios, en estilo entre románico y gótico. En ella se encuentra la figura de la Virgen Blanca, que inspiró al rey Alfonso X el Sabio (1221-1284), poeta y músico, a escribir sus más de cuatrocientas *Cántigas de Santa María*. Su argumento suelen ser curaciones milagrosas mediante la intercesión de la Madre de Dios. Cuatro cántigas están dedicadas a la Virgen del Manzano de Castrojeriz, cuya imagen fue encontrada en aquel bíblico árbol.

Pórtico de la iglesia de Santa María Blanca, Villalcázar de Sirga (Palencia).

Leyenda de la salvación del peregrino pecador

La canción número 26 de las Cántigas de Santa María, conocida como «Non é gran cousa», cuenta la historia de un peregrino que cometió un delito contra el sexto mandamiento durante su peregrinación.

Ante un pecador se presentó el Satanás, y para causarle mayor impresión, apareció disfrazado de Santiago. Usurpando la autoridad apostólica, lo castigó según el principio de «ojo por ojo, diente por diente».

Con expresión grave, dijo: «¡Solo puedes salvarte si eso con lo que has pecado lo cortas aquí mismo! Y luego... ¡debes cortarte el cuello! Esta será tu penitencia».

El peregrino, asustado y en un acto de contrición, se amputó los genitales y trató de degollarse. Sin embargo, estando ya casi desangrado y cercano a la muerte, se le apareció el auténtico Apóstol. Al ver su situación, rogó a la Virgen Blanca que interviniera y salvara la vida del desafortunado peregrino. Y así sucedió. El peregrino terminó su peregrinación a Santiago de Compostela, pero lo que cortó no regresó a su lugar. Además, una fea cicatriz permaneció en el cuello como recuerdo del desafortunado suceso y del milagro.

Esta canción trataba de ser una advertencia contra Satanás, quien, para lograr su objetivo, no duda en aparecer con la trazas de los santos más cono-

Claustro del monasterio de San Zoilo en Carrión de los Condes y la imagen de su virgen.

cidos, lo que atestigua también la gran fama del Apóstol. El asunto de la tentación bajo falso disfraz se encuentra asimismo en la pintura medieval y expresa el simbolismo religioso de aquellos tiempos.

La Virgen Blanca de Villalcázar de Sirga fue famosa por sus curaciones milagrosas, especialmente de enfermedades oculares. Por esta razón, fue una gran competencia para Santiago de Compostela, y muchos peregrinos que no recibían la gracia de la curación por intercesión de Santiago, hacían una peregrinación a Villalcázar de Sirga.

Otra leyenda refiere de un ciego de nacimiento que, tras pasar una noche ante la imagen de la Virgen del convento de San Zoilo en Carrión de los Condes, recuperó la vista.

Sin embargo, la moraleja de esta historia está probablemente más relacionada con otro tipo de ceguera, la ceguera espiritual. Según esta interpretación, el peregrino debería abrir los ojos de su alma a nuevos horizontes vitales para alcanzar el cielo, como lo alcanza el horizonte de Castilla, y «ver» con el alma lo que no es capaz de ver mediante la simple lógica humana.

Sahagún y los doce mártires

Las excavaciones arqueológicas sitúan en Sahagún la ciudad romana de *Camala*, en la ruta que conectaba *Legio* (León) con Roma. La toponimia de la ciudad de Sahagún proviene del nombre de su primer patrón, San Facundo, luego reemplazado por el patrocinio de San Juan de Sahagún.

Facundo y Primitivo eran hermanos, en una familia de doce hijos del centurión romano San Marcelino y su esposa Santa Nuna. Todos los hijos eran militares, al igual que su padre, y todos murieron mártires por la fe cristiana en varios lugares de la Península. Facundo y Primitivo murieron en el lugar que más tarde se llamaría Sahagún.

Virgen Peregrina de Sahagún, con la corona y con el sombrero.

El siguiente patrón de la ciudad, San Juan González de Castrillo (1430-1479), canonizado en 1691, nació en la localidad. Fraile agustino, predicador, místico y moralista, dicen que fue envenenado por venganza de una mujer, a cuyo amante el santo había reconducido a la virtud.

Arquitectura mudéjar, campanario de la iglesia de San Lorenzo (siglo XII), en Sahagún.

La leyenda atribuye a Carlomagno la fundación de un monasterio en esta localidad en agradecimiento por la victoria sobre el sarraceno Aigolando. La escuela del monasterio, fundada en el siglo XI, recibió en 1348 el estatus de universidad, que mantuvo durante cuatrocientos años. En ella estudió el futuro rey Alfonso VI, que más tarde otorgaría a la localidad derechos municipales y traería a monjes de Cluny, tras lo cual Sahagún se convirtió en la primera y principal sede de los benedictinos en la Península. En esta villa deseó el rey que se le enterrase.

Los sarcófagos del rey Alfonso VI y de sus cuatro sucesivas esposas están en el monasterio de Santa Clara de las Madres Benedictinas. Vale la pena visitarlo y contemplar la famosa escultura de la Divina Peregrina, patrona de Sahagún y de los peregrinos de Santiago. La Divina Peregrina, con el aspecto de una bella muchacha andaluza, se presenta de diario con un bordón y calabaza, una esclavina bordada y un sombrero de peregrina sobre el cabello moreno, que de fiesta cambia por una corona, más acorde con su rango y el rico atuendo barroco. Su autora es Luisa Ignacia Roldán Villavicencio (Sevilla, 1652-Madrid, 1706), conocida como Luisa Roldán o simplemente «la Roldana». Fue la primera escultora conocida en España y llegó a ser escultora oficial de la corte de Carlos II y Felipe V.

Entre los edificios más interesantes de Sahagún se incluyen las iglesias de San Tirso y San Lorenzo, ambas en ladrillo al estilo románico mudéjar del siglo XII, lo que demuestra la presencia de mozárabes llegados de Al-Ándalus.

En León

En el siglo I a. C., entre los ríos Bernesga y Torío, junto al asentamiento asturiano de *Lancia*, estaba estacionado el campamento romano de la *Legio VI Victrix*, que luego se trasladó a Alemania y fue reemplazada durante los siglos II y IV por la *Legio VII Gemina*. Ambas legiones tuvieron como misión la protección de las minas de oro de Las Médulas, en El Bierzo. El nombre actual de la ciudad de León surgió a partir de la transformación fonética de la palabra latina *legio*.

Los peregrinos a Santiago, según recomienda el *Códice Calixtino*, visitaban la basílica de la Colegiata Real de San Isidoro, uno de los edificios emblemáticos de estilo románico en el Camino de Santiago, así como la catedral.

Leyenda de cómo San Isidoro de Sevilla llegó a León

En el año 910 el rey asturleonés Ordoño II trasladó la capital de Oviedo a León y consiguió un tránsito tácito y tranquilo de *Regnum Asturorum* a *Regnum Legionense*. En el siglo XI, el reino era ya lo suficientemente fuerte como para que los gobernantes de algunas taifas islámicas se convirtieran en sus vasallos y pagasen tributos a cambio de protección y ayuda. En este contexto, el rey Fernando I (1037-1065) y su esposa Sancha solicitaron al rey de la taifa de Sevilla que, además del tributo monetario, les entregara las reliquias de las santas Justa y Rufina. Ambas estaban enterradas entre las ruinas de una de las iglesias visigodas de Sevilla. Para encontrar e identificar las reliquias, el rey envió a Alvito, obispo de León, conocido por su santidad, y a Ordoño, obispo de Astorga. El rey de la taifa, Al-Mutadid, los recibió muy hospitalariamente, pero la búsqueda resultó larga e infructuosa y el obispo Alvito decidió emprender el camino de regreso.

> Según la leyenda, la noche anterior a su regreso, al obispo Alvito se le apareció mientras dormía, el obispo de Sevilla Isidoro, fallecido unos cuatrocientos años antes. Le indicó el lugar de su sepultura y solicitó su traslado a tierras cristianas. También predijo que Alvito moriría en el plazo de tres días. Impresionado por estas revelaciones, el obispo ordenó que la búsqueda comenzase de inmediato. ¡Grande fue el asombro cuando en el lugar indicado, en Santiponce, cerca de Sevilla, se hallaron los restos incorruptos del obispo Isidoro… y Alvito murió repentinamente!
>
> En lugar de las reliquias de las Santas Justa y Rufina, la procesión fúnebre llevaba los restos de los dos obispos, Isidoro y Alvito. La leyenda dice que allí donde se detuvieron se produjeron curaciones y sucesos milagrosos: los musulmanes que les atacaban se quedaban ciegos o bien olvidaban sus intenciones; la ansiada lluvia caía después de una sequía prolongada, etc. En recuerdo de estos hechos, iglesias dedicadas a San Isidoro jalonan la ruta a su paso por la Vía de la Plata hasta el día de hoy.
>
> Cuando la comitiva finalmente llegó a León, el carruaje fúnebre se detuvo delante de la iglesia de San Juan Bautista. En este lugar hubo anteriormente un templo romano. En el baptisterio de la iglesia habían estado en algún momento las reliquias de San Pelayo, un niño mártir cordobés, pero las monjas que las custodiaban se las llevaron a Oviedo en su huida ante el avance islámico. Así pues, los restos de San Isidoro permanecerían en este lugar, en el camino hacia la tumba del apóstol Santiago, sobre quien escribió en su obra *De ortu et obitu patrum,* y el carruaje no se movió del lugar.

El rey Fernando I ordenó la reconstrucción de la iglesia de acuerdo con el patrón benedictino de Cluny y la construcción del panteón real. El conjunto fue elevado al rango de basílica colegiata real, dedicada a San Isidoro.

Las reliquias de San Isidoro se convirtieron en un destino de peregrinación independiente. Para que estuvieran más cerca de los peregrinos a Santiago, el rey Fernando II ordenó que la ruta del Camino pasara frente a la iglesia de San Isidoro, en la segunda mitad del siglo xii. Como resultado, la población de León se triplicó entre los siglos xi y xiii.

Catedral de León, la Jerusalén celeste sobre las termas romanas

Catedral de León.

Durante la dominación romana se construyeron en León, para uso de los legionarios, unas hermosas termas, entre las mayores del imperio. Cuando en 856 el rey de Asturias Ordoño I reconquistó León, las termas le impresionaron tanto que decidió convertirlas en su palacio. Entre tanto, la Reconquista progresaba y la capital del reino se trasladó de Oviedo a León en 910. El rey Ordoño II (873-924), agradecido por su victoria sobre los sarracenos en 916, decidió construir una iglesia dedicada a Santa María de la Regla en el lugar del palacio. Esta fue la primera estructura de la catedral en León, aún en estilo prerrománico y con claras influencias de la arquitectura asturiana.

A finales del siglo x, una incursión árabe dirigida por Almanzor devastó la ciudad y sus templos. El rey Fernando I, que reinó en el siglo xi, puso gran entusiasmo en la reconstrucción de la capital e inició también la reconstrucción de la catedral, en un estilo ya más moderno, en pleno apogeo del estilo románico, encomendándola a los mismos constructores que habían erigido la basílica de San Isidoro. Esta segunda catedral estuvo ya consagrada en el reinado de Alfonso VI.

Nuevos avances de la Reconquista hicieron que en 1230 el rey Alfonso VIII (1155-1214) trasladara la capital de León a Burgos. Pero la ciudad, degradada, no quiso convertirse en una simple localidad de provincia. Alrededor de 1250, con el apoyo del rey Alfonso X el Sabio, comenzó la construcción de una tercera catedral, esta vez en estilo gótico, a cargo del maestro francés Enrique, que ya había acometido poco antes la construcción de la catedral de Burgos. La obra fue ejecutada por todo un ejército de artesanos, especialistas en la construcción de catedrales, asociados en hermandades y gremios de constructores. Estas agrupaciones se ocupaban de los derechos de los obreros y operaban de manera similar a los sindicatos actuales. Tenían su propio vocabulario y signos de cantero, con los que marcaban su trabajo. La calidad de los materiales y el trabajo realizado eran supervisados por logias.

Los edificios románicos, de arquitectura algo pesada, que daban a los fieles una sensación de seguridad y concentración, fueron reemplazados en la época gótica por un estilo de gran altura, que despertaba la impresión de un contacto directo con el Cielo y transmitía una sensación de euforia y alegría. Para lograr este efecto, el arte cristiano utilizó la técnica de las vidrieras, procedente de la cultura árabe, y que floreció en el siglo XIII. Las paredes fueron «reemplazadas» por grandes vidrieras que dejaban pasar la luz, impregnada de misticismo y color. El ideal del arte gótico era la imagen de la Jerusalén celeste, descrita en el Apocalipsis de San Juan. Las catedrales en este nuevo estilo tenían un significado simbólico: se trataba de que los fieles pudieran sentir dentro del templo y todavía en vida, la gloria de Dios, pletórica de los colores del arcoíris, considerado como un puente entre el Cielo y la Tierra.

El concepto arquitectónico se inspiró en las catedrales francesas de Reims, Chartres y Notre Dame de París. De esta manera, los constructores de la catedral de León lograron construir una catedral «sin muros», místicamente iluminada. Debido a su hermosura, se llamó a esta catedral de la luz la *Pulchra leonina*. Con las torres de encaje, se elevaba a la gloria celestial entre las pequeñas casas que la rodeaban. En el siglo XIX, las casitas fueron demolidas para que la catedral estuviese rodeada por una gran plaza y tuviese mejor exposición. Sin embargo, el resultado de esta modificación ha sido la pérdida de las proporciones en perspectiva, y la catedral parece ahora de menor altura.

Lo más importante, sin embargo, son sus inigualables vidrieras, que cubren una superficie de 1800 m^2 y decoran los 134 ventanales y tres rosetones. Junto con la catedral de Chartres, constituyen el conjunto más importante del mundo, el *summum* lumínico de todas las catedrales conocidas. La luz penetra al amanecer a través de las vidrieras por el ábside; a medida que va cambiando de dirección, ilumina gradualmente todo el interior, y al final del día resplandece con todos sus colores el gran rosetón occidental, frente al altar. Entre las más bellas vidrieras se encuentran las de la capilla del apóstol Santiago y la Virgen del Camino.

Hay dos estatuas del Apóstol en la catedral: una en su capilla y la otra en el exterior, en la parte occidental de la fachada principal. Aquí su pedestal está erosionado por las manos de los peregrinos, pues tocarlo era parte de los rituales de la peregrinación en León, así como la visita a la Virgen Blanca y a la Virgen del Dado.

Leyenda del malvado topo de la catedral de León

Los constructores de la catedral de León se encontraron ante un caso que aún no habían visto en su vida, errante y experimentada. Mientras dormían, alguien deshacía el duro trabajo realizado durante el día. El hecho se repetía cada noche, por lo que decidieron esconderse y esperar atentos. Al poco, vieron a un grupo de hombres que comenzaban a destruir lo hecho durante el día. Cuando les apresaron, estos resultaron ser aldeanos de un pueblo cercano, del que se suministraba la piedra para la construcción de la catedral. Destruyéndola, querían vengarse, al considerar que los bloques de piedra eran de su propiedad, ignorantes de que es antigua costumbre reutilizar la piedra de edificios antiguos en los nuevos. En las murallas defensivas de algunas ciudades se pueden encontrar incluso lápidas funerarias procedentes de épocas pasadas.

En este caso, lo que estaba en cuestión era la propia construcción de la catedral, por lo que a los rebeldes les amenazaba la horca. Pero no perdieron la cabeza en esta peligrosa situación: lejos de admitir su culpabilidad, afirmaron que el trabajo de los constructores lo arruinaba todas las noches un topo gigante que vivía en el lugar, y ellos simplemente habían venido a capturarlo. Los constructores, también astutos, les dieron un plazo de tres días para entregar el topo muerto. Así pues, los aldeanos cazaron un animal grande, lo vistieron con una piel parecida a la de un roedor y lo presentaron como el culpable atrapado.

Desde entonces, el «malvado topo» dejó de perturbar la construcción, y sus «restos» fueron colgados como advertencia dentro del templo, del lado de la puerta de San Juan, donde aún pueden contemplarse. Una vez examinados por especialistas, resultaron ser el caparazón de una gran tortuga recubierto con cuero.

La leyenda refleja las dificultades encontradas en la construcción de la catedral, erigida sobre cimientos húmedos, ya recargados con las paredes de las termas y las del palacio, de piedra caliza, que absorbe agua. Los muros que se levantaban, de vez en cuando colapsaban, y tal vez la leyenda fuese inventada por los propios constructores para justificar el lento progreso de su trabajo.

A pesar de todo, la catedral se construyó en un período relativamente corto, de cincuenta años. Esto dio como resultado la uniformidad del estilo, si bien la obra fue completada ya por un constructor español, el maestro Juan Pérez. La consagración tuvo lugar en 1302.

Durante sus setecientos años de existencia, la delicada y frágil catedral ha requerido de constantes reparaciones y trabajos de mantenimiento. Por la experiencia acumulada, la catedral de León se convirtió en un modelo a seguir durante la reconstrucción de los templos europeos destruidos durante la Segunda Guerra Mundial.

Leyenda de la Virgen del Dado de la catedral de León

> El intenso movimiento de peregrinación atrajo a buscones que querían ganar algo de manera deshonesta a cuenta del peregrino. En el patio de la catedral de León, se encontraba la «mafia» de los jugadores de dados, que intentaban atrapar mediante el juego al peregrino ansioso de un pequeño entretenimiento y manejarlo hábilmente para robarle.
>
> Uno de los peregrinos, al darse cuenta de una trampa que no podía probar, irritado por perder de forma continuada, cogió el dado y lo lanzó con fuerza lo más lejos posible. Por casualidad, el dado voló hacia la figura de la Virgen Negra, golpeó la cara del Niño y todos se horrorizaron al ver que la sangre manaba de ella. Desde entonces, la Virgen sostiene un dado en su mano derecha, y la leyenda cuenta que los jugadores de dados desaparecieron rápidamente del templo.

Sin embargo, algunos autores recuerdan que en la época precopernicana el planeta Tierra se representaba en forma de un cuadrado similar a un dado, y que la tez negra de la imagen podría ser una referencia a imágenes antiguas de la Madre Tierra.

Las princesas-reinas polacas

En el siglo XII, Aymeric Picaud, encantado con León, escribió: «Es la capital del rey y de la corte, repleta de toda clase de prosperidades».

En aquel siglo, había diecisiete hospitales en León. Entre los más famosos estaban los de San Marcos, San Florián y San Marcelino.

El Hospital de San Marcos, situado al lado del Camino Jacobeo y del puente sobre el río Bernesga, fue fundado por la princesa Ryksa o Rycheza, nieta del príncipe polaco Boleslao Krzywousty. Se casó con el rey viudo de Castilla y León Alfonso VII el Emperador (1105-1157) y fue conocida en Castilla como Doña Rica. Cabe señalar que la princesa polaca y reina de Castilla fue educada cuidadosamente. Junto a su esposo, participó en las Cortes de Valladolid y puso su firma en todos los documentos, junto a la del rey. Como reina, promulgó un privilegio de asentamiento para los mozárabes, así como privilegios y concesiones para varios monasterios. Su hija Sancha, infanta de Castilla (1154-1208), desarrolló actividades similares como esposa del rey de Aragón Alfonso II. En 1188, la bisnieta del príncipe polaco fundó en Sigena (Huesca) el único monasterio femenino conocido de los hospitalarios de San Juan, según la regla de los caballeros de Jerusalén, que ganó una posición única en la vida de Aragón. Su biógrafo español Mariano de Pano escribió en 1925 que Doña Sancha «tenía en sus venas la fe y la nobleza de los reyes de Castilla y Polonia».

El hospital de San Marcos de León fue puesto bajo la protección de la Orden de San Marcos, que en 1180 se integró en la Orden de los Caballeros de Santiago. El rey Alfonso VIII estableció el hospital de San Marcos como la sede principal de la Orden, más tarde trasladada a Uclés (Cuenca). En el siglo xvi, el rey Fernando el Católico ordenó la demolición del antiguo edificio y la construcción de uno nuevo. Después de haber sido destinado a muchos fines a lo largo de los siglos, actualmente alberga un hotel de la cadena de Paradores Nacionales.

El hospital de San Froilán (siglos xii-xiv), perteneciente a la Colegiata de San Isidoro, fue un hospital en el sentido moderno del término, destinado a peregrinos enfermos. Las crónicas señalan que en el siglo xii se practicaba allí el lavado de pies todos los sábados, y a diario los días de Cuaresma.

El Santo Grial, la leyenda del rey Arturo y el ideal de la caballería

Existe una reliquia buscada desde hace dos mil años, primero por los nobles caballeros, luego por los nazis y finalmente por científicos curiosos. Se trata del legendario Santo Grial.

El Santo Grial fue el cáliz utilizado por Cristo durante la Última Cena, con el que instituyó el sacramento de la Eucaristía, cuando indicó a los apóstoles: «Haced esto en memoria mía». Se dice que José de Arimatea recogió en él la sangre de Cristo derramada en la cruz y, para evitar su profanación, encomendó a sus descendientes la misión de sacarla de Tierra Santa. Desde entonces, la reliquia ha sido objeto de búsqueda, ya que se le han atribuido propiedades milagrosas.

La leyenda del Santo Grial pertenece a la mitología cristiana, no está respaldada por referencia alguna en los textos bíblicos. Cerca de doscientos lugares del mundo proclaman poseer el Santo Grial, aunque la Iglesia católica no ha reconocido ninguno de ellos como auténtico. Su valor no es material, en tanto que objeto físico, sino simbólico, por el ejemplo de amor, sabiduría e inmortalidad del alma que el Redentor ofreció a la humanidad.

La palabra *Grial* probablemente proviene del término latino medieval *gradalis*, que significaba 'cuenco', o de *sang real*, la sangre del Rey de reyes, Cristo.

Las leyendas sobre el Rey Arturo, inicialmente paganas, incluyeron el tema del Santo Grial en sus versiones posteriores. El rey o caudillo Arturo, un supuesto descendiente romano, probablemente vivió en el siglo VI y estuvo al frente de la defensa de las islas británicas contra las invasiones sajonas. Fue un héroe de los poemas celtas y de la mitología germánica. Representaba los valores de la caballería: inteligencia, honor, lealtad, etc. Su castillo Camelot fue el ideal de igualdad, justicia y paz. El rey Arturo y sus doce caballeros se reunían alrededor de una mesa redonda, lo que significaba que el rey se consideraba un *primus inter pares* ('primero entre iguales'). Los caballeros de la Mesa Redonda en el castillo de Camelot, entre los que se encontraban Galván, Lanzarote, Perceval, Bors, Galahad, Tristán, Sigfrido, así como el traidor Mordred, recibieron la orden de encontrar el Santo Grial.

Quizás el emperador Carlomagno nombró a los doce pares de Francia inspirado por esta leyenda. El título de «par» significaba 'iguales entre sí, en coraje y nacimiento'. Sobre esta base se creó un código de caballería, que fue el eje de la cultura medieval. Se esperaba que el caballero fuera valiente e implacable en la batalla, pero que también controlara sus instintos agresivos y respetara la dignidad de las mujeres y el honor de sus camaradas. Las normas de la caballería, según el código de Carlomagno, están contenidas en el *Cantar de Roldán*. Exigían que el caballero fuera leal al de mayor rango, contribuyese a mantener la Iglesia, cuidase de los débiles e indefensos, ayudase a las viudas y los huérfanos, luchase por el bien de todos, por la verdad, que se apresurase a ayudar a los camaradas, y que viviese por el honor y la fama. Al caballero no se le permitía rechazar el desafío entre iguales o huir del campo de batalla.

Este código sirvió de guía a los monjes-caballeros pertenecientes a las órdenes de los caballeros templarios, de Calatrava, de Alcántara y de Santiago, cuyo deber fue defender y cuidar a los peregrinos a Santiago de Compostela.

El mito del rey Arturo es una de las leyendas europeas más importantes, cantado probablemente ya desde el siglo VI, pero que alcanzó su mayor popularidad en el siglo XII. Se convirtió en una inspiración para el arte y la literatura de toda Europa occidental. Fue ampliamente difundido en la corte de Champaña (Francia) por el poeta de corte Chrétien de Troyes (1135-1190), considerado el padre de las novelas de caballería e incluso el padre de la literatura de Europa occidental. Entre sus sucesores destacaron Wolfram von Eschenbach (siglo XIII), autor del poema *Parzival* en que se basaría después la ópera de Richard Wagner, y Sir Thomas Malory (siglo XV), autor de la narración *La Morte d'Arthur*.

El argumento del Santo Grial y de los caballeros de la Mesa Redonda también se encuentra en el Camino Jacobeo. En Sangüesa, en el capitel de la columna de la iglesia de Santa María la Real, puede verse al caballero Sigfrido (*Sigurd* o *Sigfried*) matando al dragón. En Santiago de Compostela, en una de las columnas de la fachada norte de la catedral hay episodios de la vida del caballero Tristán. Esto indica que en los años 1105-1110 esta materia era bien conocida debido a la llegada de peregrinos de otros países europeos. También se dijo que Perceval pasó varios meses en Cebrero, lo que puede estar relacionado con la leyenda sobre el cáliz de su iglesia. Fuera del Camino de Santiago, se puede encontrar el nombre del caballero Lanzarote en el nombre de una de las islas Canarias.

El mito del Santo Grial cobró vida en la literatura inglesa del período victoriano y en la literatura del positivismo español. Ejemplo de ello es la novela *Santo Grial*, de Emilia Pardo Bazán (1899). La leyenda del rey Arturo continúa siendo popular, y es la base de la leyenda sobre su mentor, el mago Merlín, promotor de la Mesa Redonda.

El Santo Grial en España

Desde los tiempos de caballeros, peregrinos y monjes, en España hay dos copas que pretenden ser consideradas el auténtico Santo Grial: una en Valencia y la otra en León. Ambos cuencos son de piedra, uno de ágata y otro de ónix, y se ajustan al tipo de recipientes usados en tiempo de Jesús. Su historia es algo diferente, aunque está siempre asociada al Camino de Santiago.

El *Santo Cáliz de la Última Cena* de la catedral de Valencia estuvo durante más de trescientos años (1071-1399) en el monasterio cluniacense de San Juan de la Peña (Huesca), fundado por Doña Mayor. Según la leyenda, San Lorenzo[23] lo donó a su tierra natal, *Osca* (Huesca). Fue adorado por los peregrinos en la primera ruta transpirenaica, que conduce desde el puerto de Somport a la ciudad de Jaca (Aragón). Antes de exponerlo a los peregrinos, estuvo escondido en varias cuevas y monasterios circundantes. En 1399 fue trasladado por el rey Martín I al palacio de la Aljafería, en Zaragoza, y después de veinte años, pasando por Barcelona, a la Catedral de Valencia. Es un recipiente de ágata oriental roja y transparente, ricamente adornado en épocas posteriores.

En León, por otro lado, investigadores de la universidad han examinado un cáliz conocido como la «copa de la reina Urraca». Según su hipótesis, tiene mayores posibilidades de ser un auténtico Santo Grial. Se encuentra en el tesoro de la Basílica Real de San Isidoro de León, que perteneció al complejo del palacio del rey de León y Castilla Fernando I (1037-1065).

El cáliz se ha sometido a la prueba de isótopos de carbono (C^{14}), y ha demostrado ser contemporáneo de Cristo. Documentos antes desconocidos, encontrados en la biblioteca de la Universidad de al-Azhar, en Egipto, confirman que la reliquia, junto con otros objetos procedentes del Santo Sepulcro, fue transportada desde Jerusalén a Egipto. En el siglo XI fue enviada a España como regalo del gran califa fatimí, que reinaba en el norte de África, para el rey de la taifa de Denia (Alicante), en agradecimiento por su ayuda durante la hambruna.

El rey Fernando I lo recibió en 1054 como obsequio del emir de Denia. El cuenco de ónix fue enviado al rey en una caja de plata, también procedente de Egipto. El rey Fernando podría haber temido complicaciones en relación al carácter del obsequio, y este se mantuvo en secreto. Era una reliquia demasiado valiosa como para arriesgarse a perderla y posiblemente su hijo, el rey Alfonso VI el Batallador, tuvo el mismo pensamiento. El recipiente pasó a la reina Doña Urraca, que cedió sus joyas para adornarlo y mandó grabar en la base su nombre. Los documentos indican que el cáliz fue de uso

---

[23] San Lorenzo, nacido en Hispania, fue archidiácono de Roma, ordenado por el papa Sixto II. Durante las persecuciones del emperador Valeriano, murió como mártir en Roma en 258.

privado y estuvo siempre en las cámaras del palacio real. Más tarde, quizás algo olvidado, se encontró en el tesoro de la basílica, como parte que fue del complejo palaciego, y allí ha permanecido hasta el presente.

Aunque ciertamente el tesoro es la basílica misma, una joya de la arquitectura románica en la que puede admirarse el fresco románico de la Última Cena, en el Panteón de los Reyes.

Las peregrinaciones caballerescas

Viajar por toda Europa para llegar al destino exótico de Santiago de Compostela se convirtió, en parte, en un desafío para los caballeros aventureros. Desde el comienzo de la historia del Camino hubo personas que hoy podrían considerarse peregrinos profesionales, especialmente entre la alta y rica aristocracia. No tenían miedo de las aventuras peligrosas, a veces parece incluso que las estaban buscando. En el sentimiento religioso encontraban la justificación para visitar el mundo conocido en aquellos tiempos. Entre ellos hubo, relativamente, muchas mujeres. Sin embargo, los diarios de viaje los escribieron principalmente hombres. A partir del siglo xv se encuentran entre sus autores muchos nombres famosos. Además de las razones religiosas, los jóvenes nobles querían conocer nuevos países, ganar fama en los torneos caballerescos, mostrar su destreza y coraje y ganar prestigio ante los tribunales europeos, lo que contribuiría a tener una posición relevante al regresar a su país. Muy a menudo, después de completar la peregrinación a Santiago continuaban su viaje por Andalucía, Cataluña o Italia. Otros combinaron la peregrinación con el deber de caballero y participaron en la Reconquista.

Entre historia y leyenda: el puente del *Passo Honroso* sobre el río Órbigo

La Edad Media no carecía de romanticismo, especialmente para los enamorados. Los caballeros andantes deambulaban por el país buscando cualquier ocasión para demostrar su valentía y luchar en nombre de la dama de su corazón.

Así, se hizo famosa una historia que tuvo lugar en el Año Santo Jacobeo de 1434. Un hidalgo llamado Don Suero de Quiñones, oriundo de León, estaba enamorado de la dama Doña Leonor de Tovar, y tuvo una idea que le haría famoso durante siglos.

Cartel y poste con la historia del *Passo Honroso*, en Hospital de Órbigo.

Viajó a Medina del Campo (Valladolid), al castillo de La Mota, donde residía Juan II. Se presentó ante el rey con una argolla de hierro alrededor del cuello que simbolizaba la esclavitud por su amor hacia Doña Leonor, y que se había comprometido a ponerse todos los jueves. En la audiencia del rey, pidió permiso de rodillas para organizar un torneo entre caballeros que le ayudara a liberarse finalmente del yugo del amor.

Era esta una costumbre bastante común. Se solía combatir «hasta la primera sangre», y en encuentros por honor, hasta el último aliento. En este caso, el lugar elegido para los duelos fue bastante inusual: Don Suero optó por la vega al lado del largo puente sobre el río Órbigo, no muy lejos de León, puente que los viajeros que peregrinaban en aquel año santo no podían evitar. Los torneos tendrían lugar a diario durante los quince días anteriores y posteriores al onomástico de Santiago. Como prueba de amor y poniendo como testigo al Apóstol, Don Suero se comprometió a romper trescientas lanzas en los torneos.

Desde el día 10 de julio al 9 de agosto de 1434, después de la misa diaria, bloquearon el puente el caballero y sus compañeros, cuyos apellidos se documentaron y figuran grabados en un poste colocado en el puente, en conmemoración de la famosa hazaña. Don Suero arrojaba su guante al caballero que quisiera cruzar el puente, desafiándolo a la justa, y de ahí el nombre de Passo Honroso. Muchos aceptaron el desafío, y Don Suero pudo presumir de vencer a caballeros de Castilla, Aragón, Valencia, Portugal, Alemania, Bretaña e Italia. Pero también hubo quienes no aceptaron el envite; como reconocimiento de su «cobardía», tuvieron que entregar su propio guante al contrincante. Las crónicas señalan que solo una justa acabó en muerte,

Puente romano en Hospital de Órbigo.

lo cual supuso un inconveniente, pues la Iglesia prohibía oficialmente los duelos y no permitía que los desafortunados fueran enterrados en campo santo.

Tras la fecha límite establecida para los torneos, Don Suero de Quiñones se despojó de su arma ante el Apóstol, y en señal de liberación del yugo del amor le ofreció su «argolla de la esclavitud», pero esta vez de oro y guarnecida con una amatista rodeada de perlas. La gema todavía adorna el busto de la imagen apostólica.

Así habría finalizado esta aventura romántica si, al cabo de veinticuatro años, en 1458, uno de los perdedores no se hubiese vengado matando a nuestro héroe en otro duelo.

El puente sobre el río Órbigo (siglo XIII) es el más largo del Camino Jacobeo, con 823 metros de longitud y diecinueve arcos de luz, y se levanta sobre la vía romana de León a Astorga. A comienzos del siglo XIX, durante la invasión napoleónica, los vecinos destruyeron ambos extremos del puente para evitar el paso de su ejército.

En memoria del torneo del Passo Honroso se celebran cada año justas y espectáculos de artes caballerescas en la vega de la localidad de Hospital de Órbigo.

El invicto caballero que vino desde Breslavia

La atmósfera del Camino en el siglo XV se refleja también en el relato de Nicolás de Popielowo, noble oriundo de las cercanías de Breslavia (*Wrocław*, Polonia). Este caballero era famoso por sus victorias en los torneos, en los que se mantuvo invicto gracias a su gran lanza, de longitud y peso extraordinarios, y decidió ofrecérsela al Apóstol. En 1484 la transportó a través de toda Europa sobre un gran carro especialmente construido para la ocasión e hizo su peregrinación acompañado por su caballo de batalla.

Después de visitar Santiago, continuó su viaje a Finisterre y Mugía; a través de Portugal llegó a Andalucía, para seguir después hacia Valencia y Cataluña. Dejó una crónica de su peregrinación y una descripción de las costumbres del país.

Ecos del Camino de Santiago en *Don Quijote de la Mancha* (II)

En su obra *Don Quijote de La Mancha*, Miguel de Cervantes recordó a través de su héroe las órdenes de caballería del Camino de Santiago, que protegían a los peregrinos indefensos, así como la aventura del caballero Suero de Quiñones en el puente sobre el río Órbigo. En dichos episodios, Don Quijote manifiesta su ideal de la caballería, basado en la protección de los indefensos y la adoración de una dama idealizada (primera parte, capítulo XLIX). Al citar estos ejemplos, trata de evitar su propio ridículo, ya que para el lector de principios del siglo XVII, lejos ya de los ideales de la caballería andante, la situación resultaba cómica.

En la segunda parte (capítulo LVIII), Don Quijote explica a su escudero Sancho, quién es Santiago para España: el patrón y el apoyo de las tropas cristianas en las batallas contra los sarracenos. Sancho, sin embargo, lo acepta como una fantasía, ya que habían transcurrido más de cien años desde la conquista de Granada (1492), el último bastión musulmán.

En la Maragatería: Astorga

En la etapa desde Hospital de Órbigo a Astorga hay una colina con la cruz de Santo Toribio, desde donde puede verse a unos cinco kilómetros la antigua *Asturica Augusta*. En ella convergían la Vía de la Plata, de norte a sur, y la Vía de Aquitania, de oeste a este, que más tarde sería el Camino Francés. En Astorga había veinticinco hospitales en la Edad Media. En el hospital de San Juan ingresó enfermo San Francisco durante su peregrinación en el año 1214.

Puente en la etapa La Bañeza-Astorga.

Pórtico de la catedral de Santa María, Astorga.

Izquierda: Figura del arriero en los tejados de Astorga. *Derecha:* Palacio arzobispal según el proyecto de A. Gaudí, en Astorga.

Los investigadores todavía se preguntan sobre el origen de los habitantes de esta pequeña comarca llamada la Maragatería, ya que sus antiguas costumbres difieren bastante de las de tierras vecinas. El nombre de la comarca podría ser de origen árabe; otros sugieren en cambio un origen fenicio. La población siempre estuvo involucrada en el comercio y el transporte, y actualmente se dedica a la artesanía y al turismo.

Observando el panorama de la capital, puede adivinarse su historia: murallas defensivas romanas, catedral gótica y palacio arzobispal modernista, proyectado por Antonio Gaudí, que actualmente alberga el Museo del Camino de Santiago.

Historia de Santo Toribio, obispo de Astorga, llamado Santo Toribio de Liébana

La catedral de Astorga alberga una imagen de Santo Toribio con la tiara episcopal, cuyo nombre está asociado con muchos lugares en diferentes rutas del Camino.

El santo nació alrededor del año 402 en Astorga. Después de vender todas sus posesiones, viajó a Jerusalén y pasó allí algún tiempo como sacristán principal en el santuario del Santo Sepulcro. En agradecimiento por sus servicios Juvenal, patriarca de Jerusalén, le obsequió con el *Lignum Crucis*, el fragmento más grande de la Santa Cruz hoy existente, y otras reliquias. En su camino de regreso a Hispania, Toribio visitó Roma, ciudad en la que el papa León I el Grande le nombró archidiácono de Tuy (Galicia), donde más tarde fue ordenado sacerdote. En 444 fue nombrado obispo de la diócesis de Astorga.

Picos de Europa desde el monasterio de Santo Toribio de Liébana.

En aquellos tiempos, la doctrina del obispo Prisciliano, a pesar de haber sido condenada como herejía, continuaba ganando adeptos entre el clero. Preocupado por la situación, Toribio informó al papa León I, que le ordenó convocar un sínodo y amenazar con la excomunión a los obispos que no desaprobaran la herejía prisciliana. Esto provocó una protesta tan enérgica, que el obispo Toribio tuvo que regresar a Tuy, siendo perseguido en los años siguientes por el propio rey Teodorico II. Esta vez, Toribio se vio obligado a refugiarse en las montañas de Asturias. Junto con sus valiosas reliquias, pasó mucho tiempo en una gruta del Monsacro, monte cercano a Oviedo, a la que se dio el nombre de Gruta del Ermitaño.

Finalmente, regresó a Astorga, donde murió en el año 467. Ante la invasión musulmana, la reliquia del *Lignum Crucis* y los restos del obispo fueron trasladados desde Astorga al monasterio de San Martín, en las estribaciones del valle de Liébana (cordillera Cantábrica). En el siglo XII, el monasterio cambió su advocación a Santo Toribio de Liébana.

Desde 1512 se celebra allí el Jubileo de la Santa Cruz. Los años en que la fiesta de Santo Toribio (16 de abril) cae en domingo, se abre la Puerta del Perdón.

La escalofriante Celda de los Emparedados

Hay en Astorga un lugar único, que refleja cómo se vivía la religiosidad en su vertiente mística en la Edad Media. Se trata de la Celda de los Emparedados. A escasos metros de la catedral, entre la capilla de San Esteban y la iglesia de Santa Marta, se encuentra una construcción que estaba destinada al emparedamiento voluntario hasta el final de la vida. Fueron principalmente mujeres las que escogían vivir en un cubículo de escasos metros de superficie, donde dormían en el suelo o como máximo en una tabla y dedicaban el resto de su vida a la oración y penitencia. Una ventana interior les permitía asistir a los servicios religiosos del templo, y otra que daba a la calle les permitía comunicarse con el mundo exterior, y que les depositasen a través de ella limosnas y alimentos. En el dintel de la ventana de la celda en Astorga hay la inscripción del Eclesiastés sobre el juicio de las almas al final de la vida: «Acuérdate de mi juicio, porque así será también el tuyo. A mí ayer, a ti hoy».

La profesora Gregoria Cavero Domínguez, en su libro *Inclusa intra parietes. La reclusión voluntaria en la España medieval*, escribe sobre este fenómeno, frecuente en España y otros países de Europa. Las celdas de emparedados estaban adosadas a las iglesias, monasterios, hospitales, cementerios, puentes y murallas de las ciudades. Después de una ceremonia litúrgica con el oficio de difuntos, la persona se introducía en la celda, se tapiaba la entrada y allí terminaba su vida.

Al prohibirse el emparedamiento a finales del siglo XVII, estas construcciones fueron desmanteladas, y por eso la celda astorgana pasó a ser un monumento único que quedó *in memoriam* de la mentalidad y la religiosidad medievales.

***

En Rabanal del Camino.

Desde Astorga el Camino transcurre por Castrillo de los Polvazares, El Ganso, Rabanal del Camino y Foncebadón hasta Monte Irago.

Aymeric Picaud señala Rabanal como final de etapa, por lo que el rey peregrino Felipe II se albergó aquí una noche en la casa de las Cuatro Esquinas. Actualmente, el peregrino puede elegir entre varios refugios, uno de los cuales, el albergue de Gancelmo, es administrado por la asociación inglesa *Confraternity of Saint James*. Gancelmo fue un ermitaño, predicador popular en esta comarca y hospitalero del refugio que fundó al lado de la iglesia de Foncebadón, un complejo que luego se convirtió en abadía. En reconocimiento a sus méritos, el rey Alfonso VI lo eximió del pago de impuestos en 1103. Sus actividades cubrían la zona cuyo límite era Monte Irago; a partir del siglo XIII, las continuaron los caballeros templarios.

En Rabanal del Camino, en 2001, los Misioneros de Santa Otilia de la orden benedictina, fundaron el monasterio de San Salvador del Monte Irago. La placa en el edificio muestra la siguiente inscripción: «La nueva fundación se ubicó al lado del camino, por donde muchas personas se dirigen no necesariamente a algún lugar (Compostela), sino a encontrarse con Alguien que solo se puede sentir en un susurro del viento, en una sonrisa de un extraño, en el poder de la tormenta y la armonía del amanecer».

Cruz de Ferro en el Monte de Irago.

La ruta continúa hasta los límites entre la Maragatería y El Bierzo, en el Monte Irago, donde el ritual del peregrino ordena depositar una piedra bajo la *Cruz de Ferro*.

En El Bierzo

El Bierzo es una pequeña comarca que pertenece a la provincia de León. Es una cuenca rodeada de altas montañas que limita al norte con Asturias y al noroeste con Galicia.

A esta región, muy fértil y hermosa, con un microclima específico, los romanos la llamaron *Bergidum*, de donde deriva su nombre actual. Para los peregrinos esta tierra es un verdadero oasis.

En El Acebo.

La región, también conocida como la «Tebaida berciana»[24], fue tierra de famosos ermitaños como San Fructuoso (siglos VI-VII), San

[24] En la Tebaida se agrupaba la vida ermitaña del Oriente Medio. Comprendía territorios del alto Egipto, Siria y Capadocia.

Genadio (siglo x) y sus seguidores, que eligieron la soledad entre los picos de las antiguas montañas sagradas del Teleno y Aquiana, en los montes Aquilanos, en el territorio que va desde Compludo hasta Peñalba de Santiago, en el Valle del Silencio. Aquí hay muchas herrerías antiguas movidas por el agua, y por ello surgió la convicción de que los ermitaños también se ocupaban de alquimia.

El Camino conduce a través del bonito y restaurado pueblo de El Acebo. Sus residentes estaban exentos de pagar impuestos a cambio de la obligación de mantener el Camino transitable y colocar ochocientos postes para marcarlo en la nieve durante la época invernal. Dejando atrás Riego de Ambrós, el sendero conduce a través del Camino Real, en la margen derecha del río Meruelo. Probablemente en la Edad Media los peregrinos tenían que descender por una profunda garganta, donde varias corrientes confluyen formando un río. Aquí cruzaban el puente romano, que como señal de advertencia se llamaba puente de Mal Paso, con un único arco de nueve metros de altura.

En el umbral de Molinaseca, el peregrino llegaba a la capilla de Nuestra Señora de las Angustias, pegada a la ladera del monte, y en ella realizaba el ritual de arrancar una astilla de la puerta para tener suerte en el Camino. Esto también lo hacían los segadores gallegos, que incluso probaban sus hoces en la puerta. En consecuencia, tuvo que protegerse la madera de la puerta con planchas de metal.

Desde el siglo xii, un magnífico puente sobre el río Meruelo llamado puente de los Peregrinos conduce a Molinaseca. En esta localidad medieval había tres hospitales y actualmente hay dos albergues. El elegante pueblo ha conservado su característica calle Real, que termina en la iglesia barroca de San Nicolás de Bari, patrón de los peregrinos.

Puente de los Peregrinos y estatua de Santiago Peregrino en Molinaseca (Bierzo).

Desde aquí, quedan solo nueve kilómetros hasta Ponferrada, donde los peregrinos dirigían sus pasos hacia el santuario de la Virgen de la Encina.

Ponferrada

Castillo de los templarios, en Ponferrada.

El nombre de Ponferrada significa 'puente de hierro'. En 1082, el obispo Osmundo de Astorga ordenó la restauración del antiguo puente romano, que estaba a punto de colapsar. Fue modernizado y reforzado con barras de hierro. Así se creó el *ponte ferrato*, que dio el nombre a la localidad.

Alrededor de 1178, los caballeros templarios comenzaron a asentarse en territorios cedidos por el rey, a cambio de proteger a los peregrinos en la comarca del Bierzo. Construyeron castillosmonasterios en Cornatel, Sarracín y Corullón. Ponferrada fue la sede principal de la orden y allí, en una colina de la margen derecha del río Sil, se construyó una ciudadfortaleza. La leyenda de la Virgen de la Encina está asociada a este período.

Leyenda de la Virgen de Ponferrada

La leyenda cuenta que la imagen de la Virgen de Ponferrada fue tallada por San Lucas Evangelista y que junto con el *Lignum Crucis* fue traída por Santo Toribio de Tierra Santa.

Cuando las reliquias del santo junto con el Lignum fueron trasladadas en el siglo VIII a Cantabria, la figura de la Virgen se perdió. Quizás, como era frecuente, la habían ocultado por seguridad en algún lugar.

Un día, cierto monje que supervisaba la tala de árboles para la construcción del castillo observó un fenómeno inusual: una luz extraña llegaba del bosque de encinas. Fascinado, se acercó al lugar y vio una imagen de la Virgen escondida en el hueco de un viejo árbol. Informó de este descubrimiento a sus superiores, que decidieron dejar la imagen sagrada en su escondite hasta que se construyese un santuario para albergarla.

La Virgen de la Encina es la patrona de Ponferrada y de la región del Bierzo. Se encuentra en la basílica de Ponferrada, muy cerca del castillo de los caballeros templarios.

El castillo de los templarios y la figura del «Cristo de la Fuerza»

El castillo templario de Ponferrada fue un complejo militar con torres, muros defensivos y un foso, así como patios de armas, capillas, pozos y corredores secretos que conducían fuera de la fortaleza.

En la capilla principal del castillo se adoraba el Cristo de las Maravillas, también llamado Cristo de la Fuerza. Ante esta imagen de finales del siglo XIII los caballeros templarios presentaban armas durante la adoración. Representa a Cristo crucificado en majestad, con una corona de rey, en lugar de la de espinas. Una imagen similar se encuentra en el Pórtico de la Gloria en Compostela.

Actualmente, en la capilla del castillo hay una copia de dicha imagen. El original fue trasladado primero a la iglesia de San Andrés y luego a la basílica de la Virgen de la Encina. Está protegido con un panel de vidrio, no en prevención de un posible robo, sino para evitar el fervor excesivo de los fieles. Como recuerdo, fue costumbre sacar astillas de la imagen, llegando en un caso a romperse incluso un dedo de la mano derecha.

Tras la disolución de la orden en 1312, sus territorios pasaron a ser bienes reales, mientras que los castillos los recibió en propiedad hereditaria el conde de Lemos.

En las paredes del castillo de Ponferrada se pueden encontrar señales en forma de la letra tau, que la tradición oral atribuye a los caballeros templarios. Sin embargo, las cruces templarias fueron siempre de cuatro brazos. Dichos signos se encuentran en zonas del castillo construidas en épocas posteriores, como la parte erigida por don Pedro Álvarez Osorio, conde de Lemos. Los mismos signos también se pueden encontrar en otros castillos de su propiedad que nunca pertenecieron a los caballeros templarios.

Monumento a la Orden de los Templarios.

La cruz «patada» de los templarios en su castillo de Ponferrada.

Portal de la iglesia en Villafranca del Bierzo.

Santiago el Mayor bajo la cruz. Etapa Molinaseca-Cacabelos.

Una de las mejores novelas históricas de España, *El señor de Bembibre* (1844), de Enrique Gil y Carrasco, aborda el tema del amor romántico a principios del siglo XIV entre el maestro de la orden de los caballeros templarios en Castilla, don Álvaro Rodrigo, la bella Beatriz y el conde de Lemos, enemigo vengativo, imperioso y radical de la orden.

A la luz de las antorchas, se celebra en Ponferrada la Noche de los Templarios, en el primer fin de semana del mes de julio.

Desde Ponferrada, los peregrinos se dirigían a Villafranca del Bierzo, en cuya iglesia de Santiago quien no podía caminar más, tenía la oportunidad de cruzar la Puerta del Perdón y recibir la indulgencia plenaria.

Las Médulas o el «núcleo de las montañas»

Saliendo de Ponferrada, se puede continuar por el camino más accesible, el llamado Camino de Invierno. Esta es la oportunidad para contemplar un paisaje único que nos muestra el trabajo de la ingeniería romana en la región, en la que, según los cronistas romanos, «el arado extraía el oro de la tierra».

Durante los siglos I y II d. C. se dio una especie de «estado de excepción» en todo El Bierzo. Plinio el Viejo, talentoso historiador y político romano, estuvo a cargo del desarrollo de un sistema de extracción del mineral de oro, que mencionó en su *Naturalis historia*, pero sin proporcionar demasiados detalles para no desvelar lo que era un secreto de Estado. Sin embargo, dio

En el Camino de Invierno.

cuenta de que en la parte noroeste de la península ibérica se extraía el equivalente a 10 000 kg de oro al año para el imperio.

Para la extracción se aplicó el método de la *ruina montium*, consistente en arrastrar por medio del agua la entraña de los montes, que eran sistemáticamente destruidos. El agua se drenaba hacia un valle natural, en el que se fue creando gradualmente un lago artificial, el lago de Carucedo.

Con esta técnica se llegaron a arrastrar entre doscientos y trescientos millones de toneladas de material de montaña, obteniéndose de uno a siete gramos de oro por tonelada de suelo procesado. Se estima que se llevaron a Roma mil quinientas toneladas de oro. En las minas trabajaban alrededor de 60 000 esclavos, y toda la región estaba controlada por las legiones romanas VIII y X.

Las Médulas son un remanente de lo que en el pasado fueron montañas «normales». Para las siguientes generaciones solo quedó el núcleo de dichas montañas (lat. *medulla*, 'núcleo') en forma de gigantescas «esculturas» rojizas, que dan la imagen de un paisaje lunar. El panorama más impresionante se puede observar desde el mirador de Orellana.

El castillo de Cornatel

En el Camino de Invierno a través de los montes Aquilanos, se pasa cerca de una empinada roca en forma de cuerno. Al borde hay un castillo colgado como un nido de águila, cuyo nombre, Cornatel, deriva de cuerno o cornamenta. Un corredor secreto conectaba el castillo con el arroyo Ferreiros, que fluye a sus pies.

El paisaje por estas tierras es virgen y salvaje. Los acantilados de piedracaliza alcanzan los 1848 m s. n. m., y los valles cultivados llegan hasta los mil metros de altura. En la cima, desde el castillo hay un maravilloso panorama, en el que es fácil localizar el lago de Carucedo.

Castillo de Cornatel en el Camino de Invierno.

La ubicación estratégica del promontorio condicionó su destino militar. Inicialmente, en la cima de Cornatel hubo un castro, asentamiento militar celta. Los celtas fueron reemplazados por un destacamento romano que controlaba el transporte de minerales auríferos desde las minas cercanas. Entre los siglos XI y XII el castillo estuvo habitado por la favorita del rey Alfonso VI, ya viudo, Jimena Muñiz. Aquí nació Alfonso I, hijo natural y único del rey, proclamado en 1139 primer rey de Portugal. Entre los años 1228-1312 el castillo perteneció a la orden de los caballeros templarios. Tras su disolución, volvió a ser propiedad real hasta que finalmente, en reconocimiento a sus méritos, fue otorgado a la familia Osorio, fundadora del condado de Lemos.

Leyenda del pecado del abad y el lago de Carucedo

Como se ha dicho, el lago de Carucedo se formó de modo artificial, debido a la explotación de las minas de oro por los romanos. A pesar de su origen, las gentes del lugar lo envolvieron en leyendas, una de las cuales se refiere a los sentimientos y pasiones humanas.

> En los tiempos en que los caballeros templarios vivieron en el castillo de Cornatel, tuvo lugar un acontecimiento que fue mantenido en secreto. Uno de los señores del castillo fue a cazar en solitario, y se sorprendió cuando en el bosque vio a una joven recogiendo fruta. La chica era hermosa, y el caballero no pudo controlar su pasión: a pesar de las protestas de la joven, él quería poseerla. La moza contó el suceso a su prometido y este, enojado, decidió vengar su deshonra.
>
> Esperó a que el templario saliese de nuevo a cazar, se plantó delante de él y consiguió matarlo con un cuchillo. Para evitar el castigo por asesinato, huyó a las tierras ocupadas por los sarracenos. Pasado cierto

tiempo, quiso expiar su acto y se unió a una orden religiosa. Regresó a su tierra de origen como monje, sin que nadie le reconociera. Pronto su sabiduría y piedad se hicieron célebres, por lo que acabó convirtiéndose en abad del monasterio de Carucedo. Los feligreses acudían a él en busca de consejo y ayuda. De su antigua novia no se supo nunca más.

Un día, el abad recibió una solicitud inusual: una mujer poseída, hechizada, dañaba las haciendas y a los animales. Por tanto, le pidieron que expulsara al demonio de ella. El abad asignó una capilla para el exorcismo y esperó. La mujer vino sola. De repente algo sacudió profundamente al abad, pues reconoció a la mujer que en su juventud fue su novia. Los antiguos novios sintieron que la pasión que les unía seguía latiendo con la misma fuerza, aumentada si cabe por años de separación. El monje olvidó su voto de castidad y abrazó a la mujer. En este momento, el cielo se cubrió de relámpagos y truenos; empezó a caer una lluvia tan intensa, que acabó por dar origen a un lago que cubrió completamente la capilla con los amantes.

Se dice que durante las noches de San Juan se pueden escuchar todavía las campanas de la capilla hundida en el lago.

II
Caminos del Norte - caminos iniciáticos

Se dice que «el Norte no es un lugar, sino un estado de ánimo». Los Caminos del Norte, alejados de la masificación que vive actualmente el Camino Francés, siguen siendo una experiencia en soledad y unión con una naturaleza agreste y de paisajes coloristas. Aquí el camino de perfeccionamiento pasa por donde animales y plantas todavía se maravillan de la vida.

Los Caminos del Norte difieren de otros en cuanto a clima y paisaje. Son terrenos montañosos y el clima tiende a ser lluvioso, especialmente en verano, porque las altas montañas retienen las nubes procedentes del mar. Todo se ve recompensado por una vegetación exuberante, y es que a la lluvia la llaman aquí el «impuesto por el verde». La riqueza de la naturaleza y el paisaje justifican el eslogan actual «Asturias, paraíso natural».

Probablemente debido a las dificultades que han de superarse, las rutas del norte se conocieron como las rutas iniciáticas. También fueron visitadas por los precursores de los científicos actuales, los alquimistas, buscando profundizar sus conocimientos, probablemente en relación a los recursos minerales de la región.

En los Caminos del Norte, la magia y la mitología se entrecruzan en el Camino, lo que significa que el peregrino medieval que superaba esta ruta, lo hacía a la manera de Ulises en la *Odisea* homérica.

Camino de San Salvador — desde la *Pulchra leonina* hasta la *Sancta Ovetensis*

Una vez en León, podían seguirse dos rutas para continuar el Camino: la de la Maragatería y El Bierzo hasta Santiago, o bien la ruta montañosa del Camino de San Salvador hasta Oviedo. Una indicación sobre esta ruta se encuentra en la canción de Christian de Boisvert, que peregrinó a Santiago en

Camino de San Salvador. Etapa La Robla-Poladura de la Tercia.

el siglo xvi: «Reunidos [en León], nos sentamos bajo la Cruz frente a San Marcos. Dos rutas salen de aquí, en dos direcciones diferentes. Una lleva directamente a San Salvador. La otra, a la izquierda, conduce a Santiago».

La ruta de León a Oviedo está marcada como camino real y en parte coincide con la romana *Via Carisia*, que conectaba *Legio* (actual León) con el puerto de *Gigia* (actual Gijón).

A la distancia de un kilómetro del puerto de Pajares (1378 m s. n. m.) se encuentra la colegiata de Santa María de Arbás. La tradición oral atribuye su fundación al propio rey Don Pelayo, en agradecimiento por su victoria sobre los sarracenos en la batalla del puerto de La Mesa (siglo viii). El nombre de *Tibi Gracias*, dado a este santuario por Don Pelayo, ha sobrevivido hasta nuestros días.

Hacia 1092, se estableció en Arbás una comunidad de monjes agustinos. Era un punto estratégico, porque por allí pasaban muchos peregrinos, que se dirigían desde León a la catedral ovetense de San Salvador, para adorar valiosas reliquias. En 1116, el conde Fruela, hermano de Doña Jimena, esposa del Cid, ordenó la construcción de un refugio para peregrinos y pobres al lado de la fuente del río Bernesga, y de ahí su nombre: *Casa de los Probes* ('Casa de los pobres'). Al mismo tiempo, la «casa» sirvió como refugio para el ganado. En días de niebla o nieve y también por la noche, se anunciaba la posición del refugio con el tañido de una campana. Cien años después, se construyó junto a ella la colegiata de Santa María de Arbás del Puerto. El rey Alfonso IX (1171-1230), que a menudo se detenía en esta abadía camino de Oviedo, concedió a la abadía el privilegio de cobrar derechos de aduana a los comerciantes y recibir una cuota de vino de Toro (Zamora) para los peregrinos que se alojasen en ella. También, la abadía podía otorgar derechos de asentamiento en sus tierras. De esta manera, se cubrían los gastos de mantenimiento del monasterio, el albergue y la colegiata.

Camino de San Salvador. Colegiata de Santa María de Arbas del Puerto, llamada *Tibi Gratias* (Gracias a ti, Dios), y su interior (siglo XII).

En 1836 tuvo lugar en España una de las más famosas expropiaciones de bienes eclesiásticos, la desamortización de Mendizábal, que dio por resultado el abandono de tierras y edificios religiosos, y que también afectó al Camino de Santiago, incluidas la colegiata y la abadía de Arbas.

La colegiata es de estilo románico tardío con influencias góticas. En el siglo XVIII, el techo de madera fue sustituido por uno de piedra y se construyeron un balcón en el coro y un pórtico para proteger el portal occidental románico. En el pórtico hay símbolos asociados con el Camino, como la Cruz de Santiago. A estas obras se refiere la leyenda del oso y el buey.

Leyenda del oso que construyó una iglesia

La construcción y posterior renovación de la iglesia y el monasterio, en las duras condiciones de la alta montaña, requirieron de un gran esfuerzo y abnegación. Para transportar troncos pesados y piedras se utilizaban animales de tiro, así que aquí también trabajó una pareja de bueyes para tirar de los carros cargados.

En la zona había muchos osos. La presencia de los bueyes agudizó el apetito de uno de ellos, que probablemente sin mucho esfuerzo logró cumplir su objetivo. Quizás mientras aún estaba comiendo con gusto o ya se echaba una placentera siesta después del banquete, los albañiles lo apresaron y le impusieron un buen castigo por el daño causado: fue enganchado a un carro para trabajar en la construcción de la iglesia, bajo el mismo yugo que el otro buey.

Secando maíz en el hórreo.

En el portal occidental de la basílica se colocaron dos cabezas esculpidas en piedra, una de un buey y otra de un oso que «trabajó como un buey», en recuerdo del delito que fue castigado con el trabajo por el bien común.

Aunque en 1931 el edificio fue declarado monumento histórico, resultó saqueado y quemado por las tropas republicanas durante la guerra civil española (1936-1939) y la imagen románica de la Virgen del Puerto fue destruida. Actualmente, en la colegiata hay una copia de otra imagen del siglo XIII, cuyo original está en la basílica de San Isidoro en León.

El puerto de Pajares ofrece una entrada espectacular en Asturias, con una majestuosa panorámica de las montañas de la cordillera Cantábrica, que por sí solas justifica la dureza de este camino. Bartolomeo Fontana, que publicó el relato de su viaje desde Venecia a Santiago entre los años 1538 y 1539, comentó así el camino a través de Asturias: «*Oh Asturias, bella Asturias, tu sei più bella e sei più dura*» («Oh Asturias, bella Asturias, tú eres la más hermosa y la más dura»). Más de cien años después, se quejaba también de la dureza de esta ruta el peregrino Jakub Sobieski, padre del rey de Polonia, Juan III.

Viajar por Asturias en los siglos pasados entrañaba aún otra dificultad adicional. El conde Antoine de Lalaing (1480-1540), cronista del rey Felipe el Hermoso y gobernador de Holanda, Zelanda y Frisia, fue en 1501 junto con otros nobles a Compostela. Siguiendo el Camino de San Salvador, llegaron de León a Oviedo y desde aquí viajaron a lo largo de la costa a Galicia. En su diario de viaje describió Asturias de la siguiente manera: «Aquí no hay pan ni vino y hay que traer en mulas y burros todas las viandas de otras regiones, porque aquí no hay nada más que montañas... Vizcaya y Asturias son los países de España donde la vida es más cara. En lo que come la gente en Asturias, puede compararse con los egipcios».

Tras el descubrimiento de América, en 1492, comenzó en Asturias el cultivo del maíz, lo que cambiaría la dieta y la cría de ganado hasta el punto de que en la puerta principal de la catedral de Oviedo se representa a Santa

Eulalia de Mérida, patrona de la diócesis, regando desde los cielos un campo de maíz al lado de una granja. Desde el siglo XVI el maíz se convirtió en la base de la alimentación de la población local.

Asturias suma un total de 400 km de diversos Caminos jacobeos. El viajero puede trasladarse aquí a los primeros tiempos de la formación de España y de la Reconquista, admirar unas reliquias únicas del cristianismo y conocer la patria chica de multitud de figuras notables de la historia de España.

Santa Cristina de Lena

Cerca de la localidad de Pola de Lena, se encuentra una iglesia prerrománica conocida como Santa Cristina de Lena, construida a mediados del siglo IX por el rey Ramiro I. La simetría de la iglesia realza la impresión de la singularidad del lugar y favorece la concentración. Las innovaciones arquitectónicas de esta iglesia, como la alta bóveda, la tribuna real, el rosetón y una iluminación natural bien estudiada, la colocan entre las primeras en la historia de la arquitectura medieval. El edificio, de estilo ramirense, ha conservado algunos elementos del antiguo templo visigodo, como la celosía de piedra y una placa en el presbiterio con símbolos que representan la transición a la vida eterna. También hay rosetas de seis pétalos, asociadas con la antigua adoración del sol, y cruces integradas en el círculo, como elementos sagrados cristianos.

Al elegante interior de la iglesia llegaron dos columnas romanas procedentes de un pueblo cercano, fundado por los romanos y llamado *Memorana*, que significaba que 'queda en la memoria'. Los romanos solían dar este tipo de nombres a los lugares que destacaban por su belleza o por su clima.

Desde Mieres del Camino, pasando por Olloniego, se llega a la Manjoya, a las afueras de Oviedo. Este lugar es el equivalente del Monte del Gozo, cerca de Compostela. Su nombre proviene del francés, ya que los peregrinos solían gritar «*ma joie*» (en francés, 'mi alegría, felicidad'), cuando aparecía ante ellos la vista de la torre de la catedral *Sancta Ovetensis*. El nombre Manjoya se atestigua en documentos diplomáticos del siglo XIV, aunque pudo existir ya cien años atrás.

Santiago el Mayor, Peregrino en Oviedo.

Desde la pequeña iglesia de Santiago el Mayor, el Camino pasa al lado del barrio de San Lázaro, con el riachuelo Gafo, lugar de aislamiento para leprosos, y que lleva directamente a la catedral de San Salvador.

Oviedo, *civitas Dei*

La ciudad santa de los Caminos del Norte fue Oviedo, con el arca de las reliquias, de valor excepcional, que fue depositada en la Cámara Santa de la basílica por el rey Alfonso II el Casto. La capital de Asturias tiene más de 1200 años de antigüedad y se considera la capital del prerrománico.

En el siglo viii, dos monjes, Máximo y su tío Fromestano, vinieron de tierras ocupadas por los musulmanes y fueron recibidos por el rey Alfonso I. Se les concedió permiso para establecerse cerca de la intersección de las vías romanas y construir un monasterio, el de San Vicente Levita, ubicado en la colina *Ovetus*.

Las primeras noticias históricas sobre Oviedo proceden del año 781, cuando el rey Fruela I agregó una fortaleza al monasterio, reconociendo así *Ovetus* como punto estratégico. El rey Alfonso II el Casto eligió este lugar para establecer la *regia sedes* en el centro del *Regnum Asturum*, el único territorio cristiano de la península ibérica. Gracias a sus éxitos diplomáticos, se convirtió en un aliado cercano de Carlomagno, rey de los francos y más tarde emperador del Sacro Imperio Romano, al que obsequió incluso con parte del botín conseguido en la conquista de Lisboa, como consta en documentos conservados.

Alfonso II gobernó durante cincuenta años (791-842) todo el cinturón atlántico de la península ibérica, desde el norte de Portugal, Galicia, Asturias, Cantabria y Vasconia hasta la frontera con Francia. Se ocupó de la adecuada urbanización y aspecto de su *civitas regiæ*, de modo que representase su posición con dignidad y pudiese ser una suerte de nueva Toledo, como contrapeso a la antigua capital visigoda perdida, luciendo un esplendor similar a otras ciudades europeas importantes de la época.

Creó la *civitas Dei* de acuerdo con el ideal de Jerusalén, tanto terrenal como celestial, rodeada por una muralla defensiva sobre plano rectangular para que fuese refugio de aquellos que huían del Islam. Alfonso II fue un mecenas de la arquitectura y el arte. Trajo a su capital a los mejores artistas, también del mundo islámico. De su *palatium* solo ha quedado la capillarelicario, conocida como la Cámara Santa.

Según el modelo romano, todavía considerado en aquellos tiempos como un ejemplo a seguir en cuanto a la posición social y la vida en equilibrio con la naturaleza, mandó construir en el bosque cercano un palacio y al lado una iglesia palaciega bajo la advocación de San Julián y Santa Basilisa. El palacio y el muro defensivo que rodeaba al conjunto, desaparecieron por efecto del tiempo y la naturaleza.

La iglesia, actualmente ubicada ya dentro de la ciudad y conocida como 'Santullano' o 'San Julián de los Prados', es una verdadera joya del arte prerrománico del siglo IX. En aquel tiempo era el segundo mayor edificio eclesiástico de Europa. Merecen atención especial los frescos que cubren todo el interior del edificio, según el estilo decorativo romano, todavía en boga en la época. Entre cruces y otras figuras geométricas, edificios idealizados y cortinas, llama la atención la falta de imágenes de Cristo y de santos. Los frescos anicónicos que decoran la iglesia, están en línea con la ideología y las directrices del emperador Carlomagno en el sínodo en Fráncfort del Meno (*Frankfurt am Main*) en 794, donde se estableció que habían de evitarse las imágenes de Cristo y los santos, ya que representarlos bajo apariencia humana disminuiría su dimensión divina.

La iglesia de Santullano ha perdurado sin mayores cambios; aunque el tiempo ha arruinado muchos frescos, se conserva auténtica, como detenida en el tiempo, y es uno de los monumentos más antiguos de España aún abierto al culto, cumpliendo a la vez su función de iglesia parroquial.

Los siguientes monarcas asturianos, especialmente Ramiro I y Alfonso III el Magno, desarrollaron aún más la capital y la red estratégica de monasterios e iglesias. Dejaron muchos testimonios del estilo prerrománico, entre los cuales los más bellos, auténticas joyas arquitectónicas, son el palacio real de caza de Santa María y su iglesia de San Miguel de Lillo, ambos del siglo IX, ubicados en la ladera del monte Naranco, en Oviedo. Su estilo único combina influencias bizantinas, romanas, islámicas y visigodas, que son el resultado de la transición desde una cultura mediterránea hacia los nuevos tiempos. Los monumentos del prerrománico de Asturias son Patrimonio de la Humanidad de la Unesco, por ser muestra relevante de la cultura del reino cristiano de Asturias, desarrollada en tiempos del mayor esplendor del emirato de Córdoba.

El objetivo más importante del peregrino en esta región era y es visitar las afamadas reliquias de la catedral de Oviedo, que la colocaron casi a la par de la de Compostela.

En la catedral de San Salvador en Oviedo

Sudarium Domini

Catedral de San Salvador, Oviedo.

La catedral de San Salvador, en Oviedo, tradicionalmente llamada *Sancta Ovetensis*, es la iglesia catedral más antigua de la España posvisigótica. Durante más de 1200 años de existencia ha cambiado su forma arquitectónica. La actual es de estilo gótico tardío (siglos XIV-XVI), aunque conserva partes románicas.

Aquí se encuentra una de las reliquias cristianas más importantes, el *Sudarium Domini* o Santo Sudario. Se le identificó con el paño que menciona el Evangelio de San Juan (Juan 20:57). Cuando este entró con Pedro en el sepulcro vacío, «vio las fajas allí colocadas, y el sudario que había estado en su cabeza, no puesto con las fajas, sino envuelto aparte». Esta valiosa reliquia, junto con otras menores, hizo un largo viaje en un cofre de roble. Primero fue trasladada al monasterio de San Marcos al otro lado del Jordán, como relata San Antonio Mártir en su crónica de peregrinación a Tierra Santa en 570. En vista de la invasión persa en 614, la reliquia fue transportada a Alejandría. Dos años después, cuando el rey persa Cosroes II invadió Alejandría en busca de reliquias valiosas para los cristianos, el cofre viajó por mar desde Cartago a Cartagena, en la península ibérica. Desde aquí llegó a Toledo, capital del reino visigodo. El camino se puede seguir con base en varios documentos del alto Medievo. La invasión árabe hizo que las reliquias se trasladaran al norte, a Asturias, donde fueron escondidas cerca de Oviedo, en cuevas de montaña del pico Monsacro.

Liberada Asturias del dominio árabe, el rey Alfonso II el Casto trasladó en 792 la capital del reino a Oviedo, donde se construyó el palacio regio y la iglesia de San Salvador. A la capilla palaciega de San Miguel, conocida como Cámara Santa, se trasladó el cofre con las reliquias, el *Arca Santa*, que nadie se atrevió a abrir.

En el siglo IX, los primeros peregrinos del Camino a Santiago visitaban en primer lugar la reliquia de la Santa Cruz, cuya mayor parte se encuentra en el monasterio de Santo Toribio de Liébana. Luego se dirigían a la catedral de

Oviedo, donde según la tradición oral el Arca Santa contenía algo especialmente importante. A petición del rey Alfonso II, el papa otorgó el privilegio del perdón de un tercio de los pecados cometidos a los que peregrinaran a estas reliquias. Después de que la capital del reino se trasladara a León y se abriera el *iter Francorum*, muchos peregrinos salieron de León camino a Oviedo para cumplir con el conocido dicho francés «Quien va a Santiago y no al Salvador honra al criado y no al Señor».

No fue sino hasta el siglo xi cuando el rey de Castilla y León Alfonso VI decidió abrir el Arca Santa, aunque tuvo que enfrentarse con la oposición de algunos representantes del clero. Según las crónicas, de aquel relicario emanaba un resplandor cegador, y cuando en 1035 el obispo Ponce se atrevió a abrirlo, a él y a sus clérigos acompañantes aquello les costó la vista. En 1075 el rey con la corte llegó a Oviedo procedente de Santiago de Compostela, donde había asistido al comienzo de las obras de la catedral compostelana y, tras siete días de ayuno, penitencia y varias misas, el Viernes Santo, el día 13 de marzo, se llevó a cabo la apertura del Arca y se hizo un inventario de su contenido. De esta manera, se confirmó la tradición oral sobre la existencia en el arca de la reliquia del *Sudarium Domini*.

Gracias a estas valiosas reliquias, Oviedo recuperó su importancia como centro de culto.

Resultados de las investigaciones sobre el Santo Sudario

El Santo Sudario es un tejido de lino con unas dimensiones de 85,5 × 52,6 cm en el que se observan signos de maltrato y martirio. Las manchas de sangre en los lugares de mayor acumulación, especialmente en el área de la barba, dan una imagen real cuando la tela se observa en posición horizontal. La imagen es simétrica, porque el lienzo cubrió completamente la cabeza, con la barba como punto central.

Surgen algunas preguntas: ¿es realmente el Santo Sudario de Oviedo el paño que cubrió el rostro de Cristo descendido de la cruz, del que habla el Evangelio? ¿Cuál es la discrepancia entre la tradición oral y la realidad?

La investigación sobre esta extraordinaria reliquia, mediante análisis científicos, fue llevada a cabo desde 1985 por el Centro Español de Sindonología y el departamento de Medicina Forense de Valencia. El estudio fotográfico se realizó mediante luz infrarroja y ultravioleta, iluminación lateral, transparencias e imagen electrónica. La reliquia se examinó por ambos lados, analizando la textura del lienzo, su contaminación, los pliegues, los pinchazos y la colocación sobre la cabeza del difunto, guiándose por la distribución de las manchas de sangre. De acuerdo con el protocolo forense, también se llevaron a cabo pruebas hematológicas.

El análisis del lienzo mostró que los hilos de lino están tejidos con el sistema de torsión en «z», propio de un telar vertical de pesas, que fue la técnica comúnmente utilizada durante el Imperio romano. Entre los contaminantes del material se encontraron aloe residual, mirra y pólenes, tres de los cuales indican la ubicación geográfica del lienzo en Tierra Santa. Estos son: *Quercus* (variedad de roble), *Pistacia palæstina* y *Tamarix* (tamarindo). También se han encontrado restos de pólvora, al dinamitarse la Cámara Santa durante la Revolución de Asturias de 1934, que precedió a la Guerra Civil en España.

El examen hematológico mostró sangre del grupo AB, mezclada con suero pulmonar en una proporción de 1/6, acumulada especialmente a la altura de la barba. Esto indica que la causa de la muerte fue un gran edema pulmonar que podría haber sido debido a la crucifixión. La imagen microscópica de los glóbulos rojos, que conservan todas sus características, indica que la sangre se derramó durante la vida del condenado y que el velo cubrió la cara y la cabeza durante unos sesenta minutos después de su muerte. Pequeñas manchas de sangre en forma de parábola, especialmente en la nuca, pueden asociarse con la corona de espinas.

El resultado de las pruebas criminológicas indican que habría correspondido a un hombre adulto con barba y pelo largo que fue torturado antes de su muerte con herramientas que causaron sangrado de la piel y del cuero cabelludo y heridas en el cuello, hombros y parte superior de la espalda.

El *Sudarium* (o *Sudarion*, en griego) se empleó de acuerdo con las reglas del Sanedrín, que prescribían que se colocase sobre la cabeza del convicto en caso de deformidad facial debida al martirio. Se impregnaba con aloe y mirra, cuya datación en el lienzo de Oviedo coincide con la de los restos de sangre que presenta.

En 2015, científicos de la Universidad Católica de Murcia realizaron una nueva investigación utilizando un moderno microscopio de escáner. Se identificó en el lienzo polen de la planta *Helicrysum sp.* pegado a las manchas de sangre, lo que significa que llegó al lienzo junto con la sangre y no durante su largo viaje. Esta planta se utilizó durante miles de años en Oriente Medio con fines cosméticos, así como en entierros judíos del siglo I d. C.

La controversia de opiniones sobre la reliquia sigue vigente, aunque quizá el «ojo del científico» no sea tan importante en este caso como la fe del peregrino que la contempla.

El interior de la catedral de Oviedo y su altar mayor.

El *Sudarium* refleja con crudeza la trágica realidad de un reo. Está sucio, arrugado y dañado, porque ha sido exhibido también durante siglos en procesiones por las calles de la ciudad, expuesto a la adoración y los besos por parte de personalidades en todas las épocas. Incluso se pueden encontrar en él restos de carmín de labios. No fue hasta 1957 cuando se lo colocó en un lugar especial, donde desde 2014 se conserva ya en condiciones de preservación completamente idóneas.

Actualmente, se exhibe en público durante la bendición solemne del Viernes Santo, el día de la Exaltación de la Santa Cruz, el 14 de septiembre, y al final de su octava, el 21 de septiembre. Está expuesto, entre otras reliquias, en la Cámara Santa de la catedral de San Salvador de Oviedo.

***

Las célebres reliquias de la *Sancta Ovetensis* solían atraer a muchos peregrinos. En 1274, cuando la ciudad tenía entre cinco y seis mil habitantes, se prepararon veinticinco mil insignias de estaño para los peregrinos que acudiesen a la festividad de septiembre. También se dieron instrucciones para regular su estancia y alojamiento.

En 1438, el papa Eugenio IV otorgó a la catedral de San Salvador de Oviedo el privilegio del Jubileo de Santa Cruz cuando la festividad del 14 de septiembre coincidía en viernes, con indulgencia plenaria (*Perdonanza*), para los fieles que cumplieran ciertas condiciones durante los ocho días anteriores y posteriores al día de la Santa Cruz. Este período se señalaba mediante una bandera roja en la aguja de la torre de la catedral. Las crónicas catedralicias afirman que hacia 1458 treinta sacerdotes escuchaban en confesión a los peregrinos en la catedral. En 1982, el papa Juan Pablo II le concedió a la sede ovetense la celebración del jubileo todos los años.

Las cruces legendarias y otros tesoros de la Cámara Santa

Durante doscientos años, la monarquía asturiana cumplió la misión histórica más importante de la Europa cristiana, esto es, ser el valladar y baluarte en la defensa de Europa contra la invasión islámica. En Asturias comenzó el proceso de la Reconquista y la realización de la idea de una España cristiana y unida.

En la capilla-relicario, conocida como Cámara Santa (siglo IX), hay dos cruces que simbolizan la monarquía asturiana: la Cruz de la Victoria y la Cruz de los Ángeles.

La Cruz de la Victoria es de roble, y en 722 condujo a las tropas de Don Pelayo en la legendaria batalla contra los sarracenos en el desfiladero de Covadonga. Se la colocó quince años después en la Capilla de Santa Cruz, en Cangas de Onís, y en 908 el rey Alfonso III el Magno ordenó cubrirla de oro con filigranas decorativas, incrustaciones de piedras preciosas y un relicario en el medio destinado a albergar la reliquia del *Lignum Crucis*.

La Cruz de la Victoria contiene en sus dos caras todo un código numérico-simbólico que expone un compendio de los dogmas cristianos. Está expuesto mediante la disposición de las piedras, su número y coloración, en un lenguaje comprensible para los clérigos de la época y actualmente descifrado. La cruz cuenta dos «historias» diferentes, una por cada lado de la joya. En el anverso se refiere a la escatología, ya que alude al Fin de los Tiempos y el Juicio Final. El reverso se refiere al ámbito de la historia; figuran en él los nombres de los donantes, el rey Alfonso III y su esposa Jimena, el lugar de elaboración en el castillo de Gauzón (Castrillón, Asturias) y la fecha, 946 de la era hispánica (año 908 de la nuestra). También se halla aquí la famosa frase[25] «*Hoc signo*

[25] La frase procede de la llamada «visión del emperador Constantino», a quien, en vísperas de la batalla del puente Milvio (año 312), se le aparecieron en sueños una cruz y una voz que pronunciaba dichas palabras. El emperador ordenó inscribir el signo de la cruz en todos sus estandartes y venció en la batalla.

vincitur inimicus» (lat. 'Con este signo se vence al enemigo'). Dado el carácter escatológico de la cruz y su carácter bélico, el sentido de la frase se interpreta como dirigido a la lucha contra el Mal, representado por Satanás.

Cruz de la Victoria bajo el puente de Cangas de Onís, Asturias.

La Cruz de la Victoria es una de las más importantes joyas europeas de la alta Edad Media. Existen tres cruces más antiguas: la Cruz de Bischofshofen, en Salzburgo (Austria), que data de la primera mitad del siglo VIII y en Italia la Cruz de Santa Maria in Valle, en Cividale, de la segunda mitad del siglo VIII, y la Cruz de Desiderio, en Brescia, de en torno al año 800. Estas tres cruces son de cobre dorado sobre un núcleo de madera, mientras que la cruz asturiana está enteramente recubierta por láminas de oro de 15,24 quilates por un peso total de 3130 gramos, y originariamente estaba dotada de 264 piedras y perlas. Todas estas características la convierten en la joya altomedieval del arte visigodo más importante de España.

La Cruz de la Victoria fue adoptada por el rey como emblema de la monarquía. Actualmente su imagen aparece sobre fondo azul en la bandera del Principado de Asturias.

De las crónicas medievales: leyenda de la Cruz de los Ángeles

Sobre la Cruz de los Ángeles, figura el siguiente relato en la *Crónica silense* (1115):

> Un día, dos peregrinos llegaron al palacio del rey Alfonso II el Casto en Oviedo y pidieron alojamiento. Deseando pagar al rey por su hospitalidad, le prometieron que harían una cruz con todas las joyas y el oro que se les entregase para ello. Sin demora, el rey ordenó traer el valioso material para cubrir la cruz griega de madera, tras lo cual todos se retiraron para el descanso nocturno.
>
> ¡La sorpresa fue cuando al día siguiente se descubrió que los peregrinos se habían marchado! En su alcoba solo se encontró una cruz de oro, un bello y delicado trabajo de estilo bizantino decorado con

Una imagen moderna de la Cruz de los Ángeles, que forma parte del escudo de Oviedo.

> piedras preciosas y un camafeo. Se reconoció de inmediato que la realización de una obra tan compleja y en una sola noche excedía las posibilidades humanas. Por lo tanto, nadie más que unos serafines o ángeles disfrazados de peregrinos podían haber sido los misteriosos orfebres que dejaron este extraordinario obsequio al rey en reconocimiento y memoria por la hospitalidad recibida.

El rey Alfonso III el Magno ofreció una réplica de la Cruz de los Ángeles a la catedral de Santiago de Compostela. Desde el siglo xiii, la Cruz de los Ángeles forma parte del escudo de la ciudad de Oviedo.

La tercera joya de la Cámara Santa es la Caja de Ágatas, un cofrecillo de madera de ciprés cubierto de ágatas (siglo x). En la Europa medieval las ágatas fueron muy apreciadas por su rareza. Como modelo podría haber servido una ilustración que representa el Arca de Noé en los *Comentarios al Apocalipsis de San Juan*, escritos por el Beato de Liébana. La decoración de la Caja de Ágatas contiene mensajes teológicos del Antiguo y Nuevo Testamento en forma de código secreto cifrado. Probablemente se usó para guardar las Santas Escrituras.

No menos valioso es el cofre del Arca Santa, una de las mejores piezas de la joyería europea de su época. La caja de roble había sido elaborada todavía según la técnica que usaban los carpinteros romanos y cubierta de planchas de plata dorada y nielada[26]. En el panel frontal está representado el Pantocrátor típicamente románico, rodeado de los apóstoles. En las cuatro esquinas

[26] «Nielado» es una técnica de incisiones a buril para crear un hueco y rellenarlo con esmalte negro.

están colocadas las figuras que simbolizan a los cuatro evangelistas (el águila, el toro, el león y el hombre). En la cubierta está el relieve con la lista del contenido del relicario. La iconografía de los cuatro paneles del Arca está vinculada con la liturgia hispánica mozárabe, anterior a la liturgia romana. Las inscripciones están en el idioma latín y árabe, siendo los textos en árabe mucho más visibles, a la altura de la vista de los creyentes, ya que los súbditos del rey Alfonso VI utilizaban ambas lenguas. Sin embargo, como curiosidad se puede añadir, que las inscripciones del Arca en árabe están colocadas en el sentido inverso al que debieran ser leídas correctamente, lo cual indica que los artistas locales no conocían bien aquella lengua.

El Arca ha sido dañada durante la Revolución de Octubre de 1934 y restaurada en 1942.

Otro de los tesoros es el apostolado, llamado *Collegium Apostolorum*. Se encuentra a la entrada de la Cámara Santa, a la que se agregó una antesala en el siglo XII. En las fustas de seis columnas se representan las figuras de los apóstoles agrupados por pares, en disposición parecida a la del Pórtico de la Gloria de la catedral de Compostela, es decir, San Pedro con San Pablo y Santiago Mayor con San Juan. Sus rostros expresivos reflejan una actitud reflexiva o la viva participación en la conversación con el compañero de columna. Algunos de ellos conservan restos de la policromía. Fueron esculpidos en 1175, al mismo tiempo que el Pórtico de la Gloria de Compostela (1168-1188), y se supone que pertenecen al taller del Maestro Mateo.

Inscripciones en las paredes de la catedral **Sancta Ovetensis**

La cantidad de reliquias reunidas de los santos Eulalia, Lucrecia, Eulogio, Julián, Vicente, etc., las famosas Cruces de los Ángeles y de la Victoria, y sobre todo el fragmento del *Lignum Crucis* y el Santo Sudario han atraído a la catedral de Oviedo a multitudes de peregrinos a lo largo de los siglos, especialmente en el período de la *Perdonanza*.

Mientras esperaban para entrar a la *Sancta Ovetensis*, los peregrinos tallaban en la piedra nombres, fechas y figuras varias utilizando cinceles, cuchillos o simplemente la punta metálica del bordón. Se han llegado a contar unos seis mil *graffitis* en las paredes de la catedral de Oviedo, que proporcionan mucha información a los investigadores actuales.

A diferencia de las marcas que dejaban los gremios de canteros, generalmente ubicadas en las partes altas de los edificios, las inscripciones de

Catedral de San Salvador, dibujo en el libro del albergue de peregrinos en Oviedo.

los peregrinos están siempre a la altura de las personas. Se las puede encontrar en la «ruta del peregrino», es decir, en los muros exteriores de la fachada de la catedral, en las paredes junto a las escaleras que conducen a la Cámara Santa y al campanario, en el vestíbulo y dentro de la propia Cámara Santa, especialmente al lado de las imágenes de los santos Pedro, Pablo, Santiago el Menor y Felipe.

El tema más común de los grabados es un simbolismo cristiano comprensible para los fieles. Entre ellos, hay varias formas de cruces, que merecen un estudio aparte, la concha de Santiago, así como el símbolo apocalíptico Alfa y Omega, primera y última letra del alfabeto griego, y que significa «Cristo está con nosotros ayer, hoy y siempre, hasta el fin del mundo» (Hebreos 13:8). También los acrósticos IHS (*Iesus Hominum Salvator*, 'Jesús Salvador de los Hombres') e ICHTYS (lit. 'pez', en griego; ΙΧΘΥΣ, Ἰησοῦς Χριστὸς Θεοῦ Υἱὸς Σωτήρ, *Iēsous Christos, Theou Yios, Sōtēr*, 'Jesucristo, Hijo de Dios, Salvador'). Además, una hermosa Santa Faz está tallada en la columna derecha, en la parte central del portal principal de la catedral.

En el campanario hay varias campanas de los siglos XIV y XV y además la más antigua del mundo aún en funcionamiento, desde hace ochocientos años, con el nombre del rey visigodo Wamba. Fue fundida en el año 1219 y lleva una inscripción latina grabada en la misma: «Para la gloria de Dios y la liberación de la patria». Es excepcional encontrar campanas de más de quinientos años que continúen repicando. Vinculadas al cristianismo, las campanas transmiten su mensaje en un idioma universal desde el siglo V.

Grafiti en la pared de Sancta Ovetensis: Santa Faz y la cruz «sobre pata de oca».

En la torre del campanario se aprecian símbolos celtas. Entre ellos, la llamada por Plinio el Viejo «rosa de los vientos», de seis pétalos, símbolo del Sol. Otro símbolo celta es un molinete de tres espirales unidas (*trisquel*) tallado en la frente del buey del pesebre de Belén que forma parte del retablo mayor de la catedral, el segundo más grande de España después del de Sevilla. Las cruces gamadas, grabadas a finales del siglo xv, se encuentran al lado de las escaleras que conducen a la Cámara Santa. A diferencia de las esvásticas, significan turbulencias y cambios en la vida. Tales cruces se encuentran a menudo en la arquitectura religiosa visigoda, y decoran todo el suelo de la catedral en Amiens (Francia).

Las fechas más antiguas grabadas por los peregrinos provienen del tiempo de la construcción de la catedral en estilo gótico tardío (flamígero), es decir, entre 1469 y 1479. En la pared de la escalera del obispo Palenzuela, que conduce a la Cámara Santa, puede verse grabado el nombre de *Jacove* ('Santiago') y el símbolo de la manzana real con una cruz. Dicha manzana también la sostiene en su mano la figura del Salvador, una escultura del siglo xii en piedra policromada ubicada sobre una columna decorada con conchas jacobeas. En la manzana puede verse una letra «T» invertida, que divide el mundo en las tres partes geográficas conocidas entonces, Europa, Asia y África, con Jerusalén en el centro. La forma esférica simboliza el significado global y universal de la salvación humana.

Catedral de Oviedo. Imagen de San Salvador en piedra policromada.
«Quien va a Santiago y no al Salvador, venera al criado y no al Señor».

Peregrinos ante el Salvador de Oviedo, grabado de Francisco Javier Percerisa (1856).

La mayoría de los peregrinos que inmortalizaron sus nombres y fechas procedían de Francia y llegaron a Oviedo en el siglo xviii.

El origen de los peregrinos en los siglos xiii-xiv se puede determinar a partir de las placas ovaladas (especulas), fabricadas con una aleación de plomo y estaño, con el sello de la ciudad del punto de partida. En aquel tiempo tales placas se cosían en la solapa de la bolsa de peregrino y tradicionalmente se arrojaban al agua en el lugar del destino. Ahora se encuentran en el Museo Arqueológico de Asturias, en Oviedo.

La misteriosa montaña del Monsacro

Pico Monsacro, con la Sierra de Aramo al fondo.

El pico Monsacro, llamado también monte de Santa Magdalena, se considera una montaña mágica, y se supone que pertenecía simbólicamente al Camino de Santiago. Se encuentra en el concejo de Morcín (de *muro cinctus*, 'ceñido por un muro') en la Sierra del Aramo (cordillera Cantábrica), que es el telón de fondo al sur de la ciudad de Oviedo. A sus pies fluye el Riosa, un antiguo río sagrado.

Aramo era una deidad guardiana del cruce de caminos de la vida y la muerte, adorada por los astures desde tiempos prerromanos. También está documentado el culto prehistórico a Teleno, dios del laberinto, del rayo y de la muerte, cuyo nombre lleva la colina en la ladera sur de Monsacro y también una de las cumbres en los montes Aquilanos, en El Bierzo. En contraste, Tararu, o Tarano, era el dios de la guerra y el trueno. Todavía en la década de los ochenta del siglo pasado, en el día de Santiago el Mayor (*Boanerges*, 'hijo del trueno'), perduraba la costumbre de quemar un títere de madera que representaba a Tararu. Su cabeza y extremidades estaban llenas de explosivos, y en el momento en que el fuego los alcanzaba se producían sonoras deflagraciones, con gran alegría de los reunidos, aunque ya nadie recuerda la conexión de esta costumbre con las antiguas deidades.

En la medicina popular se creía que el suelo y las hierbas que crecían en las laderas de esta «montaña sagrada» tenían propiedades medicinales.

Según la tradición oral, «Monsacro es la puerta de entrada al cielo». Por ello, aquí se han encontrado restos de dólmenes y necrópolis de la época del Neolítico y de la Edad de Bronce formadas por un conjunto de túmulos de tierra que cubren una oquedad revestida de piedra, en la que se enterraba al difunto junto con su ajuar. Esto indica que incluso en tiempos prehistóricos el lugar tenía un carácter especial y de culto. Al pie de Monsacro se han encontrado las lápidas cristianas más antiguas, que datan del año 465.

En la ladera del pico Monsacro hay dos capillas cerca de un estanque. En el siglo v, el obispo de Astorga Santo Toribio construyó sobre la base de un dolmen el santuario de Santa Catalina para ocultar las reliquias traídas hasta aquel lugar. Aquí también estuvieron ocultos durante siglos el Arca Santa y el tesoro con las joyas de los reyes visigodos, tal como lo describió en el siglo xii el obispo Pelayo en su *Libro de los testamentos*.

En los antiguos lugares de culto había una especie de capillas, por lo que Santo Toribio debió de encontrar allí escondida una imagen, que identificó como una virgen de tez oscura. En el siglo x se reconstruyó la capilla de Santa Catalina bajo la nueva advocación de la Virgen de Monsacro.

A finales del siglo xii la montaña se incorporó al patrimonio de los caballeros templarios, erigiéndose una segunda capilla, dedicada a Santiago el Mayor. Es una estructura octogonal, típica de las construcciones de esta orden, inspirada en la capilla del Santo Sepulcro de Jerusalén.

La sabiduría popular y los rituales asociados fascinaban a los caballeros templarios, razón por la cual se les acusó de ocultismo. No solo las vírgenes negras eran objeto de su adoración, sino que también promovieron el culto a María Magdalena y dedicaron a la santa la capilla actual de la Virgen del Monsacro, razón por la cual al pico también se lo conoce como monte de Santa Magdalena.

Entre el Monsacro, Ponferrada y Llanes del Camino, lugares en los que los caballeros templarios también tenían patrimonio, se puede trazar un triángulo equilátero con lados de unos cien kilómetros.

Durante la Guerra Civil española (1936-1939) desapareció la figura de la Virgen de Monsacro,

Capilla de Santiago el Mayor en Monsacro.

siendo después encontrada en el sótano de la capilla de Santiago el Mayor y trasladada de nuevo a su templo. Sin embargo, cada vez que la imagen cambiaba de lugar, de alguna manera volvía a regresar a la capilla de Santiago. Se acusó de ello a un pastor local, que incluso fue arrestado, pero el fenómeno se repitió. Entonces la figura de la Virgen se quedó ya en la capilla del Apóstol.

Aunque la cumbre es de solo 1055 metros de altura, la subida desde el lado de La Collada es empinada, siendo en algunos tramos la pendiente del 35 %. En un día despejado desde la cima se puede contemplar la cordillera y el mar Cantábrico, la ciudad de Oviedo e incluso Gijón. La proximidad de Oviedo y las historias relacionadas con este pico hacen del Monsacro un destino popular del senderismo. Desde hace siglos, hay fiestas en el lugar durante cuatro días, desde el día de Santa Magdalena (22 de julio) hasta el de Santiago el Mayor (25 de julio), reviviendo viejas costumbres.

Para conmemorar el traslado del Arca Santa en el año 792, se planea señalizar una ruta que, bajo el nombre de «Camino de las Reliquias», conduzca desde la gruta de Santo Toribio en el Monsacro hasta la catedral de San Salvador de Oviedo.

En el Camino Primitivo

El rey Alfonso II el Casto partió de la capital de su reino en la primera peregrinación documentada históricamente. Esta ruta se conoce como Camino Primitivo, es decir, el original, y transcurre desde Oviedo a través de Grado,

Cornellana, Salas, La Espina, Tineo, Pola de Allande, puertos de El Palo y La Mesa, pasando por Grandas de Salime, a través del puerto del Acebo, hasta Lugo. Casi todos los puertos alcanzan una altura de más de 1000 m s. n. m. Los peregrinos y el Camino dejaron aquí su huella en forma de topónimos: Los Malatos, Hospitales, Romeros, La Espina, El Franco, Caridad, etc.

Cornellana: leyenda del oso en la puerta y en la torre del monasterio

En Cornellana se encuentra el Real Monasterio de San Salvador, del siglo xi. En la parte superior del arco de la puerta que conduce al antiguo monasterio hay una figura extraña, que según algunos es el diablo que tiene en sus garras a un pecador, según otros es un oso que alimenta a una niña. La misma figura puede verse en la torre del monasterio.

> La leyenda cuenta que la infanta Cristina, siendo niña, se perdió en el bosque. En vano se la buscó durante mucho tiempo, y se llegó a pensar que ya nunca más se la volvería a ver, pero apareció por accidente en una osera, donde la osa la alimentaba y la cuidaba como si fuera suya.

Este hecho legendario podría explicar la fundación del monasterio en 1024 por la infanta Cristina, ya entonces viuda. Componían el complejo una iglesia con un monasterio y latifundios, así como un ajuar litúrgico que incluía dos coronas usadas en el rito mozárabe. Después de la muerte de la infanta, el monasterio entró en declive, hasta que su bisnieto Suero Bermúdez lo restauró, lo dotó y en 1122 donó el monasterio y las tierras a los benedictinos, quienes introdujeron allí el nuevo rito según la reforma gregoriana. El monasterio actualmente se encuentra en estado de ruina parcial, aunque está en proceso de restauración. Del período románico se han conservado los arcos del patio, el campanario, los ábsides de la iglesia y, por supuesto, la Puerta de la Osa.

Hay que señalar que en el censo más reciente está registrada una población de más de trescientos ejemplares de osos en Asturias, principalmente en su parte occidental.

Salas: la cuna del Gran Inquisidor

El camino continúa hacia Salas. En el centro de esta localidad hay una torre del siglo xiv conectada por un puente con un palacio (siglo xvi) pro-

Castillo de la familia del Gran Inquisidor, en Salas, cuna de la familia.

Monumento al fundador de la Universidad de Oviedo, Fernando de Valdés y Salas.

piedad de la familia Valdés y Salas. En la colegiata de Santa María la Mayor se encuentra un mausoleo de alabastro de un miembro de esta familia que fue uno de los personajes más influyentes del siglo xvi: Don Fernando de Valdés y Salas (1483-1568). Durante el reinado del rey Carlos I, así como el de su hijo Felipe II, fue el Gran Inquisidor General de España, arzobispo de Sevilla y presidente del Consejo Real de Castilla. En su tierra fundó la universidad de Oviedo, con sus facultades de Derecho, Teología y Artes, y el colegio de San Gregorio para el estudio de la gramática y el latín, así como una escuela para niñas huérfanas llamada colegio de Recoletas. Actualmente, este edificio es la sede del rectorado de la universidad.

El monumento al fundador se encuentra en el patio del edificio histórico de la Universidad de Oviedo. La fecha de 1608 en la placa indica el año del inicio de la actividad académica en la institución.

Tineo: tiempos de insurrección

El general Rafael del Riego Flórez (1784-1823) nació en Tuña (Tineo) y se graduó en Derecho por la universidad de Oviedo. Fue defensor de la primera constitución española, proclamada en Cádiz en 1812, organizador de la insurrección contra la monarquía absoluta y presidente de la recién creada institución parlamentaria, las Cortes Nacionales.

A este héroe de la lucha por la libertad y el progreso le acusaron finalmente de republicanismo y de haber cometido «crímenes liberales». Fue condenado a muerte por el intento de modernizar su patria. La multitud, que con un aplauso general había llevado anteriormente su retrato por las calles de las ciudades, lo colmó de insultos durante su ejecución pública.

La marcha de su batallón, llamada la *Marcha de Riego*, se convirtió en el himno de los liberales españoles del siglo XIX y fue proclamada himno nacional durante la Segunda República (1931-1939).

Camino Primitivo entre Salas y Tineo.

Obona: *aqua bona* para sanar el cuerpo y el alma

Dejando atrás el pueblo de Tineo, el Camino asciende hacia las colinas de la sierra del Palo. Una vegetación exuberante, nieblas frecuentes, lugares distantes entre sí y mal comunicados significan que, incluso actualmente, el peregrino puede sentirse en completa soledad en estos lugares. No sorprende que, en tales condiciones, la imaginación popular haya poblado el paisaje con personajes de la mitología asturiana e incluso con demonios. Según antiguas creencias, estas colinas están habitadas por algunos seres malvados y por las seductoras ninfas que protegen las aguas, las *xanas*. Quizás fuera este el motivo por el que el rey Alfonso IX obligó por decreto en 1222 a los peregrinos a pasar la noche en el convento de Santa María la Real de Obona, decreto conservado, junto con otra documentación relacionada, en Tineo.

La fundación del monasterio de Obona, uno de los más antiguos de Asturias, es legendaria y difícil de establecer. Se estima que tuvo lugar en el siglo VIII, y se atribuye al príncipe Adelgaster, hijo ilegítimo del rey Silo. La tumba del príncipe se encuentra al lado del altar, y su figura está representada en un retrato al óleo sobre madera. En el

Monasterio de Obona (Tineo) en el Camino Primitivo.

siglo xvi la tumba fue exhumada y, según las actas, se encontró el cuerpo incorrupto de la esposa del príncipe, Brunilda, con el pelo largo y claro.

El primer documento que confirma la existencia de un grupo religioso en este lugar data del siglo xi. El edificio románico del siglo xiii, construido según el esquema cisterciense, fue renovado y ampliado en el siglo xviii en estilo barroco. Actualmente, se encuentra en un estado de ruina parcial.

El monasterio benedictino de Obona era un centro de enseñanza de latín, teología y filosofía. Se hizo famoso especialmente por su farmacia y el tratamiento de peregrinos necesitados, en parte gracias a la calidad de las aguas del cercano manantial Matoxo, que tiene propiedades curativas, sobre todo en el caso de enfermedades de la piel. El agua que llega al pozo del patio del monasterio es famosa por su sabor y delicadeza, y fue la base de varios ungüentos preparados por los monjes. Cerca también, había un hospital de leprosos.

Durante la Ilustración española, el monasterio fue visitado por el famoso monje humanista Benito Jerónimo Feijoo, interesado en las propiedades del manantial.

El topónimo Obona procede de la expresión latina *aqua bona*, o del francés *eau bonne*. Las propiedades del agua dieron nombre a todo el valle y al monasterio. Sus valores minerales y terapéuticos han sido documentados y reconocidos por el Ministerio de Sanidad.

Las leyendas asociadas con el monasterio cuentan sobre el laberinto de túneles en su subsuelo, que albergaban archivos y tesoros, como la *lapida sacra*, en mármol blanco decorado con plata, cuyos relieves son una réplica del Arca de las reliquias de la catedral de Oviedo. La figura románica del Santo Cristo de Obona es también, por sí misma, un tesoro.

«Testigos presenciales» afirman que en las cercanías del monasterio tienen lugar apariciones de fantasmas y se escuchan gritos presuntamente de víctimas de la Inquisición, y que en las ruinas del patio del monasterio habría encontrado refugio una lechuza blanca gigante, transfiguración del vampiro Guax de la mitología asturiana.

Celón: leyenda del peregrino valiente

Las estaciones del Camino Primitivo, marcadas por el rey Alfonso IX, conducían al peregrino hasta el monasterio de Santa María de Celón (Allande). Este lugar tiene más de mil años de historia. Por allí se encontraba también una mina de oro romana y el castro San Chus, habitado todavía en el siglo vi.

Del monasterio benedictino en Celón, probablemente fundado en el siglo IX, solo queda su iglesia románica La fachada contiene elementos cuyo significado era bien comprensible para los creyentes contemporáneos. Mensajes similares se repiten en los capiteles de las columnas, como el conocido motivo de las aves que beben simbólicamente de la fuente de la verdadera fe. En el altar hay una imagen de la Virgen de Celón, del siglo XII.

> Los lugareños de las cercanías del monasterio en Celón cuentan la leyenda de una poderosa serpiente, llamada Cuélebre en la mitología asturiana. A través de un gran agujero en la pared de la iglesia, entraba y devoraba los cuerpos de los fieles difuntos enterrados en ella. Los monjes estaban aterrorizados por el monstruo y no se atrevían a enfrentársele, ya que quien se interpusiera en su camino seguramente no escaparía con vida. Esta pesadilla duró mucho tiempo. Finalmente, la Providencia hizo que llegara al monasterio un peregrino valiente. Al escuchar los terribles sucesos, decidió afrontar a la serpiente, y con una lanza consiguió perforarle la cabeza. Así, por fin el monasterio y la población de los alrededores se vieron liberados del monstruo.

En la pared exterior del ábside rectangular de la iglesia de Celón se puede ver aún un gran agujero que dejó la legendaria Cuélebre. Un relieve encima de él representa el acto heroico del valiente peregrino, al estilo de San Miguel Arcángel, que venció al demonio, o de San Jorge, que venció al dragón. Se lo relaciona también con la imagen de Santiago el Mayor en la Cámara Santa de la catedral de Oviedo, donde se representa al apóstol con un morral de peregrino decorado con la concha y un bordón rematado con una cruz en la parte superior y en la parte inferior con una lanza que se clava en la boca de la bíblica serpiente.

El puerto de La Mesa

Desde Pola de Allande se llega al puerto de La Mesa. En la «ruta de los Hospitales» que conduce al puerto, el peregrino actual puede experimentar de alguna manera las dificultades del peregrino medieval; por tanto, esta ruta sigue siendo una aventura y un viaje de descubrimiento.

En la zona hay originales cobertizos de pastores con techos de paja (*teitos*) e incluso, más antiguas todavía, unas chozas redondas de piedra (*corros*).

A través de este puerto transcurría el camino tendido por las legiones romanas durante la conquista de Asturias. Se convirtió en parte de la Vía de la Plata y conectó *Asturica* con el puerto de *Gigia* (Gijón), sirviendo asimismo para el transporte de minerales, especialmente el oro extraído en el área de Belmonte de Miranda (Asturias).

Varios cientos de años después, el diezmado ejército bereber escapó por aquí tras la derrota en Covadonga. Hay que recordar que, en agradecimiento por su victoria en la batalla en este puerto, el rey Don Pelayo fundó la iglesia de Santa María de Arbas, llamada *Tibi Gratias*, en el puerto de Pajares.

Grandas de Salime

En la zona de Grandas de Salime, a una altitud de 700 m s. n. m., cerca de la localidad de Gestoselo, se descubrieron en 1970 los misteriosos petroglifos de la Xorenga, que datan de la Edad de Bronce (2000-600 a. C.). A lo largo de quinientos metros se extienden tres grupos de grabados rupestres tallados en pizarra. Cada grupo está formado por alrededor de cincuenta «cazoletas» de diferente diámetro y profundidad conectadas por canales. Llenas de agua de lluvia, forman una figura geométrica. También hay figuras antropomorfas, sin extremidades inferiores y cuya forma se asemeja al anj, la 'llave de la vida' egipcia. Los grupos tenían probablemente un significado mágicomístico; se los considera también representaciones de constelaciones de estrellas y sus movimientos. A una distancia de quinientos metros del primer grupo, se encuentra la necrópolis de El Canadeiro, de época neolítica. Todo el conjunto pertenece al Parque Histórico del Navia.

En Grandas de Salime debe visitarse el museo etnográfico, uno de los mejores existentes, y el cercano castro de Chao de San Martín, que data de tiempos anteriores a la invasión romana.

En el Camino de la Costa Norte

El Camino de la Costa Norte es la ruta más antigua de peregrinación europea a Compostela. Su popularidad disminuyó cuando se franqueó la ruta sur, más accesible. Quizá por esta razón, en ambos Caminos del Norte hay menos leyendas y rituales relacionados con el Camino, que surgirían como consecuencia de la afluencia masiva de peregrinos. Sin embargo, es una oportunidad para disfrutar de una naturaleza maravillosa, acercarse a

¡Buen Camino!

culturas antiguas ya extinguidas y relacionarse con la gente del lugar y sus tradiciones, lo que invita a compartir unos vasos de sidra, tan popular en el norte.

El Camino de la Costa Norte arranca en Irún (Guipúzcoa), atraviesa el litoral del País Vasco, Cantabria y Asturias, salvando en la ría del Eo el límite con Galicia. En la remota región montañosa asturgalaica, lo hace a través de pueblos y aldeas perdidos, donde el tiempo lleva detenido un siglo, como poco. Casi toda la ruta discurre junto al mar, a ríos y sus estuarios. Este frente septentrional, amenazado durante siglos por las incursiones de piratas musulmanes y normandos, comenzó a consolidarse al amparo de la fundación por los monarcas castellanos de una red de nuevas villas. Así por ejemplo, Avilés está en la ruta oficial del Camino de la Costa desde el fuero de Alfonso VI (siglo XI), de quien recibió el privilegio del monopolio de la comercialización y distribución de la sal. Avilés era en el siglo XVI la localidad más importante después de Oviedo.

Al desarrollo del Camino de la Costa contribuyó también la proliferación de las peregrinaciones por vía marítima y la navegación de cabotaje. Lo confirman las elocuentes referencias toponímicas y numerosos testimonios documentales que fueron dejando los peregrinos jacobeos.

El Camino de la Costa fue muy transitado, pese a que su trazado no es fácil, ni cómodo. Los peregrinos debían cruzar en barca sus anchas rías y cau-

Pasajes de San Juan y San Pedro (Guipúzcoa).

Acantilados de la costa de Cantabria, entre Ontón e Islares.

Santiago Peregrino en Deba (Guipúzcoa) y en Bilbao (Vizcaya).

ces fluviales (Deva, Sella, Nalón, Navia, Eo). Así lo hizo Guillaume Manier, sastre de la Picardía francesa, quien en 1726 describía la travesía en barca de la ría Eo como «uno de los sitios más peligrosos y de temer de toda España», a lo que añadía: «veis las olas del mar lanzarse en el aire las unas contra las otras (...) lo que os causa tal miedo y espanto, que creéis en todo momento haber perecido». Incluso hoy en día la necesaria travesía sobre las turbulentas olas de las bahías de Santoña y Santander no está exenta de emociones.

El camino discurre entre el mar y la alta montaña. Desde la frontera francesa hasta Galicia, en los altos acantilados y entre la espuma de las olas, cruces y figuras blancas de Cristo bendicen al peregrino. Esta es una de las

Los acantilados y las playas de Asturias.

rutas que brinda más emociones. El camino hacia la belleza espiritual está respaldado aquí por un paisaje que induce a la modestia frente al poder de la naturaleza. En este camino se puede encontrar todo lo que el alma desea, incluso descubrirse uno mismo.

Vista de los Picos de Europa desde el Camino de la Costa por Asturias.

Prehistoria

La ruta ofrece la oportunidad de visitar lugares relacionados con las culturas prehistóricas. Pocos lugares de nuestro planeta tienen vestigios de civilización tan antiguos como los de la costa atlántica española. La cultura megalítica es más antigua que las pirámides egipcias y antecede también al período de las migraciones de los pueblos indoeuropeos.

En Campoo (Cantabria), en el límite con la meseta de Castilla, hay ocho monolitos megalíticos (menhires) colocados a lo largo de trece kilómetros, casi en línea recta, según los rayos del sol poniente durante el solsticio de verano. Se encuentran en la ruta del «Camino Olvidado». También hay antiguos lugares de culto, como Peña Tú (Cantabria/Asturias), hay dólmenes de entre cinco y tres mil años antes de Cristo, entre otros en el monte Areo, en la etapa de Gijón a Avilés.

En la era del Paleolítico superior, en el contexto de la cultura magdaleniense, en un momento en que Europa estaba cubierta de glaciares, los primeros habitantes expresaron sus inquietudes artísticas en numerosas cuevas, demostrando así a las generaciones posteriores que el hombre prehistórico no era tan primitivo. Las principales cuevas se encuentran justo al lado del camino. La más famosa es la cueva de Altamira, en Santa María del Mar (Cantabria), en la que los dibujos murales más antiguos se remontan a 35 000 años atrás, y los más recientes, hasta el 10 000 a. C. Su sorprendente belleza le mereció el sobrenombre de «Capilla Sixtina del arte paleolítico». Pablo Picasso quedó impresionado por ello, sentenciando que «después de Altamira, el arte es decadencia». No menos interesantes son los dibujos en las paredes de la cueva de Samamiñe, cerca de Guernica, así como los de las cuevas Pindal en Pimiango y Tito Bustillo en Ribadesella (Asturias), donde los caballos rojos pintados en la pared rocosa estuvieron esperando a ser descubiertos durante más de 20 000 años.

Naturaleza y paisaje

En el Camino de la Costa, la naturaleza misma ofrece múltiples atracciones. Su belleza es tan evidente que recuerda la máxima de Paulo Coelho en su libro *El peregrino*: «No es necesario subir a la montaña para saber si es alta». El Camino del Norte ofrece espectaculares costas rocosas, solitarias e interminables playas de arena, pintorescos pueblos y estuarios.

Desde la frontera franco-española acompaña al peregrino, por el lado sur del camino, una panorámica montañosa como fondo del paisaje. En el País Vasco, son los Pirineos, y en Cantabria y Asturias, la cordillera Cantábrica. Su porción más elevada, los Picos de Europa, fue proclamada el primer parque nacional de España en 1918.

La cordillera costera de la sierra del Sueve (Asturias) fue dedicada por los romanos al culto de Júpiter (*Mons Iovis*). Su punto más alto es el pico Pienzu (1161 m), que es también la cumbre europea más cercana al mar, a solo 3,5 km. En esta sierra viven los caballos salvajes de montaña llamados asturcones. No muy altos (aprox. 1,20 m), se caracterizan por una gran resistencia y una aptitud especial para moverse por terrenos empinados. Aníbal los utilizó para cruzar los Alpes, y también los romanos con fines militares. Son mencionados por Cicerón, Séneca y Plinio el Viejo. Actualmente, viven en estado de libertad unos doscientos cincuenta ejemplares.

En algunas etapas el camino atraviesa espacios naturales protegidos[27], como el de Urdaibai (Guipúzcoa, País Vasco), el parque natural de las Dunas

En un ramal de la ría de Villaviciosa.

---

[27] En España hay quince parques nacionales y cuarenta y siete reservas de biosfera, de las cuales doce se encuentran en la parte norte de la Península.

«Bufones» de Pría (Llanes).

Acantilados de la costa asturiana.

de Oyambre, a la altura de San Vicente de la Barquera (Cantabria), o la reserva de la biosfera Oscos-Eo, en el límite entre Asturias y Galicia. Los acantilados de la costa ofrecen en Vidiago y Pría (Llanes del Camino, Asturias) un espectáculo de «géiseres» marinos, llamados «bufones». A través de los agujeros, producidos por la erosión en la roca caliza, salen chorros de agua que brotan en medio del prado, impulsados por las olas en días de fuerte marejada, causando unos sonidos particulares. Aparecen por sorpresa, con una fuerza impresionante, alcanzando gran altura. Pertenecen al paisaje protegido de la costa del Oriente de Asturias.

Arquitectura

Después de cruzar el puente de Santiago en Irún, en la frontera de Hendaya (Francia), a lo largo de toda la ruta costera se encuentran iglesias dedicadas al Apóstol, así como restos de antiguos hospitales de peregrinos.

En la región cántabra de Campoo, en el «Camino Olvidado», hay un complejo de arquitectura rupestre religiosa de los siglos VI al X, el mayor de la Península. Se trata de iglesias o ermitas y los primeros monasterios excavados en la roca o escondidos en cuevas, que se explican en el centro de interpretación de la arquitectura rupestre

Camino de la Costa. Interior de la iglesia de San Salvador de Priesca (siglo X).

San Salvador de Valdediós (siglo IX) y su celosía, Asturias.

ubicado en Santa María de Valverde (Cantabria). Esta región cuenta también con uno de los mayores conjuntos de arquitectura románica del mundo.

El primer Camino europeo jalonan las iglesias prerománicas, como la iglesia de Santiago de Gobiendes (Colunga, Asturias), del siglo X, que además de servir al culto fue albergue-hospital, pero sobre todo la iglesia de San Salvador de Priesca (Villaviciosa, Asturias), consagrada en 921 e incendiada en 1936, durante la Guerra Civil. Ambas continúan su actividad parroquial. En su estado original se conserva muy bien el «Conventín» de San Salvador de Valdediós, ubicado en la senda que conecta la ruta costera con Oviedo. Fue consagrado en el año 930 de la «era del César», es decir, en 892 d. C.

En el ramal hacia Oviedo se encuentra otra joya, la iglesia románica de San Juan de Amandi (Villaviciosa), del siglo XIII, con una interesante y bien conservada decoración interior del ábside.

Ábside y pórtico de la iglesia románica de San Juan de Amandi (siglo XIII), en Asturias.

Camino Francés en La Rioja.
Hacia Santo Domingo de la Calzada.

San Juan de Ortega, sarcófago gótico del santo hospitalero.

Catedral de Burgos.

Frómista. Canal de Castilla, obra de ingeniería del siglo de Ilustración.

Frómista. Iglesia de San Martín de Tours (siglo XII) y sus capiteles románicos.

Camino por Tierra de los Campos de Castilla (Palencia).

Astorga (León).
Pórtico de la catedral
de Santa María.

Astorga.
Palacio
arzobispal
según el
proyecto de
A. Gaudí.

Puente de los Peregrinos,
en Molinaseca (Bierzo).

El castillo de los templarios,
Ponferrada.

En el Camino del Invierno.

El Bierzo, paisaje de Las Médulas,
resultado de la ingeniería
minera romana.

Camino de San Salvador. Etapa
La Robla-Poladura de la Tercia.

El altar mayor de la catedral, Oviedo.

Camino Primitivo. Salas. Castillo de la familia del Inquisidor General de España.

Camino Primitivo. Etapa Salas-Tineo.

Camino de la Costa.
Etapa Laredo-Noja.

Camino de la Costa entre Güemes y Santander.

¡Santander a vista!

Picos de Europa desde el Monasterio de Santo Toribio de Liébana.

Puente románico con la Cruz de la Victoria en Cangas de Onís, Asturias.

Vía de la Plata. Por la Cañada Real en Extremadura.

Vía de la Plata. La cúpula románica
de la catedral de Zamora.

Santiago de Compostela. La catedral
desde la Plaza de Obradoiro.

Santiago el Mayor en el Pórtico
de la Gloria, Catedral de Santiago
de Compostela.

Camarín de Santiago el Mayor
en la catedral compostelana.

Puerta Santa
en el interior
de la catedral de
Santiago de
Compostela.

Altar mayor de la catedral compostelana.

La concha jacobea.

Finisterre,
el final
del Camino.

Puesta de sol en el *Finis-terrae.*

La «vela petrificada»
en la orilla del Océano
Atlántico, Mugía
(Muxía).

El estilo arquitectónico de las casas residenciales cambia a lo largo del Camino de la Costa. En el País Vasco, sus techos tienen aleros característicamente pronunciados. En Cantabria y Asturias, los antiguos palacios rurales tienen su capilla privada al lado del edificio. Otro elemento original del paisaje son los graneros, llamados «hórreos», construcciones de madera o piedra sobre pilares verticales. Tienen un estilo particular en cada región a lo largo del Camino de la Costa, pero todos se caracterizan por el empleo de métodos ingeniosos para que los roedores no puedan acceder a los cereales almacenados en ellos. Algunos hórreos se han conservado desde los siglos XV-XVI.

Iglesia de Santa María de la Oliva, siglo XIII, en Villaviciosa (Asturias).

En Cantabria y Asturias, hay suntuosos palacios eclécticos de principios del siglo XX, con una palmera característica al lado del edificio. Son residencias de «indianos», emigrantes que hicieron fortuna en las Américas. «No se marcharon, sino que se ausentaron», y al regresar a su localidad de origen, construyeron casas señoriales como muestra de su éxito. También fundaron numerosas escuelas públicas, efectuando una valiosa aportación cultural y social, como en la localidad de El Pito, cerca de Cudillero (Asturias), donde se encuentra la Quinta de Selgas.

Hórreo asturiano.

Santuario de Nuestra Señora de Begoña, Bilbao.

El traslado por la ría de Nervión, Bilbao.

Etapa Portugalete-Ontón.

Un ejemplo del curioso estilo arquitectónico de las casas de los indianos lo encontramos en Comillas, cerca de Santander. Aquí está el palacio modernista llamado «El Capricho», diseñado por el famoso y entonces jovencísimo arquitecto catalán Antonio Gaudí para el letrado indiano Quijano. En Asturias, en el paso del Camino por Avilés, otro indiano construyó a su vuelta del Perú el palacio adornado con un friso de conchas jacobeas.

En la bella y elegante ciudad de Santander se encuentra el palacio de la Magdalena, donde se imparten los cursos de verano de la Universidad Internacional de Menéndez y Pelayo. En el año 1912 el palacio fue regalado por la municipalidad al rey Alfonso XIII, en tanto que ciudadano de Santander (pertenecía al Club Marítimo), con todas sus obligaciones y tributos.

Museo de Guggenheim, Bilbao.

La localidad de Santillana del Mar, llamada también «la de las tres mentiras», porque «ni es santa, ni es llana, ni está a la orilla del mar», presume de sus palacios, casonas, torres y su antiquísima colegiata bajo la advocación de Santa Juliana, «Santa Illana», en el habla de los lugareños.

En el Camino de la Costa hay también algún edificio de arquitectura moderna, como el Museo Guggenheim de Bilbao o el Centro Niemeyer de Avilés.

Izquierda: Camino de la Costa: Laredo-Noja; *derecha:* Camino de la Costa entre Güemes y Santander.

Arte

La costa norte ha sido siempre fuente de inspiración para los artistas. En Pasajes de San Juan (Guipúzcoa), Víctor Hugo creó en 1841 los personajes de *Los miserables*; en Zumaya nació el pintor Ignacio Zuloaga y de Guetaria fue el famoso modisto Cristóbal Balenciaga. Avilés es la villa natal de Juan Carreño Miranda, pintor de cámara de la corte del rey Carlos II el Hechizado.

El bombardeo de Guernica (Vizcaya) por la Legión Cóndor alemana en 1937 inspiró el famoso cuadro homónimo de Pablo Picasso. El pintor vasco Agustín Ibarrola es el autor del colorido Bosque de Oma, cerca de Guernica, y de los Cubos de la Memoria, igualmente llenos de color, en los espigones del puerto de Llanes del Camino (Asturias).

En el apartado cinematográfico, pueden encontrarse varias películas rodadas en la costa del norte. Laredo (Cantabria) fue el escenario de la película *El coloso de Rodas*. En Asturias se filmaron más de diez películas. Una de ellas, *Volver a empezar*, dirigida por José Luis Garci, obtuvo el Oscar a la mejor película extranjera en Estados Unidos, pero la que mejor muestra el paisaje de la región es la película *El abuelo*, del mismo director.

En la capital de Asturias, Oviedo, se sitúa la acción de al menos veinte obras literarias, de las cuales la más famosa es *La Regenta*, de Clarín.

Puertos

En las calas entre los acantilados, que forman puertos naturales, pueden verse pequeños pueblos pesqueros con calles que descienden abruptamente hacia el mar. Los puertos en la costa norte estuvieron muy relacionados

Detalle del recinto amurallado de Llanes, Asturias.

con la caza de ballenas. La grasa de ballena se transportaba desde Lastres (Asturias) a Oviedo para iluminar las lámparas de la catedral.

Algunos puertos fueron fundados por los celtas (Castro Urdiales, *Flaviobriga*, en Cantabria), otros por los romanos (Gijón, *Gigia*; Santander, *Portus Victoriæ*), y algunos como Cudillero o Puerto de Vega tienen su leyenda vikinga y aún conservan sus propias tradiciones y costumbres. Muchos puertos construían murallas para defenderse de los ataques de los vikingos, normandos, corsarios y piratas ingleses. Entre los puertos-fortaleza estaban Bilbao, San Vicente de la Barquera (Cantabria), Llanes, Maliayo (hoy Villaviciosa), Luarca (Asturias).

En Castro Urdiales, en la misma orilla del mar, se encuentra la iglesia fortificada de Santa María de la Asunción, del siglo XIII. A su lado está el castillo de Santa Ana, el único que cumple a su vez la función de faro.

A los puertos más grandes, como Laredo y Santander (Cantabria), Ribadesella y Avilés (Asturias), llegaban barcos con peregrinos que preferían el viaje por mar, más rápido y seguro. Desde allí partían hacia Oviedo y Compostela. Para muchas localidades ribereñas el transporte de peregrinos en barco fue una fuente significativa de ingresos. La palabra *barca* llegó a formar parte de la toponimia y de los apellidos; por ejemplo, Soto del Barco, un pueblo en

Castillo-faro de Santa Ana y la iglesia de Santa María de la Asunción (siglo XIII), en Castro Urdiales (Cantabria).

¡Santander a la vista!

Asturias, y Calderón de la Barca, el dramaturgo del Siglo de Oro, autor de la obra *La vida es sueño*. Su padre fue ministro de Hacienda de los reyes Felipe II y Felipe III, pero la familia provenía de Suances (Cantabria) y su fuente de ingresos era el transporte de peregrinos. También hubo un transporte gratuito a través del río, del que presumía el puerto de Orio (Guipúzcoa).

La hermosa ciudad de Santander, llamada «la Novia del Mar», ya existía en el año 26 a. C. como puerto romano, *Portus Victoriæ*. Según la leyenda, las reliquias de los mártires cristianos de finales del siglo III san Emeterio y san Celedonio llegaron aquí en un bote 'de piedra'. Ambos hermanos, que servían en la legión romana estacionada en Calahorra (La Rioja), habían sido condenados a muerte por decapitación, por no renunciar a su fe cristiana, en tiempos de las persecuciones de Diocleciano. La ejecución se llevó a cabo fuera de los muros de la ciudad, donde luego se erigió una iglesia bajo su advocación (actualmente, concatedral de Logroño y de Santo Domingo de la Calzada), en la que se depositaron las reliquias de sus cuerpos. Sin embargo, debido al avance islámico, las cabezas de los mártires fueron trasladadas por vía fluvial a la costa del norte, donde para protegerlas el rey Alfonso II el Casto fundó la abadía de los Cuerpos Santos en el lugar de una ermita preexistente. El nombre de la localidad, en origen dedicado a san Emeterio y su hermano, se habría transformado con el tiempo en Santander.

En el siglo XII, el rey Alfonso VIII otorgó derechos comerciales al puerto de Santander y ordenó la construcción de un astillero. A cambio, la ciudad se comprometió a pagar un tributo de un barco por año, con destino a la flota real. En 1248, Santander, junto con otros puertos en la costa, como Laredo, Santoña y Avilés participaron en la batalla para liberar Sevilla de los sarracenos, por lo que los escudos de estas localidades muestran la enseña de la ciudad, la Torre del Oro sevillana y el río Guadalquivir.

Leyenda sobre el origen del nombre del puerto de Luarca (Asturias)

Hace mucho, mucho tiempo, un misterioso barco llegó a un pequeño y antiguo puerto asturiano que aún no tenía nombre. Salió de él una figura igualmente misteriosa que colocó en la orilla un cofre, y la embarcación desapareció durante la noche. La zona estaba infestada de lobos, por lo que los pocos habitantes del puerto, a pesar de su curiosidad, no abandonaron sus hogares hasta el amanecer. Con la llegada del día se pudo ver una manada de lobos que entró en la aldea de pescadores y rodeó el misterioso cofre. Y aún más extraño, ¡los lobos adoptaron una postura reverente alrededor del cofre, sin prestar atención a la gente! A la cabeza del grupo, humildemente, lo adoraba su líder, un lobo de increíble tamaño.

La palabra «lobo», *lupus*, en latín, se combinó con la palabra «arca», como se solía denominar un cofre con reliquias y, en recuerdo de este evento extraordinario, se formó el nombre Luarca. ¿Qué pasó con el arca? Según la leyenda, su destino fue el relicario real, la Cámara Santa en Oviedo. ¿Y los lobos? Los sigue habiendo en muchos lugares de Asturias.

Luarca, Asturias.

***

Para garantizar sus derechos comerciales, los puertos se unieron en 1296 en la Hermandad de los Mareantes, a través de los cuales se exportaba la lana y el trigo castellanos. Prosperaba también la industria de salazón de pescado, método de conserva con el que se transportaba desde Castro Urdiales el pescado al interior del país, para poder cumplir con la obligación del ayuno los viernes.

La pesca contribuía también al mantenimiento de los peregrinos. En la costa de Avilés, uno de los monasterios que custodiaba el albergue-hospital daba dispensa a los pescadores para faenar en domingo a cambio de una porción del pescado conseguido durante la semana, que destinaban a la alimentación de los peregrinos hospedados.

Monumento a Juan Sebastián Elcano en Guetaria (Guipúzcoa).

El mar era parte inseparable de la vida de los habitantes de las costas del norte, por lo que de aquí procedían los grandes marineros.

Juan de la Cosa (Santoña, Cantabria, 1460-Turbaco, Colombia, 1510), acompañó a Cristóbal Colón en su viaje del Descubrimiento, y a él se debe el primer mapa del mundo. Fue el dueño de la *Santa María*, el barco que capitaneó el almirante Colón, construido en Santoña.

Juan Sebastián Elcano (Guetaria, Guipúzcoa, 1486-Océano Pacífico, 1526), circunnavegó la Tierra por primera vez (1519-1522), demostrando su redondez, junto con Fernando de Magallanes. Este, tras ser rechazado y humillado por el rey Manuel de Portugal, se naturalizó español, y el rey Carlos I le concedió el título de comendador de la Orden de Santiago de la *Spata* ('espada'). La gran empresa fue financiada por la Corona española y llevada a cabo por marineros y navíos españoles, partiendo de y regresando a puertos españoles. Una de las naves llevaba el nombre de *Santiago*. Tras la muerte de Magallanes y la mayoría de la tripulación de los cinco barcos, Juan Sebastián Elcano tomó el mando de la expedición. En las velas del único barco que le quedaba, la *Victoria*, puso la cruz de Santiago con la inscripción: «Esta es la enseña de nuestra buena fortuna», y finalmente arribó a Sevilla en el año 1522, con los últimos dieciocho marineros supervivientes de los doscientos setenta iniciales.

Blas de Lezo y Olavarrieta (1689, Pasajes, Guipúzcoa-1741; Cartagena, Colombia), el almirante fue perdiendo poco a poco varias partes de su cuerpo en diferentes batallas contra la armada británica.

Pedro Menéndez de Avilés (1519, Avilés-1574, Santander), creador y capitán de la Armada de Indias, nombrado por el rey Felipe II capitán general de la Mar Océano y caballero del hábito de Santiago, nació en Avilés. Fue adelantado y conquistador de la Florida, donde fundó en el año 1565 la ciudad de San Agustín (en honor al santo patrón de Avilés), el primer asentamiento urbano permanente en los actuales Estados Unidos.

Álvaro Navia-Osorio Vigil (1684, Puerto de Vega-1732, Ceuta), tercer marqués de Santa Cruz de Marcenado, fue otro personaje de proyección internacional en el orden militar e intelectual. Como comandante de regimiento defendió los intereses de Felipe V en la Guerra de Sucesión y más tarde los intereses de la Corona española en Cerdeña y Sicilia. Por sus méritos militares fue ascendido a mariscal de campo.

Su obra más importante, *Reflexiones militares*, es un tratado sobre moral militar, filosofía de la guerra, tácticas de combate, logística y vivencias personales. La obra fue traducida en su época al inglés, alemán, francés e italiano. Formó parte de la biblioteca privada de Napoleón Bonaparte y la del filósofo Voltaire. El rey Federico II de Prusia basó en ella la remodelación de su ejército.

En el año 1731 fue nombrado por Felipe V comandante general de la plaza de Ceuta para dirigir la defensa contra los musulmanes, y falleció en combate en 1732. Decapitado por el enemigo, su cabeza fue clavada en una pica y paseada por las calles.

En el centro de Oviedo hay una calle con el nombre de Marqués de Santa Cruz. En el palacio familiar de Pola de Siero, en un ramal del Camino, se ubica actualmente la oficina de información turística.

Gaspar Melchor de Jovellanos (1744, Gijón-1811, Puerto de Vega), nació en la antigua capital territorial romana, que se enorgullece de haber sido la cuna del mayor representante de la Ilustración española, lo cual confirma la idea de que el mar es una ventana al mundo y abre horizontes, mentes y corazones, como expresa el monumento llamado Elegía del Horizonte, del escultor vasco Eduardo Chillida, erigido a orillas del mar en Gijón.

Gijón, marinero, veraniego e industrial. El monumento «Elegía del horizonte» en la orilla.

***

La ría de Villaviciosa (Asturias) y el monumento a Carlos I en Villaviciosa.

Es interesante también la relación de las ciudades costeras con los reyes. En la Edad Media, estos concedían a los puertos los privilegios de ubicación, asentamiento y comercio.

Las infantas españolas partían de Laredo en su periplo para contraer matrimonio en países extranjeros, sirviendo así a los intereses del Estado y consolidando acuerdos internacionales. Un ejemplo fue la infanta Juana, más tarde llamada «la Loca», hija de los Reyes Católicos Isabel y Fernando. Fruto de su matrimonio con el príncipe Felipe, hijo del emperador Maximiliano I de Habsburgo, nació el príncipe Carlos, que en 1556 llegó desde Gante a Laredo. Accedió a la corona española como Carlos I, y fue Emperador del Sacro Imperio Romano Germánico como Carlos V. Se alega que, debido a un error o al clima adverso, su embarcación llegó inicialmente al pequeño puerto asturiano de Tazones (Villaviciosa), escondido profundamente en ría. Los vecinos del lugar, sorprendidos por el acontecimiento, le recibieron con las armas en la mano, creyendo que se trataba de un ataque pirata. Finalmente el joven, futuro rey y emperador, pernoctó en una de las casonas de Maliayo (hoy Villaviciosa), donde actualmente hay un monumento que conmemora el acontecimiento.

La localidad de Ambrosero (Cantabria) es donde falleció Bárbara Blomberg, madre de Don Juan de Austria, hijo natural de Carlos I, el famoso héroe de la batalla de Lepanto (1571).

Con el tiempo, peregrinos y piratas fueron reemplazados por veraneantes. A mediados del siglo XIX, cuando llegó la moda de los «baños de ola», reinas, reyes y la alta sociedad española, que buscaba «el sol que no quema», comenzaron a pasar el verano en la costa norte, donde el clima en verano es más suave. San Sebastián, Zarauz, Santander, Comillas y Gijón se transformaron de puertos pesqueros en centros veraniegos, que ganaron fama por su belleza y elegancia.

Algunos puertos adquirieron un marcado carácter industrial. Los más grandes son el metalúrgico Baracaldo en el País Vasco y Avilés en Asturias. De Gijón dice una canción que «es fruto de los amores del carbón y el mar», ya que su mina La Camocha se extiende bajo el fondo del mar. Desde este puerto se exportaba al mundo el carbón asturiano.

El paisanaje y sus tradiciones

El trabajo en condiciones marítimas difíciles y peligrosas, especialmente en el golfo de Vizcaya y la Costa de la Muerte (*Costa da Morte*, en gallego), en Galicia, siempre ha tenido como efecto el aumento de los sentimientos religiosos.

En todo el Camino de la Costa se encuentran iglesias y capillas con figuras milagrosas de Cristo crucificado y la Virgen, cuya historia o leyenda se asocia con el mar. Su culto encuentra expresión en numerosas ofrendas devocionales y procesiones.

En el día de San Pedro (29 de junio), la fiesta del Carmen o Estrella del Mar (16 de julio) y la Asunción (15 de agosto), en todos los puertos hay procesiones por el mar de embarcaciones de pesca con figuras de santos a bordo. Luarca y otros puertos rinden también homenaje con alfombras florales dispuestas a lo largo de la ruta de la procesión del Corpus Christi.

En el día de la Exaltación de la Santa Cruz (14 de septiembre), los barcos salen al amanecer con coronas de laurel bendecidas. Las arrojan al mar en recuerdo a los pescadores desaparecidos, que no tuvieron sepultura según el rito católico. También en este día, en el lugar del antiguo Faro de los Ángeles, ahora Templo de los Océanos, cerca de Candás (Asturias), se vierten aguas de todos los océanos del mundo en memoria de los muertos en la mar.

A veces, la religiosidad se mezcla con la superstición. En la Noche de Difuntos, ningún barco de pesca zarpa por miedo a las apariciones. Los pescadores creen que si no se ha celebrado un funeral por los náufragos, en esta noche sus espíritus emergen de las aguas y caminan sobre la superficie del mar. No en vano se dice que «gallegos y asturianos, primos hermanos»,

Los tejos al lado de una iglesia entre Pola de Siero y Oviedo.

Camino de la Costa. Puente medieval.

en parte debido a supersticiones similares. En Asturias, alrededor del pueblo de Villaviciosa (monte Cubera), al igual que en Galicia, se pueden encontrar las capillas de las Ánimas, relacionadas con las creencias populares sobre las procesiones nocturnas de almas en penitencia, conocidas como Santa Compaña. Estas capillas y cruces en los senderos tenían la función de proteger contra estos encuentros.

En pleno verano se celebra el festival celta de Beltaine, y en muchos pueblos de Asturias hay un baile cuya tradición se remonta a tiempos prehistóricos, la Danza Prima, mencionada ya en la *Ilíada* homérica y representada en el escudo de Aquiles. Los bailarines forman un círculo alrededor de un árbol, preferentemente un tejo, considerado el árbol de la vida y de la muerte, que protege contra la desgracia y los espíritus malignos. Los visigodos aceptaron este árbol, celebrando debajo sus actos ceremoniales. Los tejos más antiguos (en Bermiego, Asturias, sobrevive un ejemplar de unos dos mil años) se encuentran en casi todas las localidades, cerca de la iglesia. Tradicionalmente, a su sombra se reunía el consejo local de ancianos.

Se puede continuar el camino de la costa a través de Tapia de Casariego hasta la desembocadura del río Eo y luego seguir hacia Ribadeo y Mondoñedo, ya en Galicia. En Soto de Luiña, entre Cudillero y Luarca, se puede optar por un sendero que se desvía tierra adentro hacia Valdés y la sierra de las Palancas. Lleva por el Camino Real, por el que los pastores (vaqueiros) conducían el ganado a los pastos de montaña (brañas). Los vaqueiros, que llevaban una vida nómada con sus familias, eran maldecidos por la comunidad rural establecida. Hasta principios del siglo XIX, se les prohibía incluso entrar a la iglesia. Constituían un grupo separado que, debido al aislamiento social, mantenía sus propias costumbres. En la Braña de Aristébano, el último domingo de julio se puede contemplar una boda y una fiesta vaqueiras.

El folklore asturiano es original y aún se cultiva. Esta región tan montañosa está dividida por valles, que no solo difieren en elementos del folclore, sino también en variedades de la lengua, conocida como *bable*.

Las aguas de los rápidos ríos del oeste de Asturias se encuentran entre las más limpias, y aún es posible ver antiguos molinos de agua.

Leyenda de la moza y el peregrino

En la comarca de Valdés, un molinero y su hermosa hija vivían plácidamente junto al puente sobre el río, por el que pasaban los peregrinos que se dirigían a Compostela. Una noche estalló una terrible tormenta: el viento soplaba aterradoramente y el oleaje llegaba hasta el puente. De repente, padre e hija escucharon un lamento. Era un peregrino de Francia, que estaba herido y pedía ayuda. Lo llevaron a casa y la hija del molinero se ocupó de su cuidado. Pasaron los días y el trato, la belleza y la gracia del joven enamoraron a la moza, pero cuando el joven se curó, tuvo que marchar para continuar el camino. Al despedirse le prometió que regresaría y la llevaría a su país para hacerla su esposa.

La pobre molinera esperó con nostalgia y salió todos los días al puente para ver si su amado volvía. Una tarde vio su carruaje a lo lejos: ¡había vuelto! Ya se estaba acercando, pero… no se detuvo. Pasó sin mirar atrás.

El corazón de la joven casi se rompió de pesar y desilusión. Afligida, solía sentarse sobre una piedra en la confluencia de los ríos Cabo y Avellano. Atormentada por amargos pensamientos, miraba pensativamente las aguas.

Un día vio a un mozo en el río. Su bote se había estrellado contra una roca y él estaba luchando para no ahogarse; casi de milagro salió con vida del accidente. La chica sumergió su pañuelo en las aguas de ambos ríos, lavó sus heridas, le prestó ayuda y, a medida que las heridas en el cuerpo del joven iban curándose, las heridas del corazón y del alma de la moza sanaron. De aquí la moraleja: ayudando a otros, se olvidan las propias preocupaciones.

III
En el Camino de Galicia

Hórreo gallego.

Aymeric Picaud escribió que Galicia es una tierra de exuberante vegetación, rica en agua y frutos, pero con pocas ciudades. No fue hasta el tránsito del siglo XII al XIII cuando en la costa comenzaron a formarse pequeñas ciudades y fue extendiéndose la urbanización por el interior de la región.

Por toda Galicia se pueden ver palacios rurales de granito, llamados pazos, con su propia capilla y cipreses al lado. En las aldeas, alrededor de las granjas se ven curiosos graneros sobre pilares, los hórreos gallegos, custodiados por pequeñas cruces en las esquinas del tejado.

Cebrero

El cerro del Cebrero (en gallego, *O Cebreiro*) se encuentra en el límite entre las regiones de León y Galicia. En la cima (1293 m s. n. m.) hay un pequeño pueblo de chozas redondas llamadas pallozas, que recuerdan los tiempos anteriores a la conquista de la Península por los romanos. Suelen

Palloza en Cebrero.

tener un diámetro de entre diez y veinte metros y están cubiertas de paja, siguiendo el esquema del castro celta. El museo etnográfico del lugar proporciona todo tipo de explicaciones sobre este tema.

En el siglo IX, unos cincuenta años después del descubrimiento de la tumba del apóstol Santiago, se construyó allí un refugio para peregrinos, cansados por el ascenso y las inclemencias del tiempo. También se construyó una iglesia dedicada a Santa María, que pertenece al monasterio. En esta iglesia se custodia un cáliz románico del siglo XII asociado con el milagro eucarístico, y que es motivo de una de las leyendas más famosas del Camino.

Leyenda del cáliz de Cebrero y el milagro eucarístico

En la localidad de Barxamaior, cerca de Cebrero, vivía a finales del siglo XIII un hombre que se dedicaba al pastoreo. Era extremadamente piadoso, como ya indica su sobrenombre o apodo de Santín. Todos los días, independientemente del viento, la lluvia o el frío, Juan Santín subía a la iglesia para asistir a misa. Un día estalló una terrible tormenta en las montañas, por lo que el sacerdote no esperaba que acudiera nadie. De todos modos, celebrar misa era para él una rutina diaria, carente de sentido.

¡Cuál fue su sorpresa cuando vio entrar a Juan, chorreando! Incrédulo, exclamó: «¡Hombre, llegaste con esta tormenta!». Y añadió burlonamente: «¿Para qué? ¿Solo por ver un poco de vino y un trozo de pan? ¡No vale la pena!».

Durante la misa, celebrada de manera rutinaria, el sacerdote, de poca fe, tuvo una sorpresa aún mayor. Cuando tomó el cáliz en sus manos, en el momento de la consagración y transfiguración del pan y el vino, ocurrió el milagro: el pan y el vino se convirtieron en el Cuerpo y la Sangre del Señor. La figura de la Virgen se inclinó en una expresión de adoración y permaneció así para siempre. Dios dio así una lección al sacerdote por su falta de fe y misericordia.

Escudos de Cebrero, Galicia y Santiago de Compostela.

El «santo Grial» gallego de Cebrero, rodeado de estrellas, es el escudo de Galicia desde el siglo xiii hasta los tiempos actuales. Los Reyes Católicos visitaron la iglesia en 1486, a su regreso de Santiago de Compostela, y ofrecieron un relicario para el cáliz milagroso y una patena.

***

Desde Cebrero el Camino Francés conduce a Triacastela. Aquí no solo había cuatro hospitales, sino también una prisión para peregrinos. El nombre del pueblo proviene de tres castros o castillos, que se rememoran en su escudo.

De Triacastela el Camino lleva a Samos, con su monasterio benedictino de San Julián. La abadía de Samos se menciona ya en el siglo vii, y en este lugar, de gran importancia e influencia en su tiempo, fue educado como heredero al trono el futuro rey Alfonso II el Casto. La etapa termina en Sarria, donde murió el rey peregrino Alfonso IX. Continúa por Puertomarín para llegar a Palas de Rey, cuyo nombre proviene del palacio real, *Pallatium Regis*, del rey visigodo Witiza (702-710).

El antiguo y auténtico pueblo de Puertomarín (*Pons Minius*), junto con el puente romano sobre el río Miño, se encuentra ahora bajo las aguas del embalse de Belesar. En la década de los años sesenta, como resultado de un plan de embalses en España, especialmente en los ríos más grandes, se inundaron muchas aldeas y pueblos pequeños. En 1962 se construyó el nuevo Puertomarín en la cima de la colina. Allí se trasladó piedra a piedra, entre otros edificios, la iglesia de los Caballeros de San

Escudo de Triacastela.

Juan de Jerusalén, que custodiaba un hospital para peregrinos, y la ermita de San Andrés de Teixido, emblemática en Galicia.

El *Códice Calixtino* advierte que en la etapa Puertomarín-Palas de Rey los peregrinos se verán expuestos a grandes tentaciones carnales, inadecuadas por su condición. Por esta razón, esta etapa estuvo bajo un control especial por parte de la Orden de Santiago.

Si alguien violase la ley, o incluso cometiese un asesinato, y no fuese encarcelado en Triacastela, podría refugiarse en Ligonde, lugar con derecho a asilo e indulgencia debido al privilegio otorgado por el rey Carlos I durante su peregrinación. En la misma localidad de Ligonde pernoctó también su hijo, el rey Felipe II, en su camino a Compostela.

Pambre: leyenda de las dos hermanas

Otra leyenda sobre los peregrinos y el amor está relacionada con el castillo de Pambre, ubicado cerca de Palas de Rey.

> El señor del castillo de Pambre, que a menudo albergaba a peregrinos de familias nobles en su camino a Santiago, tenía dos hermosas hijas casaderas. Un día llegó al castillo un caballero francés muy enfermo y débil, y se quedó en el castillo durante algún tiempo para recuperarse. Ambas hermanas le cuidaron y las dos se enamoraron de él. Cuando eligió a una de ellas, la otra se alejó para no importunar la felicidad de su hermana. La gran boda tuvo lugar en Compostela, y la joven pareja marchó a Francia.
>
> La otra hermana pasaba sus días en la ventana de la torre, mirando hacia el camino, convencida de que su amor vendría de allí. Así transcurrieron días y meses... hasta que la hallaron muerta y fría junto a la ventana de la torre del castillo que daba al Camino.

Leboreiro: leyenda de la fuente de la Virgen

> En Leboreiro, cerca de la iglesia, un día comenzó a brotar un manantial con propiedades extraordinarias: por la noche la fuente brillaba con una luz sobrenatural y durante el día emanaba de ella un aroma maravilloso y delicado. Los aldeanos entendieron este fenómeno como una señal especial. Excavando el suelo alrededor del manan-

tial, encontraron la imagen de la Virgen María, e inmediatamente la colocaron en la iglesia en un lugar de honor. Sin embargo, la Virgen regresaba a la fuente todas las noches. El fenómeno duró algún tiempo, hasta que un artista local talló una copia de la imagen y la colocó en el tímpano sobre la puerta de la iglesia, al lado de la fuente, y aquí la Virgen aceptó quedarse. Así, el manantial se lo conoció como la fuente de la Virgen.

Mellid/*Melide*

Todos los caminos llevan a Santiago

En Mellid (*Melide*, en gallego) se unen casi todos los caminos jacobeos que llegan desde Europa, lo que probablemente sea la razón por la cual el portal románico de la iglesia de San Roque de esta localidad es la estampa que aparece en los billetes de diez euros.

Cruceros gallegos.

En Mellid se encuentra el crucero más antiguo de Galicia, del siglo XIV. Los cruceros gallegos son cruces de piedra de doble cara, con la figura de Cristo en un lado y su Madre (la *Pietà* gallega) en el reverso. En el crucero de Mellid, la Madre aparece acompañada por San Juan.

Castañeda: piedra para la catedral de Compostela

En una localidad cercana a Castañeda, hubo unos hornos para la fabricación de cal que se utilizaron en la construcción de la catedral de Compostela. Tradicionalmente, los peregrinos traían desde Triacastela hasta aquí una piedra caliza para ayudar a construir y mantener la catedral.

Pico Sacro: una montaña mágica de leyendas

En el Camino Sanabrés, que forma parte de la Vía de la Plata, el peregrino sube al Alto del Rosario. Desde aquí ya se puede ver el Pico Sacro, una señal de que la caminata está llegando a su fin. Desde la cima del Pico Sacro (535 m s. n. m.), la vista ofrece un indicio maravilloso del destino tan esperado, las torres de la catedral de Santiago de Compostela.

El rocoso Pico Sacro está envuelto en magia y leyendas. No debe confundirse con el Pico Monsacro, cerca de Oviedo, aunque también aquí eran adoradas las deidades celtas. La leyenda más antigua sobre el Pico Sacro cuenta que la montaña estaba habitada por un gigante que guardaba tesoros. Estos estaban ocultos en una cámara con una fuente de mármol de cuyos grifos de oro brotaba agua día y noche.

La noticia llegó a oídos de un titán, que enseguida deseó poseerlos, pero para conseguirlos tuvo que enfrentarse al gigante guardián. En el fragor de la pelea, el titán cortó con su espada la cumbre de la roca por la mitad, de arriba abajo, formando así un desfiladero estrecho y profundo, por el que, según se cuenta, se puede entrar en una cueva en la que los tesoros probablemente permanecen todavía ocultos.

Otra leyenda se refiere a la época de la reina Lupa. Se decía que las cuevas del Pico Sacro conducían al palacio de la reina (a distancia de unos diecisiete kilómetros), y que sus caballos pasaban por allí a un abrevadero en el río Ulla. Cuando a Iria Flavia llegó la barca con el cuerpo del Apóstol y sus discípulos, la reina Lupa envió a estos al Pico Sacro, ordenándoles atrapar unos toros salvajes para conducir el carro con el cuerpo del Apóstol.

IV
En el Camino Portugués

El Camino Portugués se conoce también como *Camino Bracarense* debido a que pasa por Braga (lat. *Bracara Augusta*). En él, la localidad de Barcelos es famosa por una leyenda que resulta ser otra versión de la conocida leyenda del gallo que cantó después de asado.

Barcelos: leyenda del gallo

Un gallego hizo una peregrinación a Santiago por la ruta portuguesa. Al pasar por Barcelos, fue acusado de robar dinero a un terrateniente. Fue llevado ante el juez, que ya se disponía a cenar. Sobre la bandeja humeaba un gallo asado. El peregrino acusado reiteraba su inocencia, clamando desesperado que el gallo cantara para demostrar la falsedad de la acusación. El juez apartó impaciente el plato y ordenó que lo ejecutaran inmediatamente.

¡Cuál fue su sorpresa cuando regresó a la mesa y se encontró con el gallo cantando! Entonces descubrió su error, y volvió corriendo a la horca. Afortunadamente, el nudo no estaba bien atado, lo que salvó la vida del pobre condenado.

En agradecimiento, el peregrino talló una cruz con un gallo y un corazón. Esta cruz se encuentra ahora en el Museo Arqueológico de Barcelos, y el gallo negro con un corazón rojo en el ala se ha convertido en el símbolo más conocido de Portugal y adorna muchos productos populares.

***

El Camino Portugués sigue una antigua vía romana, y se asocia con la leyenda relacionada con el puente medieval (siglo XIV) de treinta y un arcos, el más largo del país, del que la localidad tomó su nombre: Ponte de Lima. La villa es la más antigua de Portugal.

El acontecimiento descrito en la leyenda pertenece a los tiempos de la conquista del territorio lusitano y galaico por Roma.

Ponte de Lima: leyenda del general romano

Escudo municipal de Ponte de Lima.

Cuenta la leyenda que los astutos y sabios celtas que habitaban la región, para defender mejor su territorio, convencieron a los romanos de que aquel río (Limia) era en realidad el Lete (*Lēthē*), el río del olvido de la mitología griega. Quien lo cruzaba, olvidaba su identidad y su patria. El engaño funcionó durante algún tiempo, hasta que el general Décimo Junio Bruto, (180-113 a. C.) logró desenmascarar la trampa. Decidió cruzar el río montado en su caballo, y desde la otra orilla gritó los nombres de todos sus oficiales para demostrar que no había perdido la memoria. Gracias a ello, se emprendió la construcción del primer puente que unió ambas orillas de la calzada romana XIX desde Braga a Astorga. En recuerdo de la leyenda, a un lado del puente, que todavía hoy cruzan los peregrinos, se admira una estatua del bravo general romano, apodado «Galaico» (*Callaicus*).

Pontevedra

En el lado español del Camino hay otra ciudad cuyo nombre se debe al puente. Pontevedra se compone de dos palabras que significan 'puente viejo' en gallego, ya que se trata de un puente romano. Por él pasan ahora los peregrinos a Santiago, que suelen detenerse ante la iglesia de la Peregrina, de fachada redonda y construida sobre una planta en forma de concha jacobea.

Escudo municipal de Pontevedra.

Los pontevedreses aseguran que el almirante Cristóbal Colón es oriundo de su ciudad, y por ello han recogido documentos y datos que guarda el Gremio de los Mareantes. Lo que sí es seguro es que aquí vivió el escritor Ramón María del Valle Inclán.

En Padrón nacieron otros dos representantes de las letras españolas: la poeta Rosalía de Castro y el novelista Camilo José Cela.

V
En Santiago de Compostela

Santiago de Compostela es el centro del universo para el peregrino. La oración frente al relicario del Apóstol y el abrazo simbólico a su imagen en el altar son el momento culminante de un final feliz. Sin embargo, todos llegan a la conclusión de que la clave del viaje radicaba en el Camino, en el que el peregrino ha dejado parte de sí mismo. A Santiago no se viene a buscar tesoros tales como oro, plata y azabache, sino los tesoros invisibles ganados en el Camino.

Un paseo por la catedral y sus alrededores proporcionará nuevas experiencias y descubrimientos, enriquecidos por más de una curiosidad o leyenda.

En la catedral

El *Codex Calixtinus* describe del modo siguiente la catedral de Santiago de Compostela: «No hay grieta ni defecto alguno en esta iglesia... es grande, espaciosa, llena de luz, armoniosa, con buenas proporciones de ancho, largo y alto».

Órgano de la catedral en Santiago de Compostela.

El espacio así organizado se presentaba como el modelo ideal de una iglesia de peregrinación. A pesar de varias renovaciones en la arquitectura exterior, el interior románico de la catedral se ha conservado en su estilo original.

Pórtico de la Gloria

Al interior de la catedral se puede acceder por siete entradas. La principal es la occidental, barroca y majestuosa, del lado de la plaza del Obradoiro. Contiene una obra maestra del arte escultórico románico, comparable en su importancia a la Capilla Sixtina en la pintura. Es el Pórtico de la Gloria, en estilo bizantinorománico, resultado de veinte años de trabajo (1168-1188) del Maestro Mateo y su taller. Incluso los detalles invisibles para el espectador tienen un acabado perfecto, ya que la obra fue creada de acuerdo con la mentalidad de la época. El estilo románico es espiritual, centrado, dirigido hacia Dios y la vida eterna, al contrario que el estilo barroco, lleno de dinamismo, espectacular y dirigido hacia el mundo exterior, imbuido del tópico del *carpe diem*. En la principal fachada catedralicia la parte románica y la barroca, dos conceptos de arte y de vida, contrastan en diferentes planos.

Las esculturas del Pórtico de la Gloria ilustran las páginas del Antiguo y el Nuevo Testamento, y sobre todo del Juicio Final. Las escenas en el tímpano muestran la felicidad del espíritu en el Cielo, mientras que el Purgatorio y el Infierno representan un sufrimiento más bien físico.

En la parte superior del arco derecho del Pórtico de la Gloria, el Maestro Mateo representó a un pecador condenado al Infierno, cuyo castigo consiste en que desde el siglo xii, es decir, desde hace novecientos años, trata de comer la famosa empanada gallega que tiene en la mano. Desafortunadamente, una soga alrededor del cuello no le permite ese placer. Así, sigue sufriendo la tentación y no puede consumir la apetitosa empanada.

Pórtico de la Gloria, en la catedral compostelana.

Pórtico de la Gloria, detalles.

En la arquivolta, la orquesta de los veinticuatro ancianos del Apocalipsis afina sus instrumentos para alabar a Dios con su música. En la parte central, se puede apreciar un extraño instrumento medieval llamado zanfona u *organistrum*. Para tocarlo se requiere la cooperación de dos músicos: uno mueve la manivela, mientras el otro toca las cuerdas del instrumento, colocado sobre el regazo de ambas personas.

En la parte media del tímpano hay una figura el doble de alta que una persona, rodeada de evangelistas. Es el Cristo Pantocrátor en su Majestad, que muestra todavía huellas del martirio. Justo debajo de ella, en el parteluz que sirve de apoyo al tímpano, hay otra imagen grande, también sentada. Es el apóstol Santiago, que aparece representado sin sombrero y apoyado en un bastón. En lugar de un libro, sostiene un pergamino desenrollado, en el que se puede leer «*Deus autem incrementum dedit in hac regione*» (lat. «Dios dio el crecimiento [de la Iglesia, de la fe] en este país»; I Corintios 3:6).

A la derecha hay un grupo de discípulos: Pedro y Pablo, Santiago el Mayor y Juan. A la izquierda, un grupo de profetas: Moisés e Isaías, Daniel y Jeremías. Todos estos personajes, presentados por parejas, están en animada

Pórtico de la Gloria.

conversación, dando la impresión de movimiento. Sus caras expresan sentimiento y los labios casi parecen moverse en un susurro. El joven Daniel sonríe suavemente, volviendo una mirada de agrado hacia el exuberante busto de la reina Ester (otros afirman que es la reina de Saba), lo que provoca una mirada de reprensión del profeta Jeremías, representado con larga barba y de pie junto al joven. Se suele comentar *sotto voce* que este busto provocador no gustó a las autoridades eclesiásticas, que ordenaron reducir su volumen. Este pequeño escándalo tuvo su reflejo humorístico en el pueblo y dio origen a la elaboración del queso de «tetilla», muy popular hasta hoy día.

Los sonrientes apóstoles y santos no prestan atención a la persona que está entrando a la catedral. Emanan una fuerza extraordinaria, llena de optimismo, paz y bondad de espíritu. Viven una felicidad eterna, fuera del tiempo.

Debajo de la imagen del apóstol Santiago se representa en la columna del parteluz el «árbol de Jesé», el árbol genealógico de Cristo. La tradición aconsejaba pasar los dedos de la mano entre sus ramas talladas y formular una petición de gracia, por lo que el roce de miles de peregrinos a lo largo de los siglos ha acabado abriendo cinco grandes huecos en la piedra.

En la parte más baja del pórtico de la Gloria anidan unos expresivos demonios del pecado, humillados por la gloria de Dios.

Leyenda de la figura del Maestro Mateo

Una vez terminada la obra del hermoso pórtico, el Maestro Mateo se la presentó al obispo de la catedral. Éste observó de cerca cada figura representada y de repente notó en el tímpano una imagen extraña, desconocida para él. Preguntó al maestro «¿Quién es ese?», al tiempo que volvía la mirada a la cara del artista, y quedó sorprendido por la similitud de sus rasgos. Mateo admitió que, como autor de la obra, se había permitido autorrepresentarse en el tímpano.

La indignación del obispo no conoció límites. ¡Qué falta de modestia! ¡Qué soberbia! Y ordenó que se retirase inmediatamente dicha imagen.

Después de un tiempo, el Maestro Mateo volvió a invitar al obispo para presentarle de nuevo el pórtico. La primera mirada del obispo se dirigió al lugar crítico, pero ya no encontró el autorretrato del Maestro.

El Maestro Mateo se había inmortalizado arrodillándose modestamente en el suelo al pie del parteluz, a la sombra, con la cara mirando hacia el altar, pidiendo perdón por su vanidad al haberse representado junto al Salvador.

Esta figura se conoce popularmente como *Santo dos Croques*. Existe la creencia de que darse unos golpes en la frente del genial artista aumenta «por contagio» la sabiduría de uno, sobre todo de los estudiantes.

El talento del Maestro Mateo fue apreciado por el promotor del pórtico, el rey de León Fernando II (1137-1188), que otorgó al artista una renta vitalicia. El rey expresó el deseo de ser enterrado cerca del Apóstol, y su sepulcro se encuentra en la capilla de las Reliquias, en el Panteón Real.

Desde el siglo xii, el grupo de más de doscientas esculturas de piedra que forman el Pórtico de la Gloria tuvo una rica policromía. En el siglo xix, surgió con fuerza la moda de coleccionar obras de arte originales o copias de ellas en los museos, por lo que en 1866 el gobierno británico encargó una copia del pórtico para el Museo de Victoria y Alberto de Londres. Los ingleses realizaron el vaciado en yeso, pero la técnica aplicada se llevó los colores originales, que habían resistido inalterados a lo largo de setecientos años. Afortunadamente, el pintor de la primera mitad del siglo xix, Jenaro Pérez-Villaamil los había inmortalizado en una de sus obras, lo que sin duda ayudó en la restauración de la policromía. Tras diez años de trabajo minucioso, desde julio 2018 se puede disfrutar de nuevo toda la viveza de los colores originales, que han vuelto a iluminar las imágenes pétreas. El Pórtico de la Gloria, tras su restauración, hace de nuevo honor a su nombre.

Hasta 1520, el Pórtico de la Gloria fue la verdadera entrada a la catedral, abierta a todo el mundo. Ese año, como resultado de varios tumultos entre peregrinos, se colocó un portón, y más tarde, en la época de la Ilustración, se cubrió el famoso pórtico con una envoltura de estilo churrigueresco, barroco tardío español. A partir de 1750, la fachada principal barroca de la catedral fue enmarcada por dos torres gemelas, la torre de las Campanas a la derecha y la torre de la Carraca a la izquierda.

Botafumeiro

El incensario más grande y famoso del mundo, el botafumeiro, despierta el entusiasmo de los peregrinos. Víctor Hugo lo llamó «el rey de los incensarios». Su plata original fue ofrecida por el rey de Francia Luis XI en 1454.

La infanta Catalina de Aragón, hija de los Reyes Católicos, se quedó en Compostela en 1501, antes de partir a Inglaterra para casarse con el príncipe de Gales, más tarde el rey Enrique VIII. Quiso asistir a una misa y ampararse bajo la protección del Apóstol. El gran botafumeiro, colgado del techo de la basílica y oscilando durante la misa, se soltó repentinamente de las cuerdas, lanzando brasas a su alrededor, y voló hacia afuera a través de la Puerta de Platerías. Afortunadamente, no hubo víctimas, pero esto no se consideró un buen presagio. Sin lugar a dudas, el Apóstol se hizo cargo de la reina de Inglaterra, que no compartió el destino de las siguientes cinco esposas de Enrique VIII. En otras tres ocasiones el botafumeiro ha roto las cuerdas durante su vuelo pendular, la última vez en 1962.

Cuando Napoleón Bonaparte invadió España con su ejército, saqueó muchas obras de arte y objetos valiosos. También se llevó el botafumeiro para fundir la plata y acuñar monedas. El actual es de 1851, de bronce plateado, pesa 70 kg y tiene 1,80 m de altura. Está suspendido por cuerdas, ahora de fibra sintética, que miden 65 m de largo, 5 cm de grosor y pesan 90 kg. El carbón que contiene pesa 40 kg, al que se añade medio kilo de incienso. En total, el peso del botafumeiro listo para oscilar sobrepasa los 100 kg. En ocasiones especiales y para continuar la tradición centenaria, se lo balancea a lo largo de todo el transepto con la ayuda de ocho cuerdas y otros tantos operarios, llegando a describir el arco de 65 m entre la puerta de la Azabachería y la puerta de Platerías, con una altura de 20 m y una velocidad de 70 km por hora.

Capilla de la Corticela

Entre las muchas capillas de la catedral, la de la Corticela es especial. Construida en tiempos del rey Alfonso II como oratorio, desde el siglo IX hasta el xvi fue un edificio eclesiástico separado y dedicado a Santa María, del que se ha conservado un pórtico románico que representa la adoración de los Reyes Magos. Perteneció al monasterio de San Martín Pinario y más tarde, la capilla fue incorporada a la catedral. Se encuentra al lado de la puerta del Paraíso o puerta de la Azabachería, destinada como entrada para los peregrinos que acababan de llegar. Probablemente por esta razón, la capilla fue descrita como «parroquia para extranjeros, peregrinos, vascones y soldados». Su propósito casi exclusivo fue el de proporcionar el sacramento del matrimonio a los extranjeros.

Puerta Santa

En el ámbito o girola, un pasaje semicircular que rodea al altar principal en el ábside, está la Puerta Santa, que se abre solo en el Año Santo Jacobeo. En 2004 la puerta de madera fue reemplazada por otra de bronce, donación de empresarios y comerciantes de Compostela. El relieve realizado por el artista local Suso León muestra en el lado exterior a Jesucristo, al apóstol Santiago y a los peregrinos más famosos que llegaron a Compostela. En el lado interior se narran seis episodios principales de la vida del Apóstol. La Puerta Santa compostelana tiene una inscripción grabada en su interior por los constructores de la catedral: «Vendrán todos los pueblos y dirán: Gloria a Ti, Señor». Sobre la puerta hay una inscripción: *«Hæc est domus Dei et porta Cœli»* (lat. «Esta es la casa de Dios y la puerta al Cielo»).

Leyenda del pergamino con la lista de pecados

Aymeric Picaud habla en el *Codex Calixtinus* sobre uno de los milagros que sucedió en la ciudad del Apóstol. La leyenda expresa todo el sentido de la verdadera peregrinación.

> Un italiano cometió un grave pecado mortal. Apenado, acudió a su obispo con la intención de confesarse, pero este no le concedió la absolución, diciendo que dejaría este asunto en manos del apóstol Santiago.
>
> El pecador se fue en peregrinación de penitencia, y cuando llegó a Compostela se arrojó de bruces ante el Apóstol y le presentó un pergamino con la lista de sus terribles pecados y las circunstancias en

que fueron cometidos. Oró fervientemente y pidió perdón por ellos, certificando su firme decisión de cambiar de vida.

Al día siguiente, el obispo de Compostela llegó para celebrar la misa matinal y encontró un rollo de pergamino en la alfombra, frente a la imagen de Santiago. Al preguntar quién lo había dejado allí, acudió el italiano y confesó de nuevo sus pecados, expresando su arrepentimiento y el deseo de mejorar. Agregó que todo se describía en detalle en dicho pergamino. Entonces el obispo lo desenrolló, pero... ¡estaba completamente limpio! Ni siquiera había rastro de la confesión.

La conclusión del obispo fue la única posible: el mismo Apóstol había suplicado a Dios que perdonara al pecador, y Dios en su misericordia había borrado todas las ofensas de este.

Alrededor de la catedral

Plaza de Platerías: leyendas como advertencia

Al salir de la catedral por la puerta de Platerías el peregrino se encuentra frente a la única fachada románica, al sur de la catedral, original del siglo XI. Hay en ella un hermoso portal rico en esculturas, centradas en el tema de la feminidad. Hay una escena cuya interpretación pudiera resultar polémica, en la que Adán, en el Paraíso o quizás ya fuera de él, cubre con su mano el pecho de una Eva con gracia, pero pecaminosa. Al lado, pero discretamente alejado, el rey David está tocando la fídula, un instrumento de arco precursor del violín que se tocaba en Europa entre los siglos IX y XII.

Rey David en el portal de Platerías, en la Catedral de Compostela.

En el tímpano izquierdo de este portal, destaca la figura de una mujer semidesnuda sentada sobre dos leones que sostiene sobre su regazo un cráneo humano: Esta escena que se interpreta mediante dos leyendas.

De acuerdo con una de las leyendas, una joven dama se halló en estado de «buena esperanza», aunque negó obstinadamente cualquier contacto con un hombre. Para evitar la vergüenza y deshonra, la familia mató a la hija. La joven, a pesar de haber sido inhumada, dio a luz una extraña cabeza que hablaba con voz humana y predecía el futuro de la humanidad.

Según la otra leyenda, la cabeza sobre el regazo de la mujer desnuda habría pertenecido a su amante. El esposo traicionado se la cortó, y ordenó a su esposa infiel que como castigo besara los restos en descomposición dos veces al día durante el resto de su vida.

Esta interpretación de la escena en el tímpano, como «advertencia a las mujeres», es ciertamente la más probable.

La plaza de Platerías, con sus tiendas de orfebrería y especialmente con la fuente de los Caballos, inspiró a muchos poetas. Federico García Lorca dedicó a este lugar uno de sus seis poemas, fruto de su estancia en Santiago de Compostela.

Plaza de la Quintana y sus leyendas

Desde la plaza de Platerías se sube por una escalinata hasta la plaza de la Quintana, que a su vez se divide en dos partes: y la inferior, Quintana de Muertos, que fue una antigua necrópolis y la superior, llamada Quintana de Vivos. Quintana significa 'lugar de residencia'.

La joya de esta plaza es la puerta de los Veintisiete Sabios, ubicada en la fachada oriental de la catedral, y se corresponde con la Puerta Santa. Está decorada con cuatro paneles con cofres, y en ellos veinticuatro figuras sentadas de apóstoles, profetas y patriarcas. En la parte superior del portal, saludan a los peregrinos las imágenes del Apóstol y sus discípulos Teodosio y Atanasio. Este conjunto de esculturas, también del Maestro Mateo, proviene del coro románico que se encontraba en la nave central de la catedral y que fue desmontado en el siglo XVI.

La torre del Reloj, también conocida como torre de la Berenguela, se encuentra entre la plaza de Platerías y la plaza de la Quintana. Tiene una linterna que antiguamente se iluminaba de noche y, en caso de niebla, servía de guía a los peregrinos. A veces, todavía se la hace funcionar.

Leyendas del fantasma de la plaza de la Quintana

A lo largo de los muros de la catedral que dan a la plaza de la Quintana, cerca de la Puerta del Perdón, aparece todas las noches un fantasma, pero no se sabe de quién. Según unos, se trataría de un clérigo enamorado de una de las monjas de San Pelayo (San Paio) de Antealtares. Él le propuso escaparse al amparo de la noche, disfrazados ambos de peregrinos. Al principio ella aceptó el plan, pero luego cambió de opinión y no se presentó en el lugar de la cita. El clérigo sigue esperándola cada noche vestido de peregrino.

Otros afirman que se trataría del noble francés, Leonard du Revenan, quien asesinó a su padre para heredar antes sus títulos y bienes. La justicia le condenó a redimir su culpa peregrinando a Santiago, pero ocurrió que durante la peregrinación llegó a asesinar a otras dos personas más. Al llegar a Compostela, no encontraba sitio para dormir y se quedó al lado del muro de la catedral que da a la plaza de la Quintana. A medianoche se le apareció su propio padre, que le perdonó su asesinato, pero le condenó a esperar eternamente en aquel lugar hasta que llegaran las almas de sus otras dos víctimas y le concedieran su misericordia.

Plaza de la Azabachería y San Martín Pinario

Subiendo las siguientes escaleras se llega a la plaza de la Azabachería, en recuerdo de los talleres del azabache. Allí se encuentra la fachada norte de la catedral, con la puerta del Paraíso, también llamada de la Azabachería. Frente a esta puerta está el seminario-hospedería de San Martín Pinario, un antiguo monasterio benedictino fundado en el siglo XI en una zona de pinares. Ampliado a finales del siglo XVI, llegó a convertirse en el segundo complejo monasterial más grande de España después de El Escorial (Madrid). Parte del monasterio estaba destinado a albergue de peregrinos. Actualmente, las celdas y el refectorio se han adaptado a las condiciones de un «hotel-monasterio».

Plaza del Obradoiro

Desde la plaza de la Azabachería se llega a la plaza del Obradoiro, situada al oeste de la basílica. Su nombre significa 'lugar de trabajo', porque la plaza fue durante largo tiempo un sinfín de obras en construcción. Otros prefieren interpretar el nombre como *obra d'oiro*, u 'obra de oro', teniendo en mente el resultado final de las obras. Se pueden contemplar cuatro estilos diferentes, uno por cada lado de los cuatro de la plaza. En el lado sur se encuentra la fachada románica del Colegio de San Jerónimo, actual sede del Rectorado de la Universidad de Santiago; en el lado norte, la fachada renacentista en estilo plateresco del Hostal de los Reyes Católicos; en el lado este, la fachada barroca de la catedral, y en el lado oeste el estilo neoclásico del Palacio de Rajoy, ubicado frente a la catedral. Actualmente, este edificio es la sede del gobierno autónomo de Galicia y de las autoridades de la ciudad.

Por las calles del casco antiguo

Por todo el casco antiguo de la ciudad se perciben las huellas de la historia; casi se pueden sentir los pasos de aquellos peregrinos que pasaron hace siglos y de los que llegarán en futuro. Si se viene desde el Monte del Gozo, se pasa al lado del monasterio fundado por San Francisco, que peregrinó a Santiago en 1214. En medio de la rúa Nueva, una calle que sigue llamándose «Nueva» desde el siglo XII, hay una iglesia de la misma época dedicada a Santa María Salomé, madre de Santiago el Mayor y San Juan. En otra calle se puede encontrar la iglesia-capilla de las Ánimas, en estilo neoclásico, fundada por la Cofradía General de las Ánimas, que se remonta al siglo XVIII.

En las calles, los sonidos de las gaitas y ocarinas traspasan el aire. En el lado izquierdo de la catedral, en la travesía que conecta la plaza del Obradoiro con la plaza de la Azabachería, se tiene la oportunidad de escuchar música interpretada con uno de los instrumentos medievales más extraños, la zanfona, un instrumento de cuerda y manivela representado en el Pórtico de la Gloria.

Se dice sobre las tres ciudades más importantes de esta parte de Galicia que «mientras el puerto de Vigo trabaja y La Coruña se divierte, Santiago de Compostela reza». Pero no solo los peregrinos marcan la pauta de esta ciudad, ya que también pertenece a los estudiantes de la Universidad de Santiago, con una larga tradición, especialmente su facultad de Medicina, una de las más prestigiosas de España.

En la plaza de Obradoiro, la plaza principal de la catedral, puede verse con frecuencia a miembros de la tuna, una banda vocal estudiantil masculina, con mandolinas y guitarras. Entre las grabaciones tradicionales de canciones estudiantiles, las más famosas son las canciones de «Fonseca» y «Tuna compostelana», dedicadas a la ciudad y la universidad. Los miembros de la banda, vestidos de negro, con ropa renacentista y cintas de colores, tocan por la noche canciones románticas bajo las ventanas de sus enamoradas o se presentan en determinadas ceremonias y banquetes.

Se dice que «en Santiago, la lluvia es un arte». Incluso la catedral está cubierta de musgo y helechos. Las estrechas calles porticadas, que brillan por la humedad a la luz de las farolas y que protegen más de la lluvia que del sol, los paraguas, los bares y cafeterías a rebosar de gente, son la imagen del casco antiguo.

Para finalizar, es recomendable un paseo por el parque de la Alameda, al final de la calle del Franco (de la 'gente libre' o 'liberada'), desde donde se goza de una vista panorámica de la catedral y de la ciudad.

El Camino, la vivencia del encuentro con el Apóstol y la atmósfera de la ciudad de Compostela, peregrina y universitaria, hacen difícil despedirse del lugar y, aún más, olvidarlo. El peregrino es la suma de sus pasos, y siempre permanecerá el deseo de volver y experimentar todo de nuevo.

¡Adiós! ¡Hasta la vista en Santiago de Compostela!

VI
En el Camino hacia los «confines de la Tierra»

Hacia Finisterre/*Fisterra*

«*Non plus ultra*», o «No hay nada más allá», fueron las palabras con que los romanos definieron la especificidad del cabo *Finis Terræ*.

El viaje a *Finis Terræ*, hasta el descubrimiento histórico de Cristóbal Colón, fue el camino hacia el fin del mundo conocido, hasta el fin del Imperio romano, más allá del cual se abría un mundo desconocido, inexplorado y fascinante. El océano se llamaba entonces mar Tenebroso. Todo esto propició el desarrollo de la imaginación, la creación de leyendas e historias sobre islas de felicidad eterna, ciudades o continentes hundidos, piedras con propiedades curativas y otras creencias sobre las cuales se fundó la mitología gallega. Todo ello está favorecido por el ambiente místico, brumoso, bastante lluvioso y típicamente oceánico de Galicia.

El Camino a Finisterre ya se menciona en el *Codex Calixtinus*, porque está conectado con el Camino de Santiago. En 1479 se construyó allí un hospital para peregrinos, lo que demuestra la gran concurrencia hacia el lugar. Aunque la culminación de la peregrinación es la visita al sepulcro de Santiago, el viaje al enigmático extremo de la Tierra ha sido el epílogo del Camino durante siglos, y es aquí donde se siguen efectuando los últimos rituales del peregrino.

Negreira: monumento al emigrante

Monumento al emigrante, en Negreira.

El camino a Finisterre nos lleva a través de la Galicia rural, que era muy pobre hasta no hace mucho tiempo y fue la región de mayor emigración. A principios del siglo XX emigraban a América del Sur y en los años sesenta a los países más desarrollados de Europa. Solían emigrar los hombres padres de familia, y sus mujeres se quedaban con los niños, trabajando solas en el campo o en el mar, a veces esperando toda la vida el regreso de su esposo, que no volvería jamás.

El drama de la emigración se representa en el impactante monumento al emigrante en Negreira. El padre deja a su esposa con dos hijos en casa. El más pequeño yace sobre el regazo de la madre angustiada, sentada en su casa, apoyada contra la pared. El niño mayor, de pocos años, corre tras su padre y lo sujeta por el pantalón, pero el padre no mira hacia atrás. Camina con un bulto colgado de un palo; sus piernas parecen enraizadas en el suelo, pero sigue avanzando, desarraigándolas.

Leyenda del puente y el escudo de Maceira

El sendero conduce a Pontemaceira, con su hermoso puente del siglo XIII sobre el río Tambre, uno de los muchos espléndidos en el Camino Jacobeo. Pertenece al municipio de Negreira, en cuyo escudo aparece un puente quebrado sobre el cual brilla una estrella, y que representa la leyenda asociada con Santiago el Mayor.

Escudo municipal de Negreira Maceira.

Se cuenta que los discípulos dejaron el cuerpo de Santiago en la localidad de Iria Flavia (hoy, Padrón), adonde habían arribado con su barca, y visitaron a la reina Lupa para solicitar el permiso de sepultar al Apóstol. La reina, queriendo encontrar una salida a esta situación «políticamente incómoda», los envió al gobernador Fileto, o Filotro, que aterrorizaba al país, para que él tomase la decisión. En respuesta, el gobernador encarceló a los recién llegados, pero... un ángel les vigilaba, y con su ayuda lograron escapar. Pronto se descubrió la fuga y los soldados, comandados por Fileto, salieron en su persecución. Cuando casi los tenían a su alcance, los fugitivos accedieron al puente sobre el río Tambre. Tan pronto como pudieron atravesarlo, el puente se partió y colapsó bajo el peso de los soldados. A raíz de este milagro, Fileto se convirtió al cristianismo. Otros sostienen, en cambio, que también él murió en las aguas del Tambre.

Legendario puente de Maceira sobre el río Tambre.

Logoso: el dolmen y las ánimas

Siguiendo el sendero y pasando por Santa Mariña, Ponte Olveira y Olveiroa, el camino cruza la ladera del monte, ofreciendo una bella vista de los meandros del río Jallas (*Xallas*, en gallego).

En el pequeño pueblo de Logoso (*O Logoso*), se puede pedir a los amables hospitaleros de un albergue privado que nos encaminen hacia un dolmen cercano, constituido por dos piedras gigantescas de granito dispuestas en forma de mesa. La superficie superior de la piedra, que mira hacia el cielo, presenta unas formaciones naturales que semejan unas cazoletas. Es el «peto de ánimas» típico de la región, en el que se depositaban limosnas y ofrendas culinarias a los dioses y almas del Purgatorio.

La Costa de la Muerte y la leyenda sobre el origen de las rías gallegas

A través de Hospital de Logoso y Nuestra Señora de las Nieves se llega al pueblo costero de Cee, fundado en el siglo XII y conectado con la localidad pesquera y veraniega de Corcubión, que da nombre a la ría. Desde este punto

Ría gallega.

hacia el norte, la costa de altos acantilados lleva el nombre de Costa de la Muerte (*Costa da Morte*).

> Una leyenda cuenta cómo surgieron las rías gallegas. Según el libro del Génesis, Dios invirtió en la creación del mundo siete días de duro trabajo. Se cuenta que al terminar su obra se sintió muy cansado, y para descansar apoyó su mano en la parte de la Tierra que más le complacía: la Galicia costera. Cinco dedos divinos se hundieron con todo su peso en la costa rocosa del océano y dejaron como recuerdo cinco hermosos y anchos estuarios o rías.

En las rías, que sirvieron como puertos naturales, surgieron los pueblos que les dieron nombre. Se dividen en Rías Bajas (al sur) y Rías Altas (al norte). El acantilado más alto de Europa, si se exceptúa Noruega, es Vigía (*Vixía*) de Herbeira (613 m s. n. m.), cerca de San Andrés de Teixido (El Ferrol, La Coruña).

A menudo, las rías se llaman «fiordos españoles», pero en realidad su origen es completamente diferente. Mientras que los altos fiordos noruegos son de origen glacial, las rías gallegas son valles fluviales en la desembocadura de los ríos. Son estuarios cubiertos por el mar, debido a la elevación del nivel del océano. Así pues, son ramales oceánicos, sujetos a las mareas.

Monte Facho y cabo Finisterre

El sendero continúa hacia la hermosa y larga playa de Langosteira, que se puede recorrer caminando por la misma playa o por las dunas de encima. Se

Santa María de las Arenas, Finisterre.

llega así al pueblo de Finisterre (*Fisterra*), con su puerto y múltiples tabernas. Al presentar la credencial, los peregrinos reciben aquí el certificado de haber llegado al cabo Finisterre.

Finisterre: leyenda de la figura de «Cristo de la barba dorada»

Saliendo de la localidad de Finisterre hacia el faro, hay un monumento interesante. Se trata de la iglesia de Santa María de las Arenas (*das Áreas*), del siglo XIII y que, al igual que la catedral de Santiago, tiene su Puerta Santa y en ella se puede ganar la indulgencia plenaria. En esta iglesia se venera la bella y famosa imagen gótica del Santo Cristo de Finisterre o 'Cristo de la barba dorada'.

> Según la leyenda, unos piratas ingleses robaron una imagen de Cristo de una iglesia en uno de sus ataques. A su regreso, les cogió en el océano una tormenta, por lo que, para reducir el lastre del barco, los piratas arrojaron la imagen al mar. La encontraron flotando unos pescadores gallegos y la volvieron a colocar en la iglesia. Con el tiempo, ganó fama de imagen milagrosa, a la cual incluso se atribuyeron características de un ser vivo, como el crecimiento del cabello o de una barba dorada.

En realidad, la imagen fue un regalo de un obispo oriundo de Finisterre a la catedral de Orense, y que dejó una copia del original en su localidad natal.

***

Santiago Peregrino en el friso dentro de la iglesia de Santa María de las Arenas.

El pueblo de Finisterre está situado en la ladera sur del monte Facho ('Antorcha'), que culmina el cabo de Finisterre (238 m s. n. m.) y cuyo flanco occidental cae abruptamente hacia el océano Atlántico en la parte de la costa conocida por los gallegos como *Costa da Morte*, nombre más que justificado. El océano golpea con fuerza estas rocas escarpadas, especialmente en otoño e invierno, cuando las olas llegan a alcanzar hasta catorce metros de altura. Los náufragos no pueden albergar ninguna esperanza en esta costa, y al menos una vez al año ocurre algún accidente. En 1853 se construyó aquí un faro, que fue treinta años después equipado con una sirena. En 1922, comenzó a operar una estación de radio de emergencia.

El cabo de Finisterre no es el punto más occidental del continente europeo; esta condición la ostenta el cabo de la Roca (*cabo da Roca*), en Portugal. También hay un cabo de Finisterre en la Bretaña francesa. Los peregrinos llegaban a Finisterre de la gallega por razones religiosas, en busca de aventura o simplemente por alcanzar la orilla del mar Tenebroso, el final del mundo conocido. Este sitio ocupó un lugar importante en las creencias celtas, que se comentan en el capítulo dedicado a la mitología.

A noventa kilómetros de la catedral de Compostela, en el cabo Finisterre, un poste con el «kilómetro 0» y una bota de bronce marcan el final de esta antiquísima ruta de peregrinación.

Mugía: santuario de Nuestra Señora de la Barca

El final del Camino de Santiago se sitúa, sin embargo, en Mugía (*Muxía*). Este lugar, ubicado en una costa pedregosa, se asocia con Santiago y la aparición de la Virgen María. Muchos peregrinos prolongan el camino dos días más a lo largo de la costa para llegar aquí desde Finisterre. También en Mugía se puede obtener el certificado.

Santo Cristo de Fisterra, 'de la barba dorada', en la iglesia de Santa María de las Arenas.

Es este uno de los muchos lugares cristianizados pero con fuertes antecedentes culturales paganos, entre ellos, aquellos basados en la creencia céltica en el poder de las piedras sobre la fertilidad, la curación de enfermos, la predicción del futuro, así como el de decisión sobre la culpabilidad o inocencia. En Mugía, destaca una roca costera alisada por las olas que, según la creencia popular, ayuda a tener descendencia. Durante miles de años, las parejas han experimentado sobre ella un ritual de fecundidad al contraer matrimonio.

De acuerdo con la leyenda cristiana, la Madre de Jesús vino en barca a las costas de Mugía para apoyar espiritualmente a Santiago el Mayor y anunciarle el éxito de sus esfuerzos evangelizadores. Cuando se marchó, como evidencia de su visita quedaron ciertos vestigios en piedra, como una barca petrificada (*Pedra de Abalar*), un timón (*Pedra do Timón*) y una vela (*Pedra dos Cadrís*). La más famosa es la Piedra de Abalar, que bajo el peso de una persona se balancea como un barco en las olas. En 1978 una gran tormenta la movió un poco, pero fue devuelta a su posición original y sigue balanceándose de nuevo.

Justo al lado del océano se ha construido el santuario de Nuestra Señora de la Barca (*Nosa Señora da Barca*), en la que tiene lugar una romería popular el segundo domingo de septiembre. En diciembre de 2013, un rayo cayó sobre el santuario, y el fuego destruyó el techo, el altar y dañó la imagen de la Virgen. La iglesia permanece cerrada, pero su ubicación, las leyendas al respecto y la tradición de terminar aquí el Camino son razones suficientes para seguir visitando el lugar.

A lo largo de este viaje iniciático, el caminante acaba descubriendo que en cierto modo ha renacido, a pesar de que realmente solo una pequeña parte de los peregrinos tuvo esa intención inicialmente.

TERCERA PARTE

MITOLOGÍA

Muy a menudo, cuando nos encontramos en la frontera de la comprensión, aparece la mitología. [...] La mitología crea mundos imaginarios y los considera reales. La mitología no distingue la realidad del mundo imaginario. No es algo irracional que haya sido suplantado por la ciencia. Aparece al otro lado de la frontera de la razón, cuando nos encontramos con cosas completamente incomprensibles e inexplicables.

Prof. Tadeusz Gadacz, filósofo

Iberia en la mitología: cuando el Sol era un dios

A diferencia de las leyendas, los mitos expresan creencias asociadas con el comienzo del mundo, las deidades y la vida futura. Sus héroes son personajes imaginarios e irreales.

Muchas leyendas de España están asociadas con la mitología griega y romana, así como con la mitología celta, mucho más antigua. En las creencias celtas se adoraba el Sol, el milagro de su «muerte» en las aguas del océano al atardecer, para navegar en su barca a través del oscuro abismo del mundo de los muertos y «resucitar» al este, en todo su esplendor, al amanecer.

Lucio Anneo Floro, historiador romano que vivió en el siglo I d. C. en Roma y en *Tarraco* (Tarragona), señaló un evento interesante que tuvo lugar durante la campaña de la conquista de *Gallæcia*, dirigida por Décimo Junio Bruto, apodado «Galaico». En el cabo Finisterre se encontraron cuatro columnas con un altar en honor al Sol (*ara Solis*), y debajo una copa de estaño. Desde este lugar, el general romano contempló cómo «el rey de los astros se sumergía en el océano al atardecer y sus llamas salían de las aguas».

En los tiempos que precedieron al Imperio romano, se caminaba hacia el *ara Solis* por la ruta conocida como Camino de Heracles. Se menciona este hecho en el *Himno a Helios* de Homero (siglo VIII a. C.) y en la *Teogonía*, de Hesíodo (siglo VII a. C.), que versa sobre el origen de los dioses. También lo describe el historiador Plinio el Viejo en su *Historia natural* (año 77 d. C.) y el griego Claudio Ptolomeo en su *Geographia* (año 150 d. C.), donde se refiere al monte Facho como *Nerium* o *promontorium Celticum*.

El documento más antiguo que se refiere a este camino es un texto del siglo IV a. C. recientemente descubierto y atribuido a Aristóteles. En él se indica que ya entonces el peregrino estaba protegido por el «derecho internacional», muy probablemente basado en las costumbres tradicionales. Aquellos que infligiesen algún daño o injusticia a un peregrino hacia el *ara Solis* se enfrentarían a severos castigos. El Camino de Heracles conducía desde Italia (*Magna Grecia*) a través de *Celta* (norte de Italia), *Celtoligio* (sur de Francia) e *Iberia* hasta Finisterre.

La mitología relacionada con el Sol (*Helios*), que todo lo ve, ha experimentado una evolución natural hacia la religión cristiana. Cristo se presenta como la Luz del mundo: «*Ego sum lux mundi*» (Juan 8:12). Según la leyenda, el mismo apóstol Santiago destruyó durante su estancia en Galicia el *ara Solis*, por ser lugar de culto pagano. En este sitio se erigió entre los siglos VII-VIII una ermita, dedicada luego a San Guillermo, hoy también en ruinas. Se supone que en tiempos de Carlomagno habitó en ella San Guillermo (en francés, *Saint Guillaume*), llamado Gelone por los lugareños. Algunos apuntan, sin embargo, al duque de Aquitania Guillermo X, quien en el siglo XI peregrinó a Santiago y se quedó como ermitaño, muriendo por estos lares y dando origen a la leyenda de Don Gaiferos.

Varios pseregrinos que decidieron llegar hasta Finisterre mencionan este lugar, entre ellos el polaco Nicolás de Popielovo, en 1484, el silesiano Erich Lassota, quien peregrinó a pie en el año 1581, y Domenico Laffi, que peregrinó cuatro veces y en el año 1673 se acercó a Finisterre. Escriben sobre un lecho de piedra con representaciones solares, posiblemente el *ara Solis*, donde los matrimonios celebraban el rito de la fecundación, invocando la intercesión de San Guillermo.

Han transcurrido milenios, y aún hoy todos aquellos que llegan a Finisterre quieren contemplar el momento en que el sol se despide y se hunde en las aguas abismales del océano. Es esta una de las puestas de sol más bellas del mundo.

I
Iberia en la mitología grecorromana

Heracles/Hércules en la península ibérica

En la península ibérica se pueden encontrar rastros de la mitología grecorromana, especialmente en relación con Heracles, llamado Hércules por los romanos.

Heracles fue uno de los hijos extramatrimoniales favoritos del dios Zeus con mujeres mortales. Para asegurar su inmortalidad, Zeus colocó al recién nacido en el seno de su esposa dormida, la diosa Hera, para que lo amamantase como a su propio hijo. Cuando Hera descubrió el engaño, se puso furiosa y sacó su pecho de la boca del niño. La leche salpicó fuertemente hacia el oeste, creando la nebulosa Vía Láctea en el firmamento.

Heracles se hizo famoso por su fuerza, belleza, valentía y orgullo, como corresponde a un semidiós. Su nombre significa 'sirviente de Hera'. Se lo puso Zeus, que quería calmar a su enfadada y celosa mujer. A pesar de ello, Hera no pudo perdonar la infidelidad de su esposo y persiguió al héroe toda su vida. Cuando fue condenado a los famosos diez trabajos, para expiar el crimen cometido contra su esposa e hijos, se añadieron dos más, por petición de Hera.

La décima obra de Heracles está relacionada con la península ibérica: se le ordenó robar los bueyes pertenecientes al monstruoso gigante Gerión, presente ya en la mitología tartesiofenicia, y que vivía en la isla de Erutria, correspondiente a la actual Cádiz. Camino hacia allí, Heracles tuvo que atravesar el desierto de Libia donde, irritado y cansado por el calor despiadado del sol, lanzó una lluvia de flechas a Helios, obligándole a prestarle el barco de oro con el que el dios viajaba a través del cielo nocturno desde el Poniente, en Finisterre, hasta el Levante. Navegando en este barco, Hércules encontró unas rocas que cerraban el mar Mediterráneo y le impedían proseguir su viaje. Las separó con su fuerza prodigiosa, y fue así como se crearon las Columnas de Hércules: la roca de Gibraltar y la roca de Jebel Musa, cerca de Ceuta, entre las que se sitúa el estrecho de Gibraltar.

Finalmente, los bueyes de Gerión pudieron ser ofrendados en el altar de Hera en Micenas, y a Heracles se le asignó otro trabajo. Esta vez fue enviado a por las manzanas doradas que crecían en el jardín de los dioses en Hesperia, la región más occidental del mundo, cuidado por las Hespérides, ninfas del sol poniente, y custodiado por un dragón inmortal de cien cabezas. También esta vez Heracles cumplió hábilmente la tarea, utilizando una artimaña y al titán Atlas. Los antiguos romanos ubicaron Hesperia en la península ibérica.

Otra leyenda cuenta sobre la bella princesa Pirene, enamorada del héroe. Cuando ella murió, Heracles la enterró bajo las rocas que él mismo acarreó para formar el túmulo funerario más grande y legendario del mundo. Este fue el origen de la cadena montañosa de los Pirineos. La leyenda de los Pirineos es el tema de la ópera inacabada de Manuel de Falla, *Atlántida,* y la de Felipe Pedrell, *Los Pirineos* (1902), basada en la novela de Víctor Balaguer.

El rey Alfonso X el Sabio (1252-1284) vinculó en su *Estoria de Espanna* la figura de Hércules con la ciudad de La Coruña. Según la leyenda, el héroe griego vino a petición de los habitantes de la zona para defenderles del gigante Gerión, que dominaba las tierras de los afluentes del Duero y el Tajo con un poder desmedido. El héroe se enfrentó a él en una lucha que duró tres días y que acabó con su victoria sobre el gigante. Le cortó la cabeza, la enterró bajo un túmulo junto al mar y construyó encima una torre. En recuerdo de la primera mujer que habitó allí, y de la cual se acabó enamorando, Crunia, puso al lugar su nombre.

Debido a su carácter, bondad, humildad, devoción y justicia, Hércules fue el héroe favorito de griegos y romanos, y por todo el mundo clásico se erigieron templos, altares y estatuas en su memoria. Fue adorado en pie de igualdad con los dioses y en su honor se organizaban unos juegos. Para conmemorar las hazañas del héroe, los romanos reconstruyeron en el siglo i en el lugar, entonces la romana *Brigantium* (La Coruña), la torre-faro de Hércules y le dieron su nombre, con el que todavía hoy se la conoce.

Leyenda sobre los descendientes del rey Astur

El origen de los habitantes de Asturias al parecer se remonta a la Guerra de Troya y estaría relacionado con el legendario rey Astur, hijo del rey de Etiopía Memnón. Los lazos familiares de este con Príamo, rey de Troya, le llevaron a acudir con el ejército en su ayuda. Tras la conquista de Troya y la muerte de Memnón a manos de Aquiles, el rey Astur llegó con sus barcos a la costa norte de la península ibérica, dando así comienzo a la dinastía asturiana. Se casó primero con la bella Europa, a quien secuestró, al igual que Júpiter en la mitología romana[28]. Europa era hija del rey de Fenicia Agenor. La pareja vivió en el valle de Liébana, en las montañas de la costa cantábrica, que aún hoy se conocen como Picos de Europa. Minos, rey de Creta, fue fruto del legendario matrimonio de Astur y Europa. La segunda esposa del rey fue Eritrea, hija del gigante Gerión, el mítico rey de Tarsis contra quien luchó Heracles. La tumba del legendario rey Astur se encontraría supuestamente a orillas del río Ebro, unas dos millas aguas abajo de su nacimiento, en un lugar llamado Bustasur (de *bustum*, 'pira funeraria', y Astur), según cuenta Francisco Sota en sus *Crónicas de los príncipes de Asturias y Cantabria*, de 1681.

El legendario desembarco del rey Astur podría haber tenido lugar en la playa llamada La Griega (Colunga), al lado del Camino de la Costa. Sin embargo, según la historia, a esta playa llegaron los barcos con la IV Legión Macedonia, enviada a Asturias, a lo que se debe su nombre actual.

[28] Cabe señalar que la palabra *júpiter* no sería un nombre propio, sino que indicaría un rango real. *Júpiter Astur* significaría así 'Rey Astur'.

II
Galicia y la vida eterna en la mitología celta

La búsqueda religiosa a lo largo de la historia de la humanidad podría expresarse así:

> De siglo en siglo,
> Judíos,
> Griegos y romanos
> Íberos y galos
> Celtas y eslavos
> Todos,
> Por su alma,
> Y sin bautismo, cristianos
> Hacia la Luz escalaban.

Marian Piechal
(del *Tetrálogo histórico*)

Las creencias precristianas muestran que desde los primeros tiempos el hombre percibió profundamente la existencia de Dios, el alma y la vida eterna, y la expresó según el dictado de su imaginación.

Los celtas *gallæci* eran animistas. Creían que el sol, las estrellas, las rocas, los árboles, el agua, poseían una entidad espiritual. Según sus creencias, el Sol, durante su viaje nocturno bajo el mar, llegaba a una isla de espumas marinas, la isla de la Juventud Eterna, es decir, una luminosa isla paradisiaca, tierra de la felicidad eterna. Hacia allí se dirigían las almas de los muertos en una barca dirigida por un guía llamado Lar. El Paraíso estaba en la cima de una colina elevada, en medio de la isla, en una fortaleza rodeada por una

Vixía de Herbeira, techo de la Sierra A Capelada, el acantilado más alto de Europa Continental.

muralla. Solo las almas de aquellos que merecían la vida eterna podrían cruzar sus puertas doradas.

Según las antiguas creencias indoeuropeas, las almas venían del cielo en forma de chispas o estrellas fugaces, y alcanzaban los cuerpos materiales mortales. Después de la muerte se liberaban nuevamente de ellos.

Las almas de los difuntos, ciegas e indefensas, emprendían un largo viaje hacia el Paraíso. Se sometían a la gracia de sus guías (*psicopompos*), llamados *Lares Cecæci*, o guías de los ciegos. De ellos proviene el nombre de las islas rocosas de la costa de La Coruña, las islas Cíes. A estas islas llegaban, como a un puerto, las almas de los náufragos.

La peregrinación de las almas al Otro Mundo (*O Alén*) y al paraíso celta podría discurrir por vía terrestre o marítima. Los viajes por tierra eran difíciles y llenos de peligros, ya que el alma podía perderse, por lo que, para evitarlo, el guía tenía que llevarlas cogidas de la mano o atadas por lazos, como ilustra la obra de Alberto Durero *Ogmios Psychopompos*. Los «petos de ánimas»[29] pertenecen a las tradiciones de la región.

Las almas bienaventuradas hacían un viaje por mar, más sencillo, corto y seguro, en una barca cuyo timón estaba en manos del lar. Se embarcaban en

---

[29] Piedras con fisuras naturales en forma de cuencos, en las que se dejaba dinero y comida para satisfacer las necesidades de las ánimas en su viaje hacia el Otro Mundo.

Peto de ánimas en la ruta a Finisterre.

las playas ahora llamadas Arenas del Paraíso, o en rocas con forma de barco frente a la Costa de la Muerte.

Durante miles de años se practicó el culto a los muertos, como demuestran las necrópolis prerromanas en la cordillera costera de la sierra de Capelada, en la Costa de la Muerte. Se la conoció como la Puerta a la Eternidad celta.

El lar Don era la deidad de los muertos. Desde el mirador del monte Facho de Donón, se pueden ver las ya mencionadas islas Cíes. En la cima de esta colina se han encontrado estelas funerarias y tablas de piedra de los siglos IV y V d. C. con inscripciones en lengua celta. A las estelas se les daba una forma parecida a la tapa de un ataúd y se colocaban verticalmente. Los petroglifos de las estelas representan puertas con forma de herradura. Muy a menudo, aparecen dos puertas, una de entrada al mundo temporal y otra de salida hacia el «otro mundo», *O Alén*. Actualmente, se cree que las estelas con dos puertas cumplían una función evocativa del difunto (*in memoriam*), mientras que aquellas con una sola puerta eran placas de acción de gracias por un regreso afortunado a la vida desde el «túnel de la muerte». Estas eran estelas *pro salute*.

Todavía en la actualidad, las personas que han estado en peligro de muerte durante el año, son llevadas en procesión dentro de ataúdes abiertos el día de Santa Marta en la localidad de Ribarteme (Pontevedra).

San Andrés de Teixido y su leyenda

En la religión cristiana, los guías de las almas en su viaje son los santos y sus reliquias. Así se refleja en documentos de hace mil años encontrados en monasterios gallegos. Los santos patrones se convierten en los mediadores del alma cuando el cuerpo muere. En el Pórtico de la Gloria de la catedral de Compostela se representa una larga procesión de ánimas llevadas de la mano por santos. Entre los mentores más célebres de almas figuran los santos José

Santuario de San Andrés de Teixido.

de Arimatea, San Cristóbal, San Roque, San Pedro y San Andrés. Como dice el proverbio español: «Noviembre, dichoso mes, que entra con Todos los Santos [1 de noviembre] y sale con San Andrés [30 de noviembre]».

Se creía que la Vía Láctea (también llamada en gallego *Camiño de San André*) termina en Teixido. El primer santuario de este lugar, del siglo XII, se dice que estaba bajo la protección de los caballeros de la Orden de San Juan de Malta, con sede en el cercano Puertomarín, en el Camino Jacobeo. Fueron ellos los que trajeron las reliquias de San Andrés.

El santuario se encuentra en lo alto de un acantilado, cerca de El Ferrol (La Coruña), comienzo del Camino Inglés. Los alrededores de este lugar fueron considerados el mítico «puerto de Caronte». La mayor de las rocosas islas Gabeiras, frente al acantilado, se conoce por su forma como Barco de San Andrés. El nombre Teixido proviene de la palabra *teixo*, que significa 'tejo', uno de los árboles sagrados de los celtas, junto al roble y al olmo. Teixido indica, pues, una 'arboleda de tejos'.

Cuenta la leyenda que, al igual que Santiago y la Virgen de Mugía, también el apóstol Andrés llegó a las costas de Galicia en barca, convertida luego en roca.

Se cuenta que la barca de San Andrés chocó con un acantilado durante una tormenta. Milagrosamente, la barca se convirtió en una roca y el apóstol se encontró en un lugar hondo, solitario y brumoso, cubierto de tejos.

Desconsolado por la situación, el Apóstol se lamentó ante Dios de su destino en un lugar tan remoto. El Todopoderoso tuvo piedad de él y se le apareció en compañía de San Pedro. Cuando vio cuánto sufría el apóstol por la tristeza y soledad de su situación, quiso consolarlo y le prometió que hasta el fin del mundo todos los mortales de la Tierra irían en peregrinación a su santuario al menos una vez en la vida. Quien no lo hiciera, se vería obligado a cumplir con este deber en su

> próxima encarnación. Le dijo: «Quédate aquí, Andrés, porque quien no venga hasta aquí, no podrá pasar por la Puerta de la Eternidad».

Y así es como surgió el famoso dicho popular: «San Andrés de Teixido, adonde va de muerto quien no fue de vivo».

¿Pero cómo hacerlo ya tras la muerte? Con ayuda de la familia o amigos del difunto, quienes asumen el papel de *psicopompo*, o guía póstumo. Antes de partir hacia Teixido, se detienen en el cementerio junto al sepulcro e invitan al alma del difunto a participar en la peregrinación. Según la creencia, también se dirige a Teixido una procesión de ánimas del Purgatorio (las ánimas en Santa Compañía) y las almas que emprenden este viaje en alguna nueva reencarnación. Por eso se intenta no matar a ningún animal, ni siquiera lagartos, ranas o incluso moscas, que vayan en aquella dirección.

Como señal de haber cumplido con este deber, se deja una piedra con el nombre del difunto a lo largo del camino o al lado del santuario. Miles de piedras se han ido acumulando durante cientos de años; hay unas veinte pilas de piedras llamadas *milladoiros*. Cada piedra testimoniará en el Juicio Final quién ha cumplido su obligación.

Los rituales de Teixido incluyen elevar una petición a San Andrés, beber agua de la fuente de su nombre y tirar un pedazo de pan: si flota en la superficie, es señal de que se cumplirá la petición.

A otra tradición pertenecen los *sanandresiños*, coloridas figuras hechas con miga de pan. La figura de una mano concederá amistad, la de un pez indica un buen trabajo y un hogar feliz, la de una barca traerá felicidad en los viajes, la figura del santo significa petición de salud y la flor «pensamiento» ayudará en los estudios y exámenes, así como protegerá contra los celos y malos augurios. De la romería los peregrinos regresan a casa con un ramo compuesto de avellano, tejo y la «hierba del amor», como se conocen los claveles costeros que crecen en esta zona.

En Galicia, durante siglos, los mitos y leyendas se han entrelazado con la religión católica y coexisten con la realidad diaria hasta tal punto que a veces es difícil distinguirlos.

CUARTA PARTE

EL CAMINO ACTUAL

GUÍA PRÁCTICA PARA EL PEREGRINO

Información práctica

«Credencial» y «compostela»

La **credencial del peregrino** es su pasaporte para el Camino. Fue aprobada en 1987 en el primer Congreso Internacional de Asociaciones de Amigos del Camino de Santiago.

El documento puede obtenerse en las oficinas de las asociaciones, parroquias, obispados y refugios importantes de peregrinos, de Saint-Jean-Pied-de-Port, Roncesvalles, Pamplona, Logroño, Burgos, León, Ponferrada, Oviedo, etc.

Contiene datos del peregrino, fecha y lugar del comienzo del Camino, avalado con un sello. Se debe sellar en las localidades a lo largo del Camino (parroquia, albergue, oficina de turismo e incluso en el bar del pueblo). La colección de hermosos y originales sellos será luego el mejor recuerdo.

La credencial proporciona el derecho a usar albergues oficiales para peregrinos y a obtener descuentos en las entradas para visitas de iglesias y monumentos relacionados con el Camino de Santiago. Desde el año 2002 existe la Credencial Jacobea Universitaria para estudiantes universitarios. Para obtenerla en el domicilio hay que ponerse en contacto a través de: http:/www.campus-stellae.org. A partir del año 2021 (y excepcionalmente 2022) está también en uso la aplicación móvil de la «Credencial Digital».

La presentación de la credencial es una condición para recibir la confirmación de que se ha realizado la peregrinación, que es la «compostela».

La **compostela** es un diploma escrito en latín que certifica una peregrinación al sepulcro de Santiago. Se entrega en la Oficina de Acogida del Peregrino en Santiago de Compostela.

Condiciones para obtener la compostela:

- A partir del 1 de abril de 2016, el derecho a recibir la compostela solo lo tienen los peregrinos que presenten el modelo oficial de la credencial, emitido por la Oficina de Acogida del Peregrino.
- Recorrer la distancia de al menos 100 km a pie o a caballo, o 200 km en bicicleta (condición no obligatoria para las personas discapacitadas).
- Presentar la credencial con al menos un sello por cada día, en los últimos 100/200 km.
- Indicar el motivo de la peregrinación en la modalidad religiosa «*devotionis affectu, voti vel pietatis causa*» o religioso-cultural.

En caso de alegar otro motivo, se recibirá un diploma de bienvenida. Se puede solicitar también el certificado de distancia, emitido en papel pergamino y ornamentado con una frase en latín y una miniatura, ambas procedentes del *Códice Calixtino*.

Año Santo Jacobeo

El Año Santo Jacobeo se celebra cuando el día de Santiago (25 de julio) coincide en domingo. Desde el año 1122, se puede obtener la indulgencia plenaria con la visita al sepulcro del Apóstol, al pasar por la Puerta Santa y cumplir con ciertas condiciones, que son la confesión y comunión durante los quince días anteriores o posteriores a la visita del sepulcro y una oración por las intenciones del Papa.

El Año Santo se repite cada 6, 5, 6, 11 años, lo que significa que se celebra catorce veces en cada siglo. Tal progresión aritmética la determinan los años bisiestos cada cuatro años. Durante los años santos de 2021/2022 (excepcionalmente), 2027, 2032, 2038, 2049... la Puerta Santa de la catedral compostelana se abrirá nuevamente a los peregrinos.

Cómo planificar el Camino «a medida»

Si se inicia en el Pirineo, el Camino de Santiago cuenta con unos 750 km desde Saint-Jean-Pied-de-Port o Roncesvalles, y más de 850 km desde Somport. Se tarda entre cuatro y cinco semanas en completar esta ruta, dependiendo de la condición física del caminante. Se puede realizar a cualquier edad, incluso completa. Las estadísticas indican que de los casi de 350 000 peregrinos jacobeos al año, el 26 % son de edad inferior a los 30 años, el 55,5 % está entre los 30 y 60 años y el 18,5 % tiene más de 60 años. Más de la mitad de los peregrinos en la actualidad son mujeres. El 94 % realiza la peregrinación a pie.

Aunque el antiguo Camino es para los jóvenes con ánimo y buena condición física, conviene no olvidar la máxima de Confucio: «Quien no sabe distribuir sus fuerzas, acaba a medio camino». No hay que dejarse impresionar por las «hazañas» de los demás, sino dosificar adecuadamente las fuerzas. Lo más importante es que el Camino proporcione satisfacción y felicidad. En vez de seguir las etapas establecidas, se pueden diseñar a medida, alargándolas o acortándolas. Caminar una distancia de 15-20 km por día está al alcance de casi cualquier persona.

El descanso del peregrino.

Peregrinación en un tándem. Así también se puede.

Si se lleva un estilo de vida sedentario, es necesaria alguna preparación física previa. Basta con caminar, independientemente de la meteorología, todos los días, cada día un poco más. Esto protegerá contra el dolor muscular en las primeras etapas.

Los ciclistas necesitan una excelente condición física. Tienen que estar preparados para subidas pronunciadas y bajadas bruscas.

Antes de partir, sería aconsejable someterse a un examen médico y, posiblemente, renovar la vacuna contra el tétanos, así como cumplir con la vacunación establecida en el momento de comenzar la aventura.

En lugar de en los Pirineos, se puede iniciar el Camino desde cualquier otro punto geográfico bien conectado, como Irún, San Sebastián, Bilbao, Sevilla o Salamanca, o más cerca: Burgos, León, Oviedo, y también en Galicia: Tuy, El Ferrol, Sarria o Lugo, observando la distancia mínima requerida. Algunos dividen el Camino en varias partes, que van realizando durante las vacaciones o días festivos. La carrera contra el tiempo es lo menos recomendable… y también estar pendiente del teléfono móvil. El Camino es una forma de encontrarse «fuera del tiempo y del mundo», en un hermoso equilibrio entre el exterior e interior. Después de llegar a Santiago de Compostela, se puede descubrir con asombro que, aunque el destino es importante, lo más provechoso fue el propio Camino.

¿Qué estación del año elegir?

El paisaje de Castilla y León es verde en primavera, amarillento en verano y otoño y, a menudo, blanco en invierno. En los Caminos del Norte y en Galicia reina el verde de la vegetación, independientemente de la temporada.

Aunque algunos peregrinos comienzan su Camino el día de Año Nuevo, hay que tener en cuenta que las temperaturas en la Meseta pueden descender hasta los –20 °C en invierno. Los vendavales, siempre peligrosos, son frecuentes, especialmente en la costa atlántica (Cantabria, Asturias y Galicia), así como la lluvia o la nieve en las etapas de montaña (Cebrero, Camino de San Salvador y otros). Así pues, se necesita ropa de abrigo, gorro, guantes, etc. En invierno el Camino está mucho menos frecuentado. Yendo bien equipados, se puede admirar la belleza de las montañas nevadas, que compensará los rigores del clima.

En verano hay que estar preparado para el calor con temperaturas de hasta 40 °C, lo que resulta duro en las etapas sin árboles, en zonas de Castilla. En esta época del año se debe salir a caminar temprano, hacia las cinco o seis de la mañana, cuando el aire es aún fresco, y terminar al mediodía. A pesar de que en el Camino Francés hay albergues para peregrinos en cada localidad, en julio y especialmente en agosto puede haber problemas para encontrar alojamiento. Por lo tanto, no estaría de más llevar una funda de vivac para acampar bajo las estrellas. Una noche en contacto con el universo permanecerá para siempre en la memoria.

Una protección solar eficaz es también muy importante, especialmente porque la meseta castellana se eleva de 700 a 1500 m s. n. m. Cuanto más al oeste, más tarde amanece. En verano, la hora convencional en España se retrasa dos horas en relación con el horario solar, es decir, las 11 h corresponden a las 9 h de la hora solar. Por tanto, por la tarde la acción del sol se prolonga relativamente. Debe tenerse en cuenta que el protector solar actúa a los veinte minutos de su aplicación y es 100 % efectivo solo durante dos o tres horas. Así que durante la caminata es necesario repetir su aplicación en todas las partes expuestas del cuerpo, especialmente en el lado izquierdo, ya que la mayoría de las rutas se dirigen hacia el oeste. Es práctico dejarse guiar por la longitud de la sombra. Si la sombra es igual a la altura de la persona o más corta, se debe aplicar inmediatamente un protector solar. Un suplemento protector en forma de pastillas (*Heliocare Ultra-D* o *Sunisdin*) también resulta práctico, ya que cubre los olvidos. Dosis: una cápsula por la noche, cada 24 horas durante todo el Camino, iniciando las tomas al menos un día antes de empezar la caminata.

El uso de ropa adecuada de manga larga ayuda mucho, y también el paraguas a modo de sombrilla, ya que los protectores solares no protegen contra los golpes de calor.

El tiempo meteorológico es favorable en los meses de septiembre, octubre e incluso noviembre. Además, desde septiembre hasta mediados de octubre tienen lugar la mayoría de las fiestas patronales de España, lo que brinda la oportunidad de observar más de cerca la vida y las costumbres de cada zona.

¿Qué Camino elegir?

Se dice que «hay tantos Caminos como peregrinos». Todos los Caminos conducen a Santiago. Entre algunas de estas rutas hay conexiones. Por lo tanto, cualquier elección será buena, especialmente si se adapta a las capacidades del peregrino. Y todos los Caminos son históricos, pero solo algunos son considerados Caminos oficiales. Se van a comentar estos últimos, dejando los meramente históricos a los científicos y estudiosos.

El **Camino Francés** (unos 750 km desde Saint-Jean-Pied-de-Port/Roncesvalles, 858 km desde Somport) es la ruta más frecuentada. En verano incluso está sobrecargada de peregrinos, lo que puede ser una ventaja para quienes decidan ir solos; siempre podrán encontrar compañía interesante y posible ayuda. Otra ventaja es también la red bastante densa de albergues públicos y privados, a distancias de unos 10 km entre ellos, por lo que no hay riesgo de alojamiento forzoso bajo las estrellas. Cada etapa de esta ruta está bastante bien conectada, con núcleos de población importantes.

En este Camino los amantes del arte encontrarán el mayor número de monumentos románicos y góticos. Es un museo al aire libre. La mayoría de las leyendas, historias y diversos rituales de peregrinación también están relacionados con esta ruta.

El Camino conocido como «francés» cruza España de este a oeste, desde los Pirineos a través de Navarra, La Rioja, Castilla la Vieja, León y Galicia. A lo largo del Camino cambia el clima, el paisaje y el paisanaje, su carácter y costumbres, lo que permite distinguir claramente tres partes de esta ruta, que para los peregrinos significan: iniciación, meditación y esperanza.

Parte I

Desde Saint-Jean-Pied-de-Port (Francia)/Roncesvalles (Pirineos españoles) o desde Somport hasta Santo Domingo de la Calzada, unos 200 km, 8-10 etapas (8-10 días).

Si se comienza el Camino del lado francés, se podrá disfrutar de hermosos paisajes, pero es necesario informarse del pronóstico del tiempo. Las tormentas, la lluvia y especialmente la niebla son peligrosas en la montaña. Conviene esperar hasta que mejore el tiempo. Es aconsejable ir en grupo.

En esta primera etapa, de 25,5 km, se cruza la frontera francoespañola. La marcha comienza a una altitud de 165 m s. n. m., llegando a los 1430 m s. n. m. en el paso de Lepoeder (puerto de Cisa). Hay que superar un desnivel de 1250 metros en un solo día.

La ruta, inicialmente de montaña, transcurre después entre viñedos, coloridos y cargados de uvas en otoño. La gente es muy amable y hospitalaria. En estas etapas se siente la tradición del Camino y el peregrino se somete a una iniciación mental y física.

En Pamplona, tan admirada por el escritor Ernest Hemingway, pueden verse los famosos encierros de toros entre el 7 y el 14 de julio, aunque es mejor no participar en ellos. Del mismo modo se celebran las fiestas en Viana.

La variante aragonesa del Camino es históricamente la más antigua; ya era usada por los peregrinos de la Vía Tolosana. Comienza en el puerto de Somport (1640 m s. n. m.) y conduce a través de Jaca, Sangüesa y Eunate. Ambas rutas pirenaicas se unen en la localidad de Puente la Reina.

Pamplona y Santo Domingo de la Calzada tienen buenas conexiones por autobús con Madrid.

Parte II

Santo Domingo de la Calzada-León: 240 km, 9-11 etapas.

Esta parte del Camino es la más difícil, tanto mental como físicamente. Atraviesa la meseta castellana, a una altitud media de 700-1000 m s. n. m. El paisaje es monótono y estepario, una especie de océano terrestre. Los campos de trigo o girasol, verdes en primavera, se convierten muy pronto en un páramo amarillo y seco. El camino, sin árboles en muchos kilómetros, no proporciona sombra al peregrino. En el verano molesta la sed y en el invierno el viento punzante. De vez en cuando el Camino coincide con la carretera y entonces es obligatorio el uso del chaleco reflectante. Algunos evitan estas partes del Camino, tomando un autobús.

En los pueblos, muy dispersos, aún pueden verse casas de adobe. Los residentes son pocos, de la «tercera edad» más bien avanzada, con caras arrugadas por el sol y de carácter recio y seco. Sobre los habitantes de León, el cronista árabe Al-Idrisi escribió en el siglo XII: «Sus habitantes son ahorradores y prudentes», y acertó.

En esta parte del Camino, los peregrinos salen del refugio antes del amanecer, para completar la etapa alrededor del mediodía, recuperarse con una siesta, ver la majestuosa puesta de sol, escuchar los vencejos y disfrutar del agradable y seco frío de la noche. ¡Todo puede tener su encanto!

Es esta la parte más mística del Camino. En un paisaje donde el cielo toca con la tierra, los pensamientos se vuelven hacia dentro y hacia la reflexión sobre la vida. Se puede comprender aquí por qué la mayoría de los místicos españoles, como Santa Teresa de Ávila o San Juan de la Cruz, proceden de tierras de Castilla.

Parte III

León-Santiago de Compostela: 309 km, 10-12 etapas.

Quien haya llegado a la tercera parte del Camino es ya un peregrino experimentado, razonablemente confiado en alcanzar su destino con éxito. Le ayudará una bendición especial que se imparte a los peregrinos después de la misa de la tarde, a las 19:30 h, en la Basílica Real de San Isidoro.

En Ponferrada, para evitar el ascenso al monte del Cebrero, se puede elegir la variante del **Camino de Invierno**, aunque la infraestructura de los refugios aún no está bien desarrollada por allí. La ruta continúa a través de Las Médulas, a lo largo del río Sil (Ribera Sacra) y a través de los pueblos de El Barco, Monforte de Lemos y Lalín.

Cuanto más cerca de Galicia, más notable es el cambio en la fisonomía y naturaleza de la población. Los gallegos, generalmente de ojos y piel claros, son conocidos por su desconfianza y su talento diplomático innato; son amables y cautelosos. El clima gallego también es peculiar; aquí el agua forma parte del paisaje.

El **Camino Baztanés**: 109 km (32 km en Francia + 77 km en España hasta Pamplona).

Esta ruta, también utilizada por peregrinos medievales, ha sido recientemente reabierta y señalizada. Conduce desde Bayona (Aquitania, Francia), a través de los Pirineos Atlánticos, hasta Pamplona, donde se une al Camino Francés. Es montañosa y difícil para los ciclistas.

El **Camino de San Salvador**: León-Oviedo (Asturias): 124 km, 5 etapas.

Esta es la ruta de las reliquias más importantes del mundo cristiano, entre ellas, el hipotético «Santo Grial», recientemente descubierto en León, y sobre todo el *Sudarium Domini*, en la catedral de Oviedo. Aquí, después de presentar la credencial, se puede obtener el documento llamado la «Salvatoriana».

En León las rutas divergen a la altura del Hospital de San Marcos. El camino, por el que han pasado pastores y comerciantes desde tiempos inmemoriales, transcurre a través de las hermosas, escarpadas y altas montañas cantábricas y más tarde a través de la verde y montañosa Asturias. El aire del cinturón atlántico, bastante fresco y húmedo, resulta un verdadero alivio después del clima seco de Castilla. La gente es amable y muy comunicativa.

Este camino es poco frecuentado y es recomendable ir en grupo, o al menos dos personas. Se puede consultar el sitio web sobre refugios: https://www.gronze.com/camino-salvador.

El **Camino Primitivo**: 336,4 km, 13-14 etapas.

Esta es la ruta de la primera peregrinación histórica del rey asturiano Alfonso II el Casto al sepulcro del Apóstol.

Parte desde Oviedo y pasa por Grado, Cornellana, Salas, La Espina, Tineo, Grandas de Salime y Lugo, a través de un bello paisaje de montaña. En Mellid se conecta con el Camino Francés. A la altura de Salas existía una ramificación que conectaba con Luarca, en el Camino de la Costa, pasando por la comarca de Valdés y las brañas de los vaqueiros. En esta ruta, de dudosa señalización y posiblemente cubierta parcialmente por matorrales, hay una localidad de nombre Hospital que avala su existencia histórica.

El **Camino de la Costa del Norte**: 839 km.

A lo largo de toda la Costa del Norte el paisanaje es amable, amigable, de buen trato.

El Camino del Norte comienza en la frontera francesa, en Hendaya o Irún. Conduce a lo largo del golfo de Vizcaya y la costa acantilada del mar Cantábrico. Pequeñas playas solitarias invitan a la relajación. Desde Santander, acompaña la bella vista de los Picos de Europa, en la cordillera Cantábrica.

Esta ruta tradicional ofrece varias opciones bien señalizadas.

Los peregrinos que llegaban por mar a los puertos de Cantabria, para enlazar con el Camino Francés seguían el itinerario del **Camino de Besaya** o la **Ruta de Campoo**, hoy llamada también Ruta del Románico, que se engloba en los Caminos del Norte. Desde el Camino de la Costa, que pasa por Santillana del Mar, se toma la dirección a Besaya-puerto Samahoz, donde se encuentra la calzada romana a Salcedillo-Brañosera (Palencia), desde donde se llega a Carrión de los Condes. El rey Alfonso II otorgó a Brañosera en 824 la primera carta puebla, precursora del municipio en el sentido actual. Es el ayuntamiento más antiguo de España. En sus límites se encuentran los restos de la mítica ciudad celtíbera de Vadiña, bastión cántabro frente a la invasión romana. En la ruta hay vestigios del antiguo Camino de Santiago.

Los amantes del senderismo de montaña pueden elegir el camino medieval de las famosas reliquias. La ruta conduce por el **Camino Lebaniego**, desde San Vicente de la Barquera (Cantabria) hasta el monasterio de Santo Toribio de Liébana, fundado en el siglo VI (con la reliquia del *Lignum Crucis*), y luego a Oviedo (con la reliquia del *Sudarium Domini*) o a León (con la hipotética reliquia del «Santo Grial»). El Camino Lebaniego conecta en Potes con el montañoso **Camino Vadiniense**, para llegar a Mansilla de las Mulas (León), en el Camino Francés, o desde Riaño en autobús a Oviedo. La distancia entre Potes y Mansilla es de 160 km. Atraviesa el pintoresco puerto de Pandetrave (1562 m s. n. m.) y la ruta romana cerca de Crémenes. En el camino se encuentran restos de la cultura celta, siendo esta la temática principal del Museo etnográfico de Riaño.

Otra variante del Camino conduce desde **Villaviciosa** hasta **Oviedo**. El camino se bifurca en La Casquita, a la altura de la capilla de San Blas. En Amandi, vale la pena visitar la hermosa iglesia de San Juan, de estilo románico tardío de principios del siglo XIII, y en especial su interior, con el ábside ricamente tallado. Siguiendo el sendero, bien señalizado, siete kilómetros más adelante se llega a la iglesia prerrománica de San Salvador de Valdediós, del siglo IX, y al monasterio cisterciense de Santa María, en estilo románico de principios del siglo XIII, que también merecen una visita. Al lado del monasterio hay un refugio para peregrinos a cargo de monjas benedictinas (si bien conviene confirmarlo).

Desde Oviedo, se puede continuar por el Camino Primitivo, o regresar por la ciudad portuaria de Avilés hasta el Camino de la Costa, o bien ir a

León para unirse al Camino Francés. Hay un buen servicio de autobuses entre Oviedo, Villaviciosa, Avilés y León.

El Camino de la Costa conecta en Arzúa con el Camino Primitivo, y en Mellid con el Camino Francés. Ambas rutas son hermosas por el paisaje, mucho menos frecuentadas e incluso solitarias, pero también más exigentes. Requieren una buena condición física; son las más difíciles de todas, y posiblemente un poco más caras.

En el norte de la península, el clima es más fresco y húmedo. Incluso en verano se puede necesitar un paraguas y un poncho para la lluvia. La distancia entre refugios es de unos 25 km. Puede haber problemas con el alojamiento y con la cobertura de los teléfonos móviles, especialmente en la parte más occidental.

El «**Camino Olvidado**», desde Bilbao a Villafranca del Bierzo en 22 etapas, aproximadamente 635 km según las variantes, pasa por Villasana de Mena, Olea, Aguilar de Campoo, Cistierna, La Robla o Buiza. Algunas etapas superan los 30 km.

Perteneciente a las rutas peregrinas más antiguas, muy transitadas entre los siglos IX y XI, anteriores a la apertura del Camino Francés, ha sido recuperado recientemente. Es un camino de singular belleza, protegido por torres y fortalezas, y en el que se encuentran dólmenes, menhires y túmulos. Transcurre por los valles cantábricos meridionales, con sus bosques y cascadas de agua, y en la provincia de Burgos por la calzada romana y el asentamiento romano de *Juliobriga*. En Palencia, destaca el conjunto de iglesias románicas, incluido el románico erótico (colegiata de San Pedro, en Cervatos). En León, pasa por distintas reservas de biosfera hasta llegar a la comarca berciana, para unirse en Villafranca del Bierzo con el Camino Francés. Véase el sitio web www.caminoolvidado.com.

El **Camino desde Madrid**: 699 km hasta Santiago.

La ruta de Madrid a Sahagún tiene 12 etapas y unos 320 km. En Sahagún conecta con el Camino Francés. Conduce a través de Cercedilla, La Granja de San Ildefonso, Segovia, Coca, Valladolid (opcional) y Medina de Rioseco. Atraviesa las ciudades históricas más importantes de los reinos de Castilla y León, y es muy rica en monumentos.

En los primeros 75 kilómetros, entre Madrid (640 m s. n. m.) y el puerto de la Fuenfría (1796 m s. n. m.), hay que superar un desnivel de 1150 metros. En los siguientes 25 kilómetros el Camino desciende hacia Segovia y luego es llano hasta Sahagún. Esta sección transcurre a una altitud de 750 m s. n. m.

En Sevilla.

Baños de Montemayor.

La **Vía de la Plata** o **Camino Mozárabe**: si se comienza en Sevilla, 956 km.

La antiquísima Vía de la Plata es una travesía entre culturas. Cruza España, desde el sur al noroeste. Como Camino Mozárabe tiene su origen en varias ciudades de Andalucía: Málaga, Almería, Córdoba, Granada, Huelva y Sevilla. Estos caminos se unen a la Vía de la Plata, que pasa por las ciudades históricas de Extremadura (Mérida, Cáceres, Plasencia) y Castilla-León (Salamanca y Zamora), declaradas por la Unesco ciudades Patrimonio de la Humanidad. En la última parte, el Camino se bifurca: al llegar a la Granja de Moreruela, se puede elegir entre continuar por Sanabria, o por Astorga, donde la ruta conecta con el Camino Francés.

Esta ruta es la más adecuada para una peregrinación en bicicleta. En verano hay que estar preparado para un clima seco y caluroso, con mañanas

Perspectivas de Vía de la Plata, en la cañada real en Extremadura.

Una mañana fresca del mes de agosto.

En el sol de la Vía de la Plata.

muy frescas, que acompañan hasta Galicia. En invierno, las temperaturas en Castilla pueden caer por debajo de cero. La ruta es interesante, pero poco frecuentada. Se caracteriza por vastas extensiones de tierras áridas. El alojamiento ha de hacerse en pequeños hoteles o en acampada.

El Camino Mozárabe fue recuperado recientemente por las asociaciones jacobeas de Andalucía y Extremadura. La Asociación de las Ciudades de la Vía de la Plata se encarga del cuidado de la red de rutas en bicicleta entre Sevilla y Gijón desde 2015.

Algunos toman un descanso en la bella ciudad de Salamanca y visitan su universidad, la segunda más antigua de Europa, que perteneció a la orden de los caballeros de Santiago. En 2018 se celebró el ochocientos aniversario de su fundación.

Llegada a Salamanca por el puente romano.

Casa de las Conchas, Salamanca.

Zamora. La cúpula románica de la catedral.

Puebla de Sanabria. Iglesia de Azogue (siglo XII).

El **Camino de Levante**: desde Valencia son 1068 km, y transcurre por la región de Castilla-La Mancha, Toledo-Ávila-Medina del Campo (Valladolid)-Zamora-Braganza (Portugal)-Verín (Galicia)-Orense, Santiago.

El camino hasta Orense corresponde a un clima continental seco. El alojamiento ha de hacerse en pequeños hoteles o en acampada. No está muy frecuentado, pero es muy interesante. Se la podría considerar como la «ruta literaria», porque en La Mancha pasa por los lugares mencionados en *Don Quijote*, y en Castilla por las localidades citadas en el *Lazarillo de Tormes*. Toledo y Ávila son ciudades Patrimonio de la Humanidad. Cerca de Ávila, el Camino pasa al lado del castillo de Madrigal de las Altas Torres, donde nació la reina Isabel

Castillo de Verín (Orense).

la Católica. A una distancia de 23 km de Ávila, el Camino cruza la localidad de Gotarrendura, donde se conserva la casa familiar de Santa Teresa de Jesús.

La **Ruta de la Lana** abarca 1172 km y es una antigua ruta comercial, que conduce a través de los caminos reales desde Alicante hasta Burgos, donde conecta con el Camino Francés. Muchos tramos de este Camino coinciden con el «Camino del Cid». Comenzando en Jávea (Camino del Alba) o Cartagena (Camino de Azahar), ambas rutas conectan en Almansa. Pasa por Sigüenza (Soria) y Santo Domingo de Silos.

El **Camino del Ebro** son 219 km desde el delta del Ebro a Logroño, donde conecta con el Camino Francés. La ruta es interesante especialmente para los amantes de la naturaleza y los ornitólogos.

El **Camino Portugués**: 620 km desde Lisboa en 25 etapas (11 en bicicleta), 236 km desde Oporto. El recorrido portugués desde Lisboa sigue por Santarém, Coímbra, Oporto, Barcelos, Ponte de Lima y Viana do Castelo, en la frontera lusoespañola. Desde la frontera hay dos variantes: desde Tui (120 km en 6 etapas), o desde La Guardia por la costa (162 km en 8 etapas). La variante desde Tuy pasa por Pontevedra, Caldas de Reyes y Padrón, y la variante desde La Guardia por Bayona, Vigo y Redondela.

Notas:

En territorio portugués:

- Las flechas amarillas conducen a Santiago y las flechas azules en la dirección opuesta, a Fátima.
- El clima es suave y agradable.
- Es el Camino más transitado después del Camino Francés. Existe una ruta de reciente inauguración, más tranquila, que conduce desde Tavira por el interior de Portugal.

En territorio español:

El número de peregrinos aumenta desde la frontera. En la provincia de Pontevedra, el Camino pasa por el Parque Natural de Barosa, con diecisiete molinos de agua, en funcionamiento desde el siglo xiv hasta el siglo xx.

La variante de la costa conduce por los acantilados y paisajes de las Rías Bajas, en la provincia de Pontevedra, con vistas de las islas Cíes a la altura de la ría de Vigo. Cabe la posibilidad de desviarse para visitar el castro del monte Tecla (en gallego, *monte Terga*). En la ciudad de Vigo, de momento el Camino no está señalizado en las calles. En Redondela es famosa la fiesta gastronómica de «los chocos».

Comunicaciones:

- En Vigo hay aeropuerto.
- Desde Vigo en tren a Oporto o a Tuy (la estación está a 5 km de la ciudad), o mejor en autobús a Tuy o La Guardia.
- Por mar: hay ferry desde A Caminha (Portugal) hasta A Pasaxe, en La Guardia, (España).

El **Camino Inglés**: seis etapas, 119 km desde Ferrol, y 25 km más desde La Coruña. Comienza en las ciudades portuarias de La Coruña o El Ferrol, o en Neda (Galicia). Es el más corto de todos y transcurre íntegramente a través de la Galicia verde y frondosa. Es de fácil realización. El clima es atlántico y húmedo.

¿Cómo conectar con el Camino?

Hay vuelos de bajo coste a Biarritz, Madrid, Bilbao, Vitoria, Santander, Oviedo, Gerona y Barcelona.

Si se quiere comenzar el viaje en Francia, desde el aeropuerto de Biarritz hay un autobús directo a Bayona, y desde allí un tren a Saint-Jean-Pied-de-Port. El viaje en este último tramo dura una hora. Vale la pena consultar el portal web francés de SNCF y TER (*Transport Express Regional*). En Bayona también se puede comenzar el Camino Baztanés hacia Pamplona.

http://www.ter-sncf.com/
http://www.sncf.com/en/

En España, lo mejor es viajar en trenes RENFE o autobuses, donde se admiten bicicletas.

http://www.renfe.com/
http://www.alsa.es/
http://www.plmautocares.com/

Desde la estación central de autobuses de Pamplona hay autobuses a Roncesvalles, que es el punto de partida tradicional para los viajeros de España.

Sin embargo, si se quiere llegar desde Roncesvalles a Saint-Jean-Pied-de-Port, es necesario alquilar un taxi, que puede compartirse con otros peregrinos.

Los autobuses de ALSA conectan Santiago con muchas ciudades de España y de Europa. Admiten bicicletas.

Aplicaciones con información sobre el Camino

La aplicación móvil **Camino Assist** ofrece información sobre los 15 principales itinerarios jacobeos en España.

Eroski Consumer ofrece información sobre el Camino a través de una aplicación para usuarios de iPhone 5 en iOS6. La guía informa sobre refugios, mapas de las etapas, monumentos, ubicación en el Camino, altímetro, etc. La aplicación está disponible para iPhone, iPod touch desde iTunes o cualquier cámara portátil.

Eroski Consumer – App Store – Camino de Santiago – Infografía.

Otra posibilidad de información es la página web

www.caminodesantiago.consumer.es

Cómo estimar el presupuesto

Un presupuesto modesto puede ser suficiente, especialmente porque los albergues están equipados con cocinas, de forma que se puede preparar la comida propia. Sin embargo, vale la pena conocer los sabores regionales y probar el vino local. Los bares y restaurantes en las localidades del Camino ofrecen un «menú de peregrinos» a un precio de 8-10 euros. Los ingredientes para el desayuno y el almuerzo adquiridos en una tienda local pueden costar alrededor de 6-8 €. A veces, en el albergue es posible desayunar a cambio de un donativo, e incluso se puede preguntar al hospitalero sobre la posibilidad de almorzar o cenar en el lugar. El coste del alojamiento en un albergue suele ser de 6-10 €. En los Caminos del Norte los costes pueden ser un poco más altos. Los albergues oficiales suelen ser gratuitos, si bien se espera un pequeño donativo para su mantenimiento, a través de las asociaciones de amigos del Camino, municipios o parroquias. Es posible acampar en las proximidades y utilizar las instalaciones sanitarias del albergue.

El presupuesto general aproximado, por día, podría calcularse de la siguiente manera: albergue: 5-10 € + cena: 10 € + comida diaria adicional: 5-10 € = 25-30 € en total.

La oficina de turismo gallega Turgalicia ofrece el bono *Iacobus* para alojamiento en casas de agroturismo, con transporte incluido en el precio.

Si se desea pasar la noche en una celda de monasterio y comer en el refectorio, se puede recomendar el hotel Seminario San Martín Pinario, en Santiago de Compostela, ubicado frente a la catedral. Se requiere reserva previa:

www.sanmartinpinario.eu/

¿Individualmente o en grupo?

Hay peregrinos que prefieren caminar solos, en compañía de «su propia sombra». Esta soledad puede ser relativa o completa. Será relativa en el Camino Francés, el más popular y frecuentado. Siempre se encontrará compañía y ayuda en caso necesario. Sin embargo, se recomienda precaución al hacer amigos. Es mejor no dejar a nadie la bolsa con documentos y dinero mientras nos duchamos. También siguen existiendo los timos al peregrino, engaños de todo tipo, aprovechándose de la buena voluntad o de un momento de relajación o despiste. El peregrino debe estar atento no solo al paisaje, sino a sus pertenencias y a la gente que le rodea. Afortunadamente, la Guardia Civil vela por reducir estos incidentes en la medida de lo posible.

La soledad puede ser completa en rutas menos frecuentadas, como los Caminos del Norte. La regla aquí es la misma que en la montaña: por razones de seguridad, mejor no caminar solo.

Es agradable realizar el Camino en compañía conocida. Un grupo de entre dos y cuatro personas crea su propia atmósfera y resulta más animado. Esto no excluye la posibilidad de separarse un cierto tiempo para estar consigo mismo, meditar, reflexionar, etc. Como dijo Stevenson: «El mayor bien en los viajes es encontrar un amigo honesto».

¿Hacer el Camino con niños?

El actual Camino Jacobeo no tiene que ver con las condiciones medievales. En el Camino Francés, se puede reservar alojamiento con anticipación en numerosos hostales y albergues privados. Incluso en medio del bosque, se puede encontrar a veces una máquina expendedora de bebidas. También hay agencias que transportan el equipaje. Entonces, ¿dónde reside la dificultad de caminar con niños? En los niños mismos y las expectativas de los padres.

Caminar con niños supone un cierto desafío. En el mundo de hoy, los niños están sobreprotegidos. Si practican algún deporte, son deportes de tipo «urbano»: natación, voleibol, judo o karate. No conocen las incomodidades, ni tienen la resistencia de un corredor de fondo. Y sobre todo, no tienen la motivación de los adultos. Lo más probable es que no les interese el misterio del Camino o la arquitectura románica, o el hecho de que caminar al aire libre sea beneficioso para la salud. Tampoco entenderán la necesidad de lavar sus calcetines todos los días.

Recorrer el Camino no es lo mismo que disfrutar unas vacaciones junto al mar o en la montaña. Por lo tanto, se debe pensar detenidamente cómo presentar el plan a los niños y cómo realizar el Camino juntos, para que haya un buen recuerdo para todos. Se puede presentar la propuesta como unas vacaciones diferentes, como una nueva experiencia a la manera de los trotamundos, y con la posibilidad adicional de hablar idiomas extranjeros.

En cualquier caso, vale la pena planificar dos o tres variantes y prever la posibilidad de no completar la etapa o incluso no alcanzar la meta. Es mejor tener previstos algunos «trucos» auxiliares; por ejemplo: agarrarse todos al mismo bastón (puesto horizontalmente respecto al camino) y moverlo al ritmo del paso. También ayudan mucho los cantos, especialmente al final de la etapa. La búsqueda de las flechas amarillas que marcan el camino en los postes, piedras y el borde del sendero les proporciona una sensación de aventura, especialmente teniendo en cuenta que despistarse de las señales conduce a perderse. Sirve además para agudizar el sentido de observación. Por supuesto, es necesario cierto sentido del humor para resolver situaciones de conflicto.

Un niño de diez años ya puede realizar una etapa de quince kilómetros, pero no debe haber demasiadas etapas tan largas y es mejor limitar la duración del viaje a una semana. Merece también la pena que el niño tenga la compañía de al menos un compañero de su edad; los padres deben aceptar su papel de «pastores de ovejas» y monitores de tiempo libre. Los niños mismos encontrarán ocasión de entretenerse y conversar. A su vez, los padres conocerán sus intereses, las lecturas, películas, canciones, chistes, etc. De esta manera, los niños se olvidarán del cansancio, de que en las primeras etapas duelen las piernas y al mismo tiempo se podrán evitar preguntas del tipo de «¿Cuánto queda todavía?». En general, los padres, sin darse cuenta, llegan a conocer mejor a sus hijos.

Escribir un diario de viaje sería otra experiencia posible. Será divertido el relato sobre el Camino visto a través de los ojos de los niños y acompañado de dibujos.

Si hay dos niños de edades diferentes, resultará de ayuda un automóvil. Mientras que el/la mayor camina con uno de los padres, el/la menor está acompañado por el otro adulto. Se puede establecer un punto de encuentro a lo largo de la ruta, con el suministro de bebidas, o salir desde el punto de llegada al encuentro de los caminantes rezagados, o bien aprovechar para contemplar mientras tanto la vida rural.

Al terminar cada etapa, vale la pena pensar en algún entretenimiento para los niños. En Logroño, se puede visitar la exposición en la Casa de las Ciencias, o visitar el juego de la oca en la plaza de Santiago. Una nueva experiencia atractiva pudiera ser dormir una noche en el suelo, oportunidad que brinda la iglesia de San Juan Bautista en Grañón.

Es muy importante no llevar demasiada ropa. También conviene dar ejemplo a los niños e, independientemente de lo que puedan decir, lubricar los pies todos los días antes de ponerse los calcetines.

Sin lugar a dudas, caminar con niños fortalecerá el vínculo familiar y se incluirá entre los recuerdos más bellos. Quien haya llegado a Santiago de Compostela en un buen ambiente y sin ampollas, después de unos años repetirá el Camino.

Direcciones y teléfonos:

- La Casa de las Ciencias, c/Ebro 1, Logroño. Tfn. 941 24 59 43.
- Iglesia de San Juan Bautista, plaza El Hórreo, Grañón (La Rioja). Tfn. 941 42 08 18.

¿Acompañarse de un perro?

Puede ser una buena idea, si el perro es grande y está debidamente entrenado. Además, se debe llevar suficiente agua para él y cuidar de sus patas. Hay que limpiarlas diariamente después de la caminata, engrasarlas con la pomada adecuada y ponerles protectores antes de comenzar la siguiente etapa. En las localidades más importantes hay clínicas veterinarias. Si existen problemas para encontrar alojamiento, se puede acampar con el perro cerca del albergue y utilizar sus instalaciones sanitarias. También es necesario disponer de un certificado de vacunación.

El equipaje o solo una mochila

Vale la pena redescubrir el encanto del minimalismo y de la vida sencilla. Es sorprendente darse cuenta de que pocas cosas son realmente necesarias. Una mochila más ligera permitirá disfrutar del contacto con otras personas y con la naturaleza, y reflexionar. Este también es uno de los propósitos del Camino.

El «sobrepeso» de la mochila puede dar como resultado problemas con las rodillas y la espalda, tendinitis en el tendón de Aquiles o fascitis plantar, una verdadera plaga en los peregrinos. Esto puede obligar a interrumpir la caminata al menos durante algunos días, con el consiguiente aumento de gastos. Menos equipaje proporcionará más alegría y si se necesita algo, se puede comprar en el Camino. Lo más recomendable es no excederse, según la regla: No más de 1 kg de equipaje por cada 10 kg del peso de la persona.

Si es necesario, hay varias compañías a los largo del Camino que brindan servicios de transporte de equipaje, entre localidades y albergues.

Transporte de equipaje (ejemplos):

- Antzin Mochileros, c/ Arburúa n.º 6, Ancín (Navarra)
  Tfn. 686 328 525
- www.jacotrans.com

También se ocupa de este tipo de transporte, incluidas las bicicletas, la empresa de Correos española:

www.elcaminoconcorreos.com

Propuesta del contenido de la mochila

- ✓ calzado usado, pero sin deformaciones
- ✓ plantilla con carbón activo, para controlar la sudoración excesiva de los pies
- ✓ zapatillas de deporte para cambiar
- ✓ chanclas para la ducha
- ✓ dos o tres pares de pantalones (incluyendo uno repelente al agua y uno corto)
- ✓ dos o tres cambios de ropa interior y calcetines elásticos
- ✓ un bañador
- ✓ pinzas para tender la ropa
- ✓ silbato.

Protección contra el sol

- ✓ camisa o blusa de mangas largas y con cuello que se pueda subir, y debajo una camiseta sin mangas o de tirantes
- ✓ camiseta amplia de fibra, transpirable, tipo *running*
- ✓ gorro con visera y un pañuelo para el cuello/nuca, o sombrero de paja con ala sujeto con una cinta bajo la barbilla (por el viento)
- ✓ gafas de sol con filtro UVA, preferiblemente del tipo de las de ciclista
- ✓ fotoprotector FPS 50+ y eventualmente cápsulas de *Heliocare Ultra-D* o *Sunisdin* (de venta en farmacias o parafarmacias)
- ✓ lubricante para los pies
- ✓ paraguas plegable, ideal para el sol en espacios sin sombra.

Y también

- ✓ chaleco reflectante: su uso es obligatorio en tramos de carretera
- ✓ bastones nórdicos: ayudan en terrenos montañosos, para pasar los arroyos y defenderse de los perros; vale la pena llevar al menos uno
- ✓ guantes: pueden ser necesarios de otoño a primavera
- ✓ forro o chaleco polar, según la temporada, porque las noches son frescas incluso en verano
- ✓ chaqueta cortavientos; el grosor depende de la temporada
- ✓ poncho antilluvia hasta las rodillas y que cubra la mochila
- ✓ una botella para agua o bebida isotónica
- ✓ una linterna frontal para uso en el refugio
- ✓ neceser con un mínimo de cosméticos, en envases pequeños
- ✓ desodorante
- ✓ toalla de microfibra, ligera y de secado rápido
- ✓ bolsita impermeable (para documentos, dinero, tarjeta de crédito), apta para colgar del cuello durante la ducha
- ✓ eventualmente: un saco confeccionado con sábanas para usarlo debajo de las mantas del albergue y una pequeña funda de almohada para llenarla con un polar y preparar así una almohada
- ✓ estera y saco de dormir ligero
- ✓ botiquín de primeros auxilios y tarjeta sanitaria
- ✓ eventualmente: lista de medicamentos utilizados, especificando el ingrediente activo.

*El **botiquín** de primeros auxilios debe contener:*

- ✓ tiritas almohadilladas, gasa estéril, vendaje de gasa y elástico o tobillera y rodillera
- ✓ aguja pequeña en un envase estéril (producto de farmacia), para perforar ampollas
- ✓ desinfectante (*clorhexidina*) y una pomada con antibiótico de amplio espectro (preferiblemente *mupirocina*, en España sin receta) o crema de tipo polivalente: antinflamatorio (*corticosteroide*), antifúngico con antibiótico (*neomicina*), por ejemplo, *Cuatroderm*
- ✓ producto antiampollas
- ✓ calmante para picaduras de insectos (tipo *Afterbite*)
- ✓ antinflamatorio tópico (tipo *Voltadol forte gel*)
- ✓ antidiarreico (tipo *Fortasec*) y/o laxante
- ✓ paracetamol o *aspirina*
- ✓ pinza (puede ser depilatoria) para eliminar cualquier espina
- ✓ eventualmente: antialérgicos y antiespasmódicos
- ✓ eventualmente: medicamentos de uso habitual.

¡Ya en el Camino!

Vale la pena levantarse algo más temprano para hacer unos pocos ejercicios de calentamiento de los músculos; por ejemplo: movimiento rotatorio de los pies, estirar alternativamente los dedos de los pies y el tendón de Aquiles, atraer con fuerza la rodilla hacia el torso… Conviene repetir los mismos ejercicios o similares al terminar la etapa. Es mejor caminar temprano por la mañana, con el aire aún fresco, siempre con el mismo ritmo, eligiendo el lado de la sombra, especialmente hacia el mediodía.

En los tramos de carretera es obligatorio usar un chaleco reflectante y caminar por la izquierda, y en «fila india» si se va en el grupo.

Vale la pena planificar la etapa para poder pararse en las iglesias, que proporcionan contacto con el arte relacionado con el Camino.

En algunos albergues hay la buena costumbre de cantar juntos al atardecer. Se invita a los peregrinos de todos los países a cantar una canción en su propio idioma. También se puede sugerir alguna diversión, como, por ejemplo, expresar el canto del gallo o el croar de la rana en los diferentes idiomas. Sorprenderá la diversidad de imitaciones. Es una buena forma de comunicarse y divertirse juntos.

¡Un oso! ¿Qué hacer? (y qué no)

Los osos en la costa cantábrica son una especie protegida. La población actual en Asturias es de unos trescientos ejemplares, que viven principalmente en la parte occidental de la región.

Aunque todavía no se ha informado de ningún ataque de osos a humanos, los expertos en el tema aconsejan que en caso de encontrarse con este animal *no se debe huir,* porque el oso corre más rápido que un humano. Es mejor pararse, comenzar a agitar los brazos o el bastón y hacer el mayor ruido posible. En las zonas boscosas se puede de vez en cuando gritar con voz fuerte, por ejemplo: «¿¡Hay aquí un oso!?». Lo más probable es que el oso entienda la intención y se vaya por sí mismo. En ningún caso debemos tratar de acercarnos para darle de comer o hacerle fotos.

Alimentación en el Camino

Aunque se quiera catar los manjares de la cocina regional, es mejor dejar la comida principal del día para la noche, tratando de que no sea demasiado abundante y de difícil digestión. Para la cena, lo más adecuado serán los productos ricos en proteínas, como huevos, carne magra, jamón serrano, pescado y queso, así como una pequeña cantidad de grasa, preferiblemente aceite de oliva, y dulces, especialmente la miel. De esta manera se recupera el desgaste energético y se regeneran los músculos durante el descanso nocturno. No se recomiendan platos de legumbres, por ser de difícil digestión. Para complementar el nivel de vitaminas se recomiendan los tomates, ricos en potasio. Menos recomendables por la noche son las naranjas y otras frutas ricas en vitamina C, ya que aumentarán el tono muscular; es mejor tomarlas por la mañana o en ruta. El desayuno debe ser energético pero fácilmente digerible, por ejemplo de bollería y fruta, café o cacao.

Durante la caminata es mejor «picar» poco y con frecuencia. Se recomiendan frutas frescas (mandarina, manzana, plátano) y frutos secos (uvas pasas, dátiles, nueces o almendras). También es necesario abastecerse de líquidos isotónicos, del tipo de *Aquarius*, o al menos agua con un poco de azúcar y sal, que se pierde con el sudor. Durante la marcha es recomendable beber unos dos o tres litros de agua, en dosis pequeñas pero frecuentes, para evitar la deshidratación, los calambres o dolores musculares. Muy prácticas para este propósito son las bolsas de transporte llamadas «camel back», disponibles en las tiendas con artículos de deporte. Nunca se debe beber agua no potable o líquidos muy fríos. Al final de la etapa es recomendable tomar una cerveza, que ¡ayuda a regenerar los músculos y el ánimo! En las primeras etapas, para combatir posibles agujetas, es recomendable beber antes de dormir un vaso de agua con un poco de bicarbonato sódico.

Gastronomía a lo largo del Camino y en Santiago de Compostela

«No solo del pan vive el hombre», así que al terminar cada etapa vale la pena degustar la cocina regional, en vez del menú de peregrino. Parafraseando el viejo proverbio español «Allá donde fueres, haz lo que vieres», se podría decir: «Donde quiera que vayas, come lo que veas».

En las localidades a lo largo de la Vía de la Plata se coincide a veces con los Días de la Gastronomía Romana. En el área de Atapuerca (Burgos), gracias a la curiosidad de los arqueólogos, hay ocasión de conocer los alimentos que consumían los humanos que vivían allí hace treinta mil años.

La gastronomía española cambia con el paisaje. En el sur, en Andalucía, los platos son digestivos, ligeros, ideales para el clima cálido. Aquí predominan el **gazpacho** o el **salmorejo**, ambos fríos, y pescaditos o mariscos, como las gambas o calamares. De los platos más contundentes cabe mencionar el de **rabo de toro**. Además de vinos ligeros refrigerados, un «tinto de verano» o vino con fruta y limonada, la famosa sangría, complementan el almuerzo.

En Navarra no se puede omitir, en su temporada, la cata de los espléndidos **espárragos** y en Pamplona se deben probar también las manitas de cerdo o los «**menudicos**» de cordero. En los días fríos de la Meseta lo mejor es comenzar con una **sopa de ajo** caliente, la llamada sopa castellana. Son populares también las «**migas**», un plato típico de pastores, especialmente en Extremadura.

En la parte central de España, donde las ovejas y cabras pastan en grandes extensiones de páramo, los mejores platos son los asados. El **lechazo asado**, servido con lechuga y tomate y delicioso pan de trigo blanco, es famoso, y no solo en Burgos. Un lugar interesante es el Mesón del Templario, en Villalcázar de Sirga (Palencia), donde se recibe a los peregrinos con música antigua y se sirven deliciosos platos al estilo medieval.

En el Camino desde Madrid a través de Segovia, se puede probar el cochinillo asado («**tostón**»), y en la Vía de la Plata por Salamanca, sucumbir a la tentación del **cabrito** «cuchifrito».

Villalcázar de Sirga. Delante del mesón.

La **morcilla** en todas sus variantes es también un plato sabroso. En Salamanca, el relleno es de miga de pan con hierbas del país y piñones. En la morcilla de Burgos, el arroz reemplaza las gachas.

En León se sirve como aperitivo la **cecina**, que es carne curada de vacuno cortada en finas lonchas. Al llegar a la comarca de la Maragatería, y en especial a Castrillo de Polvazares, resulta recomendable su **cocido**, presentado en orden inverso al habitual, es decir, primero las carnes, después los garbanzos y por fin la sopa. Un plato interesante, aunque «fuerte», es el **botillo** de la región del Bierzo (León), llamado *botelo* en la vecina región de Valdeorras (Galicia), en el Camino de Invierno. Es un estómago de cerdo relleno de carne y costillas.

Estos platos suelen estar acompañados del vino tinto de «más cuerpo», como el de Toro (Zamora), u otros vinos tintos de La Rioja, La Mancha, Navarra, la Ribera del Duero o El Bierzo (*mencía*). También se puede pedir el vino de la casa, servido a menudo en jarra de barro, que será agradable y más barato.

Los dulces suelen tener la almendra como protagonista y reflejan la influencia de la ocupación árabe.

Cuanto más al norte, más frecuentes serán los platos de lentejas, guisantes garbanzos o alubias. Todos esos cocidos suelen ser difíciles de digerir y no resultan muy adecuados para pasar la noche en un albergue. La **fabada** es un plato de «orgullo nacional» en Asturias. No menos sabroso es el ***cachopo***, que contiene queso de cabra y jamón serrano o cecina, colocados entre dos lonchas de filetes de ternera o de lomo de cerdo adobado, todo unido por el rebozo final. Los erizos de mar (***oricios***) son un plato regional curioso, pero disponible solo en la temporada de otoño e invierno.

En los Caminos del Norte vale la pena probar la **sidra** fresca local. Es una bebida antigua, ya mencionada en la Biblia como *shekar* (en hebreo) y por los romanos como *sicera* (en latín). En Asturias, se vierte hábilmente desde una cierta altura en vasos grandes, para airearla y obtener cierta espuma. Fue tradicional beberla de un mismo vaso, que circulaba en un grupo de amigos. En los viejos tiempos la sidra se bebía de un cuerno. Últimamente se la sirve individualmente. El vaso grande se llena solo a un cuarto o un octavo de su capacidad, y es costumbre no terminar la bebida; las últimas gotas se vierten al suelo. ¿Quizás, sin saberlo, se continúa la costumbre de los ancestros que obsequiaban así a los buenos espíritus, invocando su protección?

En el Camino de la Costa por el País Vasco es casi obligatorio probar el vino blanco **chacolí** (*txacolí*) en la taberna de algún puerto.

En Andalucía y la región valenciana hay grandes plantaciones de arroz. Esto explica por qué hay tantos platos de arroz en España, el más famoso de los cuales es la **paella**, compuesta de arroz mezclado con mariscos, o trozos de pollo o conejo y verduras.

El jamón serrano, curado en el clima seco de la Meseta, la tortilla de patata, el bacalao desalado, la trucha «a la Navarra» (frita con un relleno de jamón serrano), son populares en todo el país. Posiblemente pensando en el apetito de los peregrinos a Santiago se ha ideado ***sanjacobo*** que se compone de una loncha de jamón york y otra de queso, unidas por el rebozado.

Además, en España hay alrededor de trescientas variedades de quesos. Se puede pedir una «**tabla de quesos**» como aperitivo o como postre. En Asturias es famoso el queso azul de Cabrales, con un intenso sabor y aroma. Según un dicho local, se debe comer un poquito de él todos los días, pero no más de una pieza entera al año. Envuelto en hojas de castaño, madura en las cuevas de los Picos de Europa. El queso Gamonedo es ligeramente más suave en sabor. Uno de los quesos más antiguos de España es el queso Casín, mencionado ya en el siglo xiv. Cuenta la leyenda que después de la batalla de Covadonga (722) se obsequió con él a los guerreros victoriosos. La pieza era de tal tamaño, que hubo que transportarla en un gran carro tirado por bueyes.

Tapas, montaditos y pinchos

Una buena forma de degustar platos son las miniporciones que se sirven en toda España, especialmente en las ciudades.

Respecto al tamaño, una porción completa es una ración, pero se puede pedir también media ración. La «tapa» es el nombre histórico de un pequeño plato de comida, que servía en principio para tapar la jarra de vino. Por «montadito» se entiende una rebanada de pan con diversos manjares encima. Y el «pincho» es una porción pinchada en un palillo.

Yantar es comer en Galicia

En Galicia y Asturias *yantar* significa comer. La cocina gallega, famosa en toda España, se basa en productos regionales, tanto del mar como de la tierra, preparados de la manera más simple posible. La base de su valor y sabor es la frescura y calidad de los productos. Vale la pena probar las delicias típicas del mar, especialmente el pulpo a la gallega, los mejillones a la marinera o al vapor, y otros platos de pescado, así como también los productos del campo, como los *cachelos* ('patatas') y los pequeños pimientos verdes de Padrón, entre los que habrá alguno extremadamente picante («Los pimientos de Padrón: unos pican, otros non»); también el caldo gallego a base de verduras locales (los *grelos*), y para el postre, una masa cremosa hecha de almendras molidas: la tarta de Santiago.

Todo ello bien acompañado de un vino de la variedad albariño o ribeiro (vinos blancos, los mejores en Galicia). Este último, servido en jarras, se vierte desde cierta altura en unos cuencos o tazas, para que se forme espuma.

Las delicias gallegas.

En Santiago de Compostela, se puede recomendar el modesto y económico restaurante Gato Negro, favorito de estudiantes y peregrinos, y el casi inigualable Damajuana, en la calle de la Azabachería (*rúa da Acibechería*), donde se puede degustar una cocina casera de calidad garantizada al precio de diez euros por persona.

También es interesante el bar O Bispo, en la céntrica calle del Franco (*rúa do Franco*), que ofrece originales y deliciosas tapas, montaditos y pinchos.

Como recompensa por haber llegado a la meta, se puede comer en la taberna del Hostal de los Reyes Católicos, que se encuentra en el sótano de este antiguo albergue de peregrinos, ahora convertido en hotel. En la carta expuesta en el exterior se puede encontrar un atractivo menú del día. El hotel actual mantiene la tradición de cuidar a los peregrinos mediante comidas gratuitas para las primeras diez personas, en el Comedor del Peregrino. Son modestas pero suficientes, las mismas que para el personal del hotel. Se sirven a las nueve (desayuno), a las doce (almuerzo) y a las siete (cena). Es necesario mostrar el vale expedido por la Oficina del Peregrino, donde también se pueden dejar las mochilas, puesto que no las admiten en el comedor.

Gastronomía gallega y el Pórtico de la Gloria

El queso «la tetilla» y otros productos gallegos en el escaparate.

Dos manjares gallegos están relacionados con el Pórtico de la Gloria de la catedral de Santiago. Es el queso de «tetilla» y la empanada gallega.

Siguiendo la mirada y el aspecto risueño del profeta Daniel en el Pórtico de la Gloria, se puede localizar a la reina Ester, de la que vale la pena prestar atención al busto. El escultor le dio en principio un tamaño muy criticado por las autoridades eclesiásticas, ¡pero no por la gente! Ante la reducción de sus generosas formas, el pueblo reaccionó con humor y dio a su queso la forma de un hermoso pecho. Este es el origen de la famosa tetilla de queso. Al natural o ahumado ¡es delicioso!

Durante siglos, el plato tradicional del peregrino en el Camino Gallego fue (y es) la empanada gallega. En la parte superior del arco derecho del Pórtico de la Gloria, el escultor Maestro Mateo representó a un pecador condenado al Infierno. Su castigo consiste en tratar de comer una empanada que tiene en su mano desde el siglo XII. Pero por desgracia la soga alrededor de su cuello no se lo permite, y sigue así sufriendo por la tentación del aroma y la imposibilidad de consumir el apetitoso manjar.

La queimada *o una bebida en llamas*

Tal vez, en una de las etapas por Galicia, habrá oportunidad para probar una bebida espectacular, la *queimada*, acompañando el momento con un hechizo celta.

La «queimada».

La bebida se prepara, de acuerdo con un ritual especial, a partir de un orujo al que se añaden granos de café, azúcar, cáscara de limón y canela. Se la prende el fuego, y al agitar la bebida se pronuncian misteriosas palabras en lengua céltico-gallega, que suenan como un hechizo real y que deberían proporcionar una fuerza especial a la bebida y a quien la bebe. Es habitual que el ritual tenga lugar después del anochecer, cuando las llamas de la *queimada* iluminan el entorno y causan una fuerte impresión en los espectadores. Este es uno de los momentos gastronómicos inolvidables. Disfrutemos el Camino en todas sus dimensiones.

Qué hacer en caso de...

Golpe de calor y agotamiento

1. Poner a la persona a la sombra, en el lugar más fresco posible
2. Colocar un paño mojado fresco en la frente y en la nuca
3. Darle de beber una gran cantidad de bebida isotónica (por cada litro de agua, agréguese media cucharadita de bicarbonato sódico, una cucha-

radita de sal de mesa y una cucharadita de azúcar; en caso de calambres musculares fuertes, auméntese la cantidad de sal).

Calambre muscular

1. levantar la pierna y estirar la rodilla
2. doblar fuertemente el tobillo, tirando del pie hacia el tronco.

También ayuda a calmar el calambre un masaje con cremas de calentamiento muscular.

Los calambres son causados por la deshidratación del cuerpo y la pérdida de minerales a través del sudor. Por lo tanto, durante la caminata, se deben beber entre dos y tres litros de líquidos isotónicos al día para compensar las pérdidas, así como cuidar que la dieta sea rica en magnesio (chocolate), potasio (tomates, zanahorias, plátanos) y calcio (productos lácteos y pescado).

Ampollas o rozaduras

1. lavar con agua y jabón
2. perforar suavemente la ampolla en su base varias veces, con una aguja estéril, sin quitar la parte superior de la ampolla
3. desinfectar con clorhexidina (*Oliderm, Cristalmina*)
4. aplicar profilácticamente una pomada con antibiótico (*Mupirocina*) cada 12 horas durante 7 días, después de lavar cada vez la lesión
5. aplicar una tirita almohadillada.

Prevención de ampollas

1. antes de ponerse los calcetines, untar completamente con lubricante (por ejemplo, *Mepentol*) los pies, incluidos los talones y la piel entre los dedos
2. evitar que el calcetín forme arrugas o pliegues; ponerse primero el calcetín fino y encima uno más grueso
3. usar calzado ya usado, pero no deformado.

Información general

Para visitar el Pórtico de la Gloria

Para efectuar una visita guiada del pórtico de la Gloria restaurado, es obligatorio reservar:

www.catedraldesantiago.es.

Precio: 8 euros mostrando la credencial de peregrino, 10 euros la entrada general.

Las visitas se realizan en cinco grupos al día, en horario entre las 10 de la mañana y las 8 de la tarde. Hay tres visitas gratuitas los domingos por la tarde. Duración aproximada de la visita: 45 minutos.

Misa con botafumeiro en la catedral de Santiago de Compostela

Como homenaje de la catedral para honrar a los peregrinos, todos los viernes, al final de la misa, sobre las 19:30h, se pone en funcionamiento el incensario botafumeiro (conviene confirmarlo):

botafumeiro@catedraldesantiago.es.

Además, las misas con el botafumeiro se celebran a las doce en punto los siguientes días festivos:

- 6 de enero (Epifanía)
- Domingo de Pascua
- Ascensión
- 23 de mayo (aniversario de la batalla de Clavijo)
- Pentecostés
- 25 de julio (Día de Santiago)
- 15 de agosto (Asunción)
- 1 de noviembre (Día de Todos los Santos)

- Fiesta de Cristo Rey: domingo anterior al primer domingo de Adviento
- 8 de diciembre (Inmaculada Concepción de la Bienaventurada Virgen María)
- 25 de diciembre (Navidad)
- 30 de diciembre (Traslación del Apóstol).

Es posible también la participación del botafumeiro al final de la misa de Peregrinos diaria, a las doce en punto, por una tarifa especial de alrededor de 300€.

Indulgencias plenarias relacionadas con el Camino

Jubileo de la Santa Cruz:

- Oviedo: anualmente, del 8 al 21 de septiembre
- Monasterio de Santo Toribio de Liébana (Cantabria): todo el año cuando el 16 de abril, día de San Toribio, cae en domingo
- Año Santo Jacobeo: durante todo el año cuando el 25 de julio, día de Santiago, cae en domingo
- Año de la Misericordia.

Santa misa según el rito mozárabe en el Camino

- Toledo: todos los días en la catedral
- Madrid: en el convento de las Clarisas de la Inmaculada Concepción, paseo de Recoletos, 11, todos los martes a las 19h; celebración especial los días 2 de enero y 8 de diciembre
- Salamanca: capilla de San Salvador en la catedral vieja, el primer domingo de Adviento y Cuaresma
- Pamplona: en la catedral, solo el 18 de diciembre
- León: en la Basílica Real de San Isidoro, solo el 18 de diciembre
- San Juan de Baños de Cerrato (Palencia): en la Basílica visigoda, solo el 24 de junio.

Museos con exposición de productos de azabache

- Museo de León, ubicado en la plaza de Santo Domingo, 8, León
- Museo de los Caminos en Astorga (León), ubicado frente a la catedral, en el antiguo palacio arzobispal diseñado por Antoni Gaudí
- Museo provincial de Lugo, plaza de la Soledad, 7, en un monasterio franciscano del siglo XIII, con patio románico, refectorio y cocina
- Castro de Viladonga (Lugo), parroquia de Santiago de Viladonga, Castro de Rey: anillos de azabache de los siglos III-IV
- Museo provincial de Pontevedra, calle Pasantería, 10, Pontevedra
- Tesoro de la Catedral de Santiago: cinco objetos de azabache de extraordinario valor
- Museo de las Peregrinaciones, rúa San Miguel, 4, Santiago de Compostela
- Museo de Azabache, plaza de Cervantes, 12, Santiago de Compostela (entrada libre).

Calendario de las fiestas locales

Cada comunidad autónoma de España tiene su propio calendario de fiestas. En el Camino, las más importantes son:

- 1 de enero: Año Nuevo, festivo en toda España
- 6 de enero: Reyes Magos, festivo en toda España
- Carnaval: en los días anteriores al Miércoles de Ceniza; las calles se llenan de disfraces
- Semana Santa: por las calles pasan las procesiones de hermandades de penitentes encapuchados que acompañan a los pasos que representan las escenas de la Vía Crucis
- 1 de mayo: festivo en toda España
- Primer fin de semana de julio: fiesta de los Templarios, en Ponferrada (León)
- 7 de julio: San Fermín, en Pamplona; carreras de toros por las calles y corrida durante toda la semana
- 25 de julio: día de Santiago, festivo en Galicia
- 15 de agosto: Asunción de la Virgen María, festivo en toda España

- 16 de agosto/9 de septiembre: romería en San Andrés de Teixido (Galicia)
- 8 de septiembre: Virgen de Covadonga, festivo en Asturias
- Segundo domingo de septiembre: romería en Mugía (Galicia)
- 12 de octubre: día de la Hispanidad, fiesta nacional de España y patronal en Zaragoza
- 1 de noviembre: Todos los Santos, festivo en toda España
- 6 de diciembre: Día de la Constitución, festivo en toda España
- 8 de diciembre: Inmaculada Concepción, festivo en toda España
- 25 de diciembre: Navidad, festivo en toda España.

Bibliografía

Abboud H. S. «La ciudad del templo de oro», *La Aventura de la Historia*, n.º 8, 1999.

Alarcón Moreno, E. «Nuevos hallazgos e investigaciones en la cripta apostólica de Santiago», *Estafeta Jacobea*, n.º 100, Pamplona, 2011.

Arias Páramo, L. *Luces de peregrinación. Sede real y sede apostólica*, Gobierno del Principado de Asturias (ed.), 2004.

Armendáriz Castro, R. *Leyendas de Castilla*, M. E. Editores, 1995.

Atienza, J. G. *Leyendas del Camino de Santiago*, EDAF, Madrid, 2012.

Azcárate (de), J. M. *Las esculturas de la Cámara Santa en la Catedral de Oviedo*, Servicio de Publicaciones del Principado de Asturias, 1993.

Balasch Blanch, E.; Ruiz Arranz, Y. *Atlas ilustrado del Camino de Santiago*, Susaeta, 2013.

Bango Torviso, I. G. *Por los caminos de Santiago*, Espasa Calpe, 1999.

—, *Tesoros de España. El Camino de Santiago*, Espasa Calpe, 2000.

Caamaño Aramburu, J. «El apóstol Santiago en la batalla de Lepanto», *Peregrino*, n.º 181, 2019.

Campillo Meras, L. «La ruta vadiniense», *A Santiago*, n.º 44, 2014.

—, «Santiago en la obra de El Greco», *A Santiago*, n.º 45, 2015.

—, «Curiosidades de la catedral de Santiago: el botafumeiro», *A Santiago*, n.º 46, 2015.

Campo, O. «Robert Sutton peregrino inglés del s. xv», *Peregrino*, n.º 181, 2019.

Cárcel Ortí, V. *Breve historia de la Iglesia en España*, Planeta, Barcelona, 2003.

Carnicer, R. *Gracias y desgracias de Castilla la Vieja*, Plaza&Janés, 1978.

Caucci von Sauken, P. *Santiago. La Europa del peregrinaje*, Lunwerg, Madrid, 2003.

—, «Las edades del Camino: hospitalidad jacobea, a un paso del cielo», *Peregrino*, n.os 99-100, 2005.

Clavell, M. «El Obradoiro y el Pórtico de la Gloria», *Peregrino*, n.º 179, 2018.

Coca, Y. «La huella del hospital en el Camino de Santiago», *A Santiago*, n.º 28, 2006.

Compte Masiá, C. *Anécdotas de la historia*, Albor Libros, 2006.

Cherubini, G. «Compostela, meta de la piedad medieval», *La Aventura de la Historia*, 1999.

Chevallier, R. *Las vías romanas*, Armand Colin, 1972.

Díaz Caballero, F. *El Camino de Santiago. A pilgrim's book*, ed. del autor, 2013.

Díez Alonso, M. «La colegiata de Santa María de Arbás del Puerto», *A Santiago*, n.º 46, 2015.

Esteban, A.; Calderón, I. «Las ciudades medievales de la ruta jacobea. El Camino de Santiago», *National Geographic. Historia*, edición especial, 6/2014.

Fernández Álvarez, J. M. *Peste y supervivencia en Oviedo (1598-1599)*, KRK, Oviedo, 2003.

Fernández Conde, F. J.; Santos del Valle, M. C. «Toponimia y tradiciones del Monsacro», *Boletín Oficial de l'Academia de la Llingua Asturiana*, n.º 23, 1987, ISSN 0212-0534, pp. 99-112.
Fernández del Riego, F. *Las peregrinaciones a Santiago*, Galaxia, 1984.
Fontaine, J. *Isidoro de Sevilla. Génesis y originalidad de la cultura hispánica en tiempos de los visigodos*, Encuentro, 2002.
Galán González, J. L. *Los caminos de Santiago*, Asociación de Amigos del Camino (ed.), 2006.
—, «Oviedo y el Camino de Santiago», *A Santiago*, n.º 45, 2015.
García de Castro Valdés, C. «Pensando en Santullano en 2016», *La Nueva España*, 17/12/2016.
—, *«El Arca Santa de Oviedo»*, KRK Ediciones, 2020.
García Pérez, F. *Crónicas de El Bierzo*, Penthalon, 1981.
Gil de Muro, E. T. *Libro de la vida de Santa Teresa de Jesús*, Monte Carmelo, 2004.
Gómez-Morán Santafé, A. *Juego de la oca*, Fundación Joaquín Díaz, Madrid, 2005.
González Arnao, M. «Devoción británica», *La Aventura de la Historia*, n.º 8, 1999.
González García, V. J. «El Camino desde sus orígenes», *A Santiago*, n.º 53, 2019.
González Paredes, J. *La guía secreta del Camino de Santiago*, Ikusager, Vitoria, 2010.
González Romero, J. F. *El secreto del gótico radiante*, Trea, 2012.
González Valles, J. M. «Monsacro y sus tradiciones», *Archivum*, VIII, 1958, pp. 48-81.
Guscin, M. *La historia del Sudario de Oviedo*, Ayuntamiento de Oviedo (ed.), 2006.
Herreo Casla, A. «Santiago y *Don Quijote de la Mancha*», *Peregrino*, n.º 101, 2005.
Hevia, J. M. «Peregrinos que hablan desde las paredes de la catedral de Oviedo» (I y II), *A Santiago*, n.os 42-43, 2013-2014.
Hofmann, A.; Wasson, R. G.; Ruck, C. A. P. *The Road to Eleusis: Unveiling the Secrets of the Mysteries*, North Atlantic Book, 2008.
Huerga Melcón, P. «Las raíces troyanas de Asturias», *La Nueva España*, 30/8/2015.
Ladero Quesada, M. A. «El declive del Camino», *La Aventura de la Historia*, n.º 8, 1999.
Lagar, E.; García de Castro Valdés, C. «La Cruz de la Victoria desvela sus secretos», *La Nueva España*, 05/01/2020.
Lanzi, F. *Atlas de las peregrinaciones. Santuarios cristianos del mundo*, San Pablo, 2005.
Las Navas Pagán, A. «Sabio español de la Edad Media», *ABC*, 26/4/2015.
Linage, A. «Las órdenes religiosas en la apertura a Europa», *La Aventura de la Historia*, 1999.
Leralta, J. *Las peregrinas cosas del Camino de Santiago*, El Senderista, 2010.
López-Gómez, F.-S. *Roteiros de Compostela*, Equinoccio, 1993.
López Terrada, M. L. «Misericordias», *La Aventura de la Historia*, n.º 8, 1999.
Lores Rosal, C. *De Oporto a Santiago por el Camino Portugués*, ed. del autor, 1999.
Madrazo, D. *Cincuenta lugares mágicos de Asturias*, Cydonia, 2013.
Mafé García, A. *Santo Grial*, Sargantana, Valencia 2020.
Makowiecka, G. *Po drogach polsko-hiszpańskich*, Wyd. Literackie, Cracovia, 1984.
Martín Ávila, P. *Símbolos religiosos*, LIBSA, 2013.
Martín Martín, J. L. «Se hace camino al andar», *La Aventura de la Historia*, n.º 8, 1999.
Martín Rodríguez, J. L. «La leyenda del Matamoros», *La Aventura de la Historia*, n.º 8, 1999.
Martínez Llopis, M. M. *Historia de la gastronomía española*, Alianza Editorial, Madrid, 1989.

Menéndez Peláez, J. «Salas-Canero: una ruta jacobea olvidada», *La Nueva España*, 22/8/2017.
Morillas, J. «El nacimiento de España y su economía», *ABC*, 29/6/2017.
Masia, C. *El Camino de Santiago. Una peregrinación que se convirtió en el crisol de Europa*, Albor, 2004.
Mugarza Zaldumbide, J. *Guía de las plantas medicinales del Camino de Santiago. Antiguo recetario medicinal de los peregrinos*, Ediciones de la Librería San Antonio, 1993.
Ortiz de Landázuri, C. «El enigma iconográfico del maestro Mateo, según López Ferreiro. A propósito de la *re-inventio* compostelana de 1879», ciclo de artículos en *El Peregrino*, 2015.
Parandowski, J. *Mitologia*, Wyd. Czytelnik, 1990.
Pena Graña, A. *San Andrés de Teixido*, Biblioteca Celtiberia.net, 2006.
Pérez, J. *Los judíos en España*, Marcial Pons Historia, Madrid, 2005.
Piechal, M. *Tetralog historyczny*, w: *Jan Paweł II w poezji polskiej*, Wyd. Literackie "Parnas", Poznań, 1991.
Pilarz, Sz. *Camino de Santiago. Przewodnik dla pielgrzymów*, Wyd. WAM, Cracovia, 2016.
Polledo Arias, A. C. «Antonio de Lalaing, cronista de Felipe el Hermoso», *A Santiago*, n.º 49, 2017.
Portela, E. «Hija de la peregrinación», *La Aventura de la Historia*, n.º 8, 1999.
Rabanal Alonso, M. A. *Rutas xacobeas de Galicia*, Mediterráneo, Madrid, 1999.
Rey Castro, A. «Padrón, un viaje arqueológico a su historia y tradición jacobea», *Peregrino*, n.º 181, 2019.
Rodríguez Almenar, J. M. *El Sudario de Oviedo*, Ediciones Universitarias de Navarra, 2000.
Rodríguez Fraga, M.ª A. *Las fuentes del Camino*, Xunta de Galicia (ed.), 1993.
Rodríguez Muñoz, J. «Los nombres de la monarquía asturiana», ciclo de artículos en *La Nueva España*, 2014.
Ruiz de la Peña, I. *Las peregrinaciones a Santiago de Compostela y a San Salvador de Oviedo en la Edad Media,* Actas del Congreso Internacional, Oviedo, 1993.
Ryczek, K.; Coca-Stefaniak, A. „Z polskiej Galicji do Galicji hiszpańskiej", *Rowertour*, enero de 2012.
Sánchez Calderón, J. *El fuego de San Antón. Finis Terræ*, ed. del autor, 2013.
Sánchez Fernández, L. V. «El fuego de San Antón», *La Nueva España*, 8/12/2013.
Sánchez Ribes, A. «La *translatio*», *El Peregrino*, n.os 117-118, 2008.
Sawicki, P. *Hiszpania malowniczo-historyczna*, Wyd. Uniwersytetu Wrocławskiego, Breslavia, 1996.
Sanz Fuentes, M.ª J. «Avilés y el apóstol Santiago», *A Santiago*, n.º 45, 2015.
—, «La academia en el Camino», *A Santiago*, n.º 53, 2019.
Stefaniak, H. «El sol del Camino–nuestro amigo peligroso», *A Santiago*, n.º 36, 2010.
—, «Los pies peregrinos», *A Santiago*, n.º 37, 2010.
—, «El tema de las peregrinaciones en la ópera», *A Santiago*, n.º 42, 2013.
—, «La dieta del peregrino», *A Santiago*, n.º 45, 2015.
—, «Hospital de los Reyes Católicos de Compostela–el modelo ideal», *A Santiago*, n.º 47, 2016.
—, «Polonia en el Camino Jacobeo. Historia y actualidad», *Peregrino*, n.º 170, 2017.
—, «Ecos del Camino de Santiago en *Don Quijote de la Mancha*», *La Nueva España*, 23/4/2018.

—, «La farmacia divina en el Camino de Santiago», *A Santiago*, n.º 51, 2018.
—, «El Camino de Santiago en el misterioso juego de la oca», *A Santiago*, n.º 52, 2018.
—, «San Andrés de Teixido: el paso por la puerta de la eternidad», *A Santiago*, n.º 53, 2019.
—, «Curiosidades sobre los "recuerdos" y la moda del Camino de Santiago», *A Santiago*, n.º 55, 2020
—, «¡Ultreya et Suseya!», *A Santiago*, n.º 56, 2020
—, «El *Codex Calixtinus* y las endorfinas», *A Santiago*, n.º 56, 2020.
—, «Escudos heráldicos en el Camino de Santiago», *Peregrino*, n.ºs 189-190, 2020.
—, «Azabache: La piedra mágica del Camino», *Peregrino* n.º 193, 2021.
Szmydtowa, Z. *Cervantes*, Wyd. II, Państwowy Instytut Wydawniczy, Varsovia, 1965.
Torres Sevilla-Quiñones de León, M.; Ortega del Río, J. M. *Los reyes del Grial*, Reino de Cordelia, 2014.
Torroba Bernaldo de Quirós, F. *El Camino de Santiago*, GEA, Oviedo, 1993.
Valiña Sampedro, E. *Guía del peregrino a Compostela*, Galaxia, 1992.
Víctor García, L. «La botica de Obona», *A Santiago*, n.º 43, 2014.